经济管理学术文库·管理类

区域农业机械化高质量发展研究

Research on High Quality Development of
Regional Agricultural Mechanization

张兆同／著

经济管理出版社
ECONOMY & MANAGEMENT PUBLISHING HOUSE

图书在版编目（CIP）数据

区域农业机械化高质量发展研究/张兆同著 .—北京：经济管理出版社，2023.10
ISBN 978-7-5096-9364-3

Ⅰ.①区… Ⅱ.①张… Ⅲ.①农业机械化—发展—研究—中国 Ⅳ.①F324.2

中国国家版本馆 CIP 数据核字（2023）第 215326 号

组稿编辑：张巧梅
责任编辑：张巧梅
责任印制：黄章平
责任校对：陈　颖

出版发行：经济管理出版社
　　　　　（北京市海淀区北蜂窝 8 号中雅大厦 A 座 11 层　100038）
网　　址：www.E-mp.com.cn
电　　话：（010）51915602
印　　刷：北京晨旭印刷厂
经　　销：新华书店
开　　本：720mm×1000mm/16
印　　张：15.5
字　　数：287 千字
版　　次：2023 年 11 月第 1 版　2023 年 11 月第 1 次印刷
书　　号：ISBN 978-7-5096-9364-3
定　　价：88.00 元

·版权所有　翻印必究·
凡购本社图书，如有印装错误，由本社发行部负责调换。
联系地址：北京市海淀区北蜂窝 8 号中雅大厦 11 层
电话：（010）68022974　　邮编：100038

目　录

第1章　绪论 ·· 1

　1.1　研究背景 ·· 1

　1.2　国内外研究现状 ·· 4

　1.3　研究意义 ·· 10

　1.4　研究内容 ·· 11

　1.5　可能的创新与不足 ·· 12

第2章　相关概念和理论依据 ··· 14

　2.1　区域农业机械化内涵 ··· 14

　2.2　区域概念与分类 ·· 16

　2.3　研究所依据的基本理论 ··· 19

第3章　农业机械化发展历程、现状与趋势 ····························· 25

　3.1　农业机械化发展历程 ··· 25

　3.2　农业机械化发展的形态 ··· 29

　3.3　农机化发展的阶段性划分 ·· 30

　3.4　区域农业机械化发展的影响因素 ·································· 32

　3.5　面临的形势与思考 ·· 33

第4章　区域农机化高质量发展的内涵与评价 ························· 40

　4.1　农机化高质量发展的内涵 ·· 40

4.2 区域农机化高质量发展的评价指标选择 ………………………… 41
  4.3 区域农机化高质量发展的评价指标权重确定 …………………… 45
  4.4 区域农机化高质量发展评价的案例分析 ………………………… 48

第5章 农机服务组织效率比较与组织形式选择 ………………………… 55
  5.1 文献的简单回顾 …………………………………………………… 56
  5.2 农机社会化服务及其组织形式的演变 …………………………… 58
  5.3 区域农机供求主体分析 …………………………………………… 64
  5.4 区域农机服务组织效率及其评价方法选择 ……………………… 70
  5.5 交易成本测度体系与模型构建 …………………………………… 72
  5.6 交易成本测度指标影响因素分析 ………………………………… 77
  5.7 农机服务组织的交易成本比较分析 ……………………………… 81
  5.8 基于交易成本分析的组织形式选择 ……………………………… 92

第6章 农机配置与土地经营规模确定 …………………………………… 97
  6.1 文献的简单回顾 …………………………………………………… 98
  6.2 农机配置与经营规模选择 ………………………………………… 102
  6.3 基于农机选配的最佳经营规模确定 ……………………………… 117

第7章 农机扶持政策变迁与创新 ………………………………………… 138
  7.1 农机扶持政策演变与完善 ………………………………………… 138
  7.2 农机购置补贴政策传导机制及其有效性分析 …………………… 152
  7.3 农机购置补贴政策响应机制及其有效性分析 …………………… 160

第8章 农业绿色生产机械购置行为特征与政策完善 …………………… 172
  8.1 农业绿色生产机械的概念与品目 ………………………………… 172
  8.2 农业绿色生产机械分类 …………………………………………… 173
  8.3 农户的绿色生产机械购置行为分析 ……………………………… 175
  8.4 区域农业绿色生产机械应用案例分析 …………………………… 189

第9章 农业机械应用与创新 ……………………………………………… 193
  9.1 农业机械概念与类别 ……………………………………………… 193

9.2 农业生产环节与机械应用 …………………………………… 194
9.3 农业机械化发展影响因素 …………………………………… 195
9.4 区域农业机械应用案例分析 ………………………………… 197

第10章 农机化高质量发展与人才培育 …………………………… 208

10.1 农机化人才概念与类别 …………………………………… 208
10.2 农机化高质量发展对农机化人才的需求 ………………… 209
10.3 农机化人才形成的影响因素 ……………………………… 210
10.4 农机化人才的精准化培育 ………………………………… 211
10.5 区域农机化人才培育的案例分析 ………………………… 215

参考文献 ……………………………………………………………… 221

后　记 ………………………………………………………………… 241

第1章 绪论

1.1 研究背景

2002年,党的十六大提出"农村富余劳动力向非农产业和城镇转移是工业化和现代化的必然趋势""要消除不利于城镇化发展的体制和政策障碍,引导农村劳动力合理有序流动"。经过20多年的发展,大量农业剩余劳动力从农村转移,单位面积耕地农业从业人员由2002年的2.37人/公顷变化为2022年的1.03人/公顷,且留在农村的更多是年龄较大的人员。

在推动农村剩余劳动力转移的同时,国家鼓励土地经营权流转,发展适度规模经营。2014年,中共中央办公厅、国务院印发了《关于引导农村土地经营权有序流转发展适度规模经营的意见》,鼓励农业经营主体通过转包、出租、转让、互换、入股等形式流入土地,形成土地规模经营,鼓励和扶持新型农业经营主体的产生,以及家庭农场、农民专业合作社等新型农业经营主体的不断增加。2022年,全国依法登记的农民合作社达到222万个。在新型农业经营主体数量不断增加的同时,农业机械社会化服务范围也在不断拓展,从代耕托管到喷洒农药,从育秧育种到机收机播,农业机械社会化服务功能不断丰富,极大地稳定了农业生产。

农业劳动力的转移使农业机械化成为了农业发展的现实要求,土地经营规模的扩大和新型农业主体的增加则为农业机械化创造了条件,机械对人工的替代成为了农业发展的客观需要。2004年国家制定了农机化促进法,并开始实施农机购置补贴政策及其相关农机购置扶持政策，推动农业机械装备的购置与使用。2014年提出支持新型农业经营主体自建或联合建设集中育秧、仓储、烘干、晾晒、保鲜库、冷链运输、农机棚库、畜禽养殖等农业设施。在农机购置补贴政策及其相关扶持政策的推动下，农业机械化得到了快速发展，如图1-1所示，2004年农业机械总动力为6.4亿千瓦，2022年为11.04亿千瓦，净增4.64亿千瓦，年均增长3.33%。

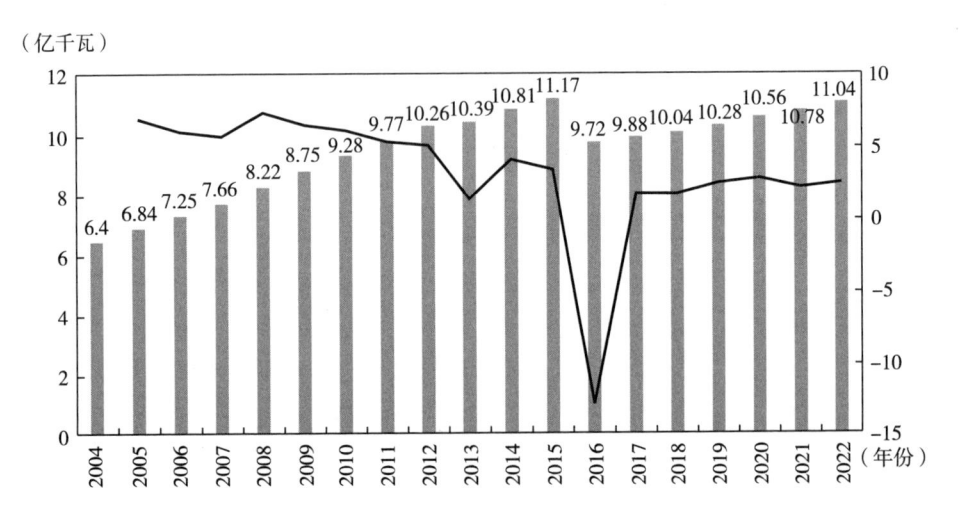

图1-1 2004~2022年全国农业机械总动力

我国农业机械化发展在不同阶段具有不同特征，在计划经济体制的时代，以国家主导驱动发展为主；改革开放之后，开始转向市场驱动为主，农机化发展发生了巨大变化。在农业现代化发展背景下，农业机械的使用已经从以生产环节为主，逐步拓展到农业生产活动的产前、产中、产后的各个环节，2004~2023年期间，每年的中央一号文件均涉及农业机械化的内容。《中华人民共和国农业机械化促进法》及其农业机械化购置补贴政策实施，使农业机械化获得了更高的战略地位，受到全方位、高层次的政策引领与推动（张巧宁等，2013）。在国家和地方相关政策的推动下，我国农机化发展迅速，2022年农作物耕种收综合机械化率超过了72%。

新的时代，国家提出了农业绿色发展、乡村振兴和高质量发展等战略，农业机械化发展由此也进入了新的阶段。其中，《中华人民共和国乡村振兴促进法》

（2021年4月29日第十三届全国人民代表大会常务委员会第二十八次会议通过）规定，国家鼓励农业机械生产研发和推广应用，推进主要农作物生产全程机械化，提高设施农业、林草业、畜牧业、渔业和农产品初加工的装备水平，推动农机农艺融合、机械化信息化融合，促进机械化生产与农田建设相适应、服务模式与农业适度规模经营相适应。《国务院关于做好2023年全面推进乡村振兴重点工作的意见》提出要强化农业科技和装备支撑，加紧研发大型智能农机装备、丘陵山区适用小型机械和园艺机械；完善农机购置与应用补贴政策，探索与作业量挂钩的补贴办法。

党的十九大提出了高质量发展的新表述，表明中国经济由高速增长阶段转向高质量发展阶段。农业高质量发展是经济高质量发展的重要内容，农业机械化高质量发展是农业高质量发展的关键。农业机械的运用有助于有效利用土地资源、抗御自然灾害、推广现代农业技术、促进农业集约经营、提高农业劳动生产率、降低农产品成本、减轻农民劳动强度和缩小工农差别。《国务院关于加快推进农业机械化和农机装备产业转型升级的指导意见》（国发〔2018〕42号）提出，要以服务乡村振兴战略、满足亿万农民对机械化生产的需要为目标，以农机农艺融合、机械化信息化融合、农机服务模式与农业适度规模经营相适应、机械化生产与农田建设相适应为路径，以科技创新、机制创新、政策创新为动力，补短板、强弱项、促协调，推动农机装备产业向高质量发展转型，推动农业机械化向全程全面高质高效升级，走出一条中国特色的农业机械化发展道路，为实现农业农村现代化提供有力支撑。到2025年，农机装备品类基本齐全，农机具配置结构趋于合理，农机作业条件显著改善，覆盖农业产前、产中、产后的农机社会化服务体系基本建立，农机使用效率显著提升，农业机械化进入全程全面高质高效发展时期。

农业机械化高质量发展是现实需要，也是农业高质量发展和中国式农业现代化的重要支撑和必然要求。但目前我国农业机械化还存在一些问题，包括农机装备结构有待优化（杨立国和蒋彬，2019）、农机社会化服务组织有待加强（董传民，2019）、农业机械利用效率偏低、农机化基础设施建设滞后、农机人才相对匮乏、农机化与土地经营规模不相适应、部分地区农机超配、区域农机配置不平衡、机械使用效率低、绿色生产机械购置与使用激励不足等。因此，对农业机械化高质量发展进行研究是现实需要。

1.2 国内外研究现状

关于农机化发展的研究成果比较丰富，以"农机化发展"为关键词在知网上进行检索，共检索出10191篇相关文献，在Web of science检索，共有1658篇相关文献。国内研究的相关主题及其成果数量如图1-2所示。农机化发展相关核心主题位于前三的有3987篇，其他主题有农机具、农机大户、农机服务组织、农机购置补贴政策、农机合作社、农机社会化服务等，平均在200篇以上。国外研究的相关主题主要集中在农业机械化的影响方面。

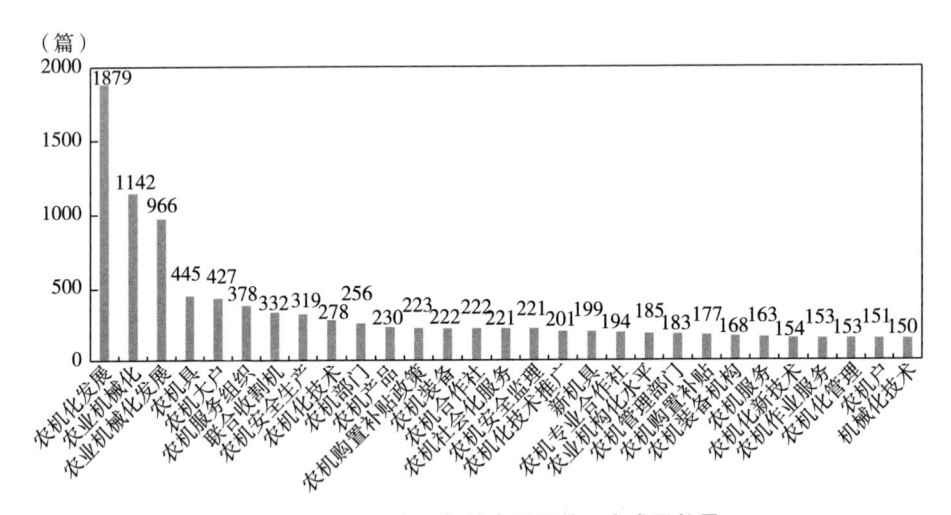

图 1-2 农机化发展相关主题及其研究成果数量

表1-1、表1-2是以"农机化发展"为关键词检索到的引用最高的10篇中文核心期刊文献和10篇英文文献，从中可以看出，研究的主题主要是农机化发展的影响因素、农机化与经济的关系、农机化发展的政策以及农业机械的科学方法和技术。

表 1-1　最高被引的 10 篇中文文献

序号	作者	题目	期刊	引用次数
1	祝华军	农业机械化与农业劳动力转移的协调性研究	农业现代化研究	91

续表

序号	作者	题目	期刊	引用次数
2	方师乐、黄祖辉	新中国成立70年来我国农业机械化的阶段性演变与发展趋势	农业经济问题	83
3	祝华军、田志宏、韩鲁佳等	农业机械化发展对财政投入的依存度研究	农业工程学报	80
4	肖体琼、何春霞、陈巧敏等	基于机械化生产视角的中国蔬菜成本收益分析	农业机械学报	75
5	陈宝峰、白人朴、刘广利	影响山西省农机化水平的多因素逐步回归分析	中国农业大学学报	65
6	薛亮	关于当前农机化发展几个问题的思考	农业经济问题	50
7	杨敏丽、白人朴	我国农业（种植业）机械化发展的区域不平衡性研究	农业工程学报	49
8	何勇、冯雷、吴春霞	基于粗糙集与神经网络的农机化发展水平评估方法	农业机械学报	47
9	路玉彬、周振、张祚本	改革开放40年农业机械化发展与制度变迁	西北农林科技大学学报（社会科学版）	45
10	张桃林	以农业机械化支撑和引领农业现代化	求是	40

表1-2 最高被引的10篇英文文献

序号	作者	题目	期刊	引用次数
1	Yang, Jin Huang, Zhuhui Zhang, Xiaobo	THE RAPID RISE OF CROSS-REGIONAL AGRICULTURAL MECHANIZATION SERVICES IN CHINA	AMERICAN JOURNAL OF AGRICULTURAL ECONOMICS	164
2	Keller, Thomas Sandin, Maria Colombl, Tino et. al.	Historical increase in agricultural machinery weights enhanced soil stress levels and adversely affected soil functioning	SOIL & TILLAGE RESEARCH	155
3	Van den Berg, M Hengsdijk, Huib Wolf, Joost et. al.	The impact of increasing farm size and mechanization on rural income and rice production in Zhejiang province, China	AGRICULTURAL SYSTEMS	120
4	Wang, Xiongbin Yamauchi, Futoshi Otsuka, Keijiro	Wage Growth, Landholding, and Mechanization in Chinese Agriculture	WORLD DEVELOPMENT	107
5	Mottaleb, Khondoker Abdul Krupnik, Timothy J. Erenstein, Olaf	Factors associated with small-scale agricultural machinery adoption in Bangladesh: Census findings	JOURNAL OF RURAL STUDIES	98

续表

序号	作者	题目	期刊	引用次数
6	Diao, Xinshen Cossar, Frances Houssou, Nazaire	Mechanization in Ghana: Emerging demand, and the search for alternative supply models	FOOD POLICY	93
7	Baudron, Frederic Sims, Brian Justice, Scott et. al.	Re-examining appropriate mechanization in Eastern and Southern Africa: two-wheel tractors, conservation agriculture, and private sector involvement	FOOD SECURITY	86
8	Van Loon, Jelle Woltering, Lennart Krupnik Timothet. al.	Scaling agricultural mechanization services in smallholder farming systems: Case studies from sub-Saharan Africa, South Asia, and Latin America	AGRICULTURAL SYSTEMS	63
9	Benin, Samuel	Impact of Ghana's agricultural mechanization services center program	AGRICULTURAL ECONOMICS	60
10	Paudel, Gokul P. Bahadur, Dilli K. C. Bahadur Rahut, Dil	Scale-appropriate mechanization impacts on productivity among smallholders: Evidence from rice systems in the mid-hills of Nepal	LAND USE POLICY	49

对农业机械化发展的相关研究主题进行分析可知,已有研究主要围绕以下几个方面展开:

1.2.1 农业机械化对农业和农村经济发展的影响

Mohammad 从小型农场经营的角度出发,分析了大型机械收获小麦所带来的经济效益,认为大型谷物自动收割机的使用有利于收获和耕种期间减少生产费用和产量损失(Hassena,2000)。程智强研究认为,农业生产机械的投入数量将在一定时期内影响农村经济的总产值水平,其原因在于农业机械化所带来的劳动力生产效率的提高(程智强等,2001)。杨敏丽运用定性和定量相结合的分析方法,研究认为农业机械化水平是影响农业国际竞争力的重要因素和核心能力,提出要发挥劳动力要素优势,走与农业技术进步相结合的组合型农业机械化发展道路(杨敏丽,2003)。白人朴(2004)从农机化与农民收入增加之间的关系展开研究,发现农民收入增长的关键在于提升劳动生产率,而农业机械化是提升劳动生产率的关键。鲍洪杰等基于甘肃省 1978～2010 年的面板数据,对农机化和农业经济增长的联系进行了实证性检验,得出西部甘肃地区的农业机械化水平和农业经济增长具有双向因果关系的结论(鲍洪杰等,2012)。

刘同山（2016）的调查研究表明，高农机具使用比例对农民承包地流转意愿增加有正向作用。张宽等（2017）通过建立能源、农业经济以及农机化的三元脱钩模型，研究发现农机化和农业经济增长具有强耦合性。Moses Mosonsieyiri Kansanga 通过对加纳农业机械化对生态环境和农业经济发展的影响研究，考察了在贫困和性别不平等的农业社会中实施农业机械化对生态、社会经济和政治造成的影响（Kansanga，2020）。Wu Mingran（2019）基于1990~2016年的时间序列截面数据，通过建立向量自回归模型（VAR）、脉冲响应函数（IRF）以及方差分解函数（VD），研究认为，农机总动力是中国农业经济增长的重要支撑因素，提出实现中国农业经济持续长效增长就必须推广农业机械化。陈会然和刘继为（2019）通过同样的方法，研究表明，农业机械化与农民工资性收入存在双向格兰杰因果关系，方差分解的结果显示农业机械化对农民经营性收入有较为强劲的推动作用。

1.2.2 农业机械化发展影响因素研究

卢秉福和张祖立（2006）通过建立影响矩阵并计算矩阵中各影响因素的关系，得出了农民收入差距、农村剩余劳动力转移、劳动力价格、农机产品成本、农业机械工业发展水平和耕地经营规模6个关键影响因素。杨印生等（2006）研究发现，农机服务水平、耕地规模以及剩余劳动力转移情况、农民人均收入等五个方面是决定东北地区农业机械化水平的重要影响因素。侯方安（2008）的研究表明，农业劳动力转移、耕地经营规模以及政策等因素对农业机械化发展影响较大。曹阳和胡继亮（2010）认为，农机化与当前土地家庭承包责任制具有正向相互作用，在土地细碎化和小规模经营模式下仍可以实现农机化，其中国家的政策、非农收入、农户实际耕地面积以及农业劳动力的年龄和受教育程度对农机化有较大影响。周晶等（2013）分析了地形条件对农机化区域不平衡的影响，得出了地形地貌条件、农民收入差距和作物种植结构对农机化水平均有影响的结论。鞠金艳和王金武（2014）运用系统分析方法，得出政府财政投入、农机原值、农机总动力、机械化农具价格指数、燃料价格指数以及农机人员的数量和农村人口的文化程度对农业机械化发展的影响水平排名，为农业机械化发展的政策制定提供了方向。

Hiroyuki Takeshima（2020）则是从规模化报酬和要素禀赋导致的视角，探讨了像尼泊尔这一低收入国家在农业生产转型升级的趋势下农机化的主要影响因素。吴智胜等（2023）构建了一种基于指标关联度的模糊 GRA-DANP 模型，辨识出农业劳均播种面积、第一产业劳动力占总劳动力比重、农业劳动生产率、百元农机原值纯收入及单位播种面积农机动力是兵团农业机械化发展水平的关键影响因素。钱巍等（2022）基于 2016 年第三次全国农业普查数据，借助熵权赋值法测算了省际农业机械化综合发展水平，采用 Tobit 模型实证分析了农民合作社对农业机械化水平的影响，提出培育产权明晰的农民合作社、改善农村社会保障体制、增强土地流动性等政策建议。

1.2.3 农业机械化发展对策研究

涂志强和杨敏丽（2005）通过分析我国农机化发展的现状，结合我国农机化今后的发展趋势，提出了政策法规方面的建议。冯启高和毛罕平（2010）指出，要从注重构建科技创新体系，促进农机制造水平的提升等方面采取措施，实现我国农机水平提高。李鹍鹏等（2018）针对山东省存在的农业劳动力短缺问题，以及农业现代化和绿色发展等要求，提出"两全两高"发展的对策，从农业机械设备信息化建设以及完善农机社会化服务等方面提出对策和建议。姚春生（2019）从农业供给侧改革角度以及农机产品、农机作业、农机维修等微观层面指出，农业机械化发展的根本目标是增加优质农机供给，优化现有农机资源的配置，实现质量维度的宏观与微观的"双向提高"。Gokul P. Paudel（2019）通过对 628 个尼泊尔小农户的农业机械设施支付意愿进行研究，认为在劳动力短缺和农村工资上涨的背景下，农业机械化的发展目标应该是通过健全的服务模式优先发展小型农场，以提高农业机械化水平。陈旭和杨印生（2019）根据中日农机化进程和要素的对比发现，我国要想进一步提升农业机械化水平应注重加大资金投入、建立完善的安全机制、构建市场化主导的农机社会服务体系。

ANIchn iarsyah（2020）通过对马来西亚 25 个村庄农民集体负责人的访谈以及相关数据分析，发现在政府的相关政策扶持下，农业机械设备仍然未得到最优利用，原因是农业机械化水平的推广忽视了对农民的农机操作能力的培养。因此，应注重农机手相关培训以提高农机投入效率。魏素豪（2020）研究认为，要因地制宜、因时制宜地调整农机购置补贴政策，鼓励多种形式的农机作业服务组织转型发展，逐步将多种形式作业补贴纳入农机化支持政策体系当中。Mohammad Emami 等（2021）认为农机化是降低粮食损失的动力，提议农机化的投资运营应由政府和私营企业共同承担。刘鹏伟等（2022）针对西南丘陵山区机械化生产体系不完善、生产模式复杂多样、缺乏系统评价等问题，以农业经营主体为研究对象，从规模适度、生产高效、生态友好等角度，构建了"农田+农机+农艺+信息"四融合的西南丘陵山区机械化生产系统及模式评价体系，为西南丘陵山区各经营主体机械化生产模式选择及改进提供理论基础。邓泽军等（2022）总结了田间机械的现状和遇到的问题，探讨了我国田间机械研发思路和今后中国现代农业装备的发展趋势，并对推广田间农作物机械化提出了建议。

1.2.4 农业机械化发展水平及效率评价的实证研究

孙福田和王福林（2004）在考虑农业技术进步的同时，计算了农业机械化的产出贡献率。张宗毅和曹光乔（2008）利用 DEA 方法，计算了我国各个地区的农业机械化发展的技术效率、纯技术效率、规模效率，并从农机运营效率视角分析了我国农机发展水平。Soni Peeyush（2016）针对劳动力短缺和农业生产成本降低的现状与要求，提出了提高农机设备保有量和农机租赁定制服务，以提升农业机械化水平，实现由自给农业向农业综合经营模式转变的建议。刘涛（2016）运用 DEA-SBM 超效率模型研究发现，不同省份农机效率驱动因素不同，高效率地区依赖于纯技术效率，低效率地区呈现多元化驱动因素。

Richard Seifman（2016）分析了欧美发达国家对农业机械化的运用现状，认为在农业机械化发展的进程中，需要兼顾新技术进步和生态环境保护措施的改进。罗锡文等（2016）认为，精准农业技术对农机化效率提高有显著影响，建议加强农机农艺融合、农机装备制造能力的提升。张敏和洪丽君（2017）使用 DEA 超效率模型，对全国农机投资效率进行了对比分析，提出了优化农业机械化投资效率的针对性建议。王术和刘一明（2015）采用聚类分析法，对农业可持续发展与农机化的多项指标聚类，根据相关程度进行排列组合，形成双突出型、双优势型、不平衡型和双落后型四类。刘成和冯潇（2018）运用 DEA 三阶段研究方法，客观评价我国各省份农机投入产出效率，从农业机械化发展规模、农机资源合理流动以及标准化管理方法三个方面给出了相关建议。侯琳和冯继红（2019）采用超效率 DEA 模型和 Malmquist 指数，对 1990~2016 年中国 29 个省级地区的农业生产效率进行了计算，分析了东、中、西部各地农业生产效率。

由已有相关研究成果可知，目前的研究成果主要涉及农业机械化与农业农村经济之间的关系、农业机械化发展的影响因素与发展对策、农业机械化水平测算和效率评价等。虽然张兆同等（2021）构建了区域农机化高质量发展水平评价指标体系，采用层次分析法和CRITIC法确定权重，对区域农机化高质量发展水平评价进行了评价，但农机化高质量发展的相关研究仍比较缺乏。本书将从农机化发展面临的新形势需要，基于高质量发展的一般理论和农机化发展的规律特征，以高质量发展为目标，探讨区域如何推动农机化高质量发展。针对区域农业产业特征，探讨区域农机化高质量发展的路径和政策举措。

1.3 研究意义

1.3.1 理论意义

本书是以农业机械化为研究对象，以高质量发展为目标，以区域为研究范围，坚持"因地制宜、实事求是"原则，构建农业机械化高质量发展指标体系，并对农业机械化服务组织、政策创新、绿色生产机械使用等进行专门研究。研究既遵循农业机械化发展的一般理论，又融合高质量发展的要求，在理论上把高质量发展理论运用到农业机械化发展的实际中，这是对高质量发展的理论贯彻和理论运用，丰富了高质量发展理论，拓展了农业机械化发展理论，具有较强的理论意义。

1.3.2 实际意义

当前，全国各地正在贯彻党的二十大报告精神，推进社会经济高质量发展。其中，农业现代化和农业高质量发展是核心内容，而农业机械化是农业现代化和农业高质量发展的重要支撑。由于农业存在着明显的区域差异，基于区域特征进行农业机械化发展是现实需要。本书就是针对区域如何进行农业机械化高质量发展展开研究的，这对区域农业机械化发展思路、政策制定等具有较强的参考价值，有助于优化农机装备结构，促进农业绿色生产；推动新型农业经营主体发展壮大，助推现代农业高质量发展，为乡村振兴战略实施提供支撑，研究具有明显的实际意义。

1.4 研究内容

本书主要是基于农机化高质量发展内涵，探讨农机化高质量发展的思路和举措，研究内容主要分为以下几个方面：

一是对区域和农业机械化的概念进行界定，归纳总结高质量发展和区域农机化发展的内涵。由于不同区域存在着经济、社会、文化等方面的差异，特别是区域农业经济基础和农业产业的不同，区域农业机械化高质量发展的内涵也不一样，因此，需要基于区域和农业机械化的概念对区域农业机械化的含义加以界定，以有利于区域农业机械化高质量发展研究。高质量发展是一般性理论，是指更有效率、更加绿色、更可持续的发展，研究农业机械化的高质量发展，需要把高质量发展理论运用于农业机械化发展领域，对高质量发展和区域农业机械化发展的内涵进行描述。

二是归纳总结农机化高质量发展的理论框架，构建农机化高质量发展的指标体系，对区域农业机械化高质量发展的状况进行评价。要推动区域农业机械化高质量发展，就需要遵循高质量发展的内涵。指标体系是对概念的解释和分解，有助于基于概念进行工作安排。研究将把区域农业机械化高质量发展分解为创新驱动、协调优化、质量效率、绿色持续、效益贡献五个方面，并进行具体内容的指标分析，同时选择江苏的几个地区进行数据收集，验证指标体系的有效性，对指标的计算及其结论进行分析，为指标体系的运用提供示范。

三是从高质量发展角度，探讨农机化服务组织效率评价与组织形式选择。农业机械化高质量发展需要进行农机服务组织创新。什么样的组织形式是合适的？值得研究。本书将回顾农机服务组织的演变历程，运用交易成本分析方法，对农机合作社、农机合作联社、自我服务和对外服务等组织形式，进行比较分析，探讨组织效率的影响因素，为服务组织的选择提供参考依据。

四是归纳总结农业机械化发展的扶持政策，分析农机购置补贴政策的传导与响应机制，分析扶持政策存在的不足，提出完善举措。农机化发展的政策扶持对农业机械化高质量发展的影响巨大，研究将回顾农业机械化发展的扶持政策，对其中最为核心的农机购置补贴政策的传导与响应机制进行分析,探讨在新的形势下,农机购置补贴政策该如何完善,才能推动农业机械化高质量发展。

五是对农机化高质量发展需要的适度经营规模进行研究。农机使用后应该具有什么样的适度规模才能保持增收? 一定规模条件下应该如何配置农业机械? 这些问题是农业机械化高质量发展需要回答的问题。研究将运用盈亏平衡分析方法,探讨规模与农机如何配置与协调才能实现盈利,构建两者之间的关系图谱。同时,研究满足生产机械平衡作业的机具配置方案,寻求农机最佳配置,提升农机服务工作效率。

六是对农业绿色发展所需要的绿色生产机械购置行为进行研究,探讨推动农业绿色生产机械购置与使用的机制与政策。农业绿色是农业高质量发展的重要内容,农业机械化如何为农业绿色发展服务是值得研究的问题。研究将运用计划行为理论和结构方程模型,研究农业生产者的绿色生产机械购置与使用行为,推动农业高质量发展。

七是农业机械化高质量发展的科技与人才支撑研究。农业机械化高质量发展需要先进适用的农业机械和农机化人才支撑。研究将从分产业、分环节的角度,以江苏为区域研究对象,分析部分产业和部分环节的农业机械短板弱项,归纳农业机械需求清单,提出农业机械研发需求,为获得农业机械化发展需要的机械提供创新思路。研究也将对农机化高质量发展需要的人才进行分析,重点是提出农机化人才的精准化培训的思路,培育出农机化发展需要的人才,支撑农业机械化高质量发展。

1.5 可能的创新与不足

1.5.1 研究的创新

1.5.1.1 研究内容上的创新

本书的研究内容是区域农业机械化高质量发展,将高质量发展的理论运用到农业机械化发展领域,用高质量发展理念指导农业机械化发展。从已有文献可知,这一领域的研究成果比较缺乏,特别是如何推动农业机械化高质量发展的研究成果特别少，而这一研究是国家战略和现实的需要，不仅具有理论和现实意义，也在内容上体现出明显的创新。

1.5.1.2 研究方法上的创新

本书构建指标体系，运用层次分析法量化计算区域农业机械化高质量发展的现状；运用交易成本理论，分析农业机械化服务组织的效率；运用计划行为理论和结构方程分析方法，分析农户购置绿色生产机械的行为；对农业机械化发展的扶持政策进行历史回顾，总结演进逻辑，提出完善和改进路径；运用盈亏平衡分析方法，计算和分析基于农机配置的适度经营规模确定。本书采用了定性和定量相结合的分析方法，将这些方法运用在农业机械化发展领域，具有一定程度的创新。

1.5.2 研究存在的不足

本书尝试对区域农机化高质量发展进行研究，构建了区域农机化高质量发展的指标体系，并进行了案例分析，形成了一些有价值的结论，但也还存在一些不足，主要体现在以下几个方面：一是对农机化高质量发展指标体系所涉及的内容并没有进行逐项分析，只对农机化服务组织、扶持政策、绿色生产机械购置行为、农业机械应用与创新、农机化人才培育等方面进行了专题研究，而关于农机调度、农机作业标准化、宜机化基础设施、机库建设等内容并没有涉及，是今后需要进一步研究的内容。二是区域案例分析选择江苏省作为样本区域，其他地区没有涉及。主要原因是江苏省具有一定典型性，课题组已经形成了一定数据资料积累，但对其他地区的研究也是十分必要的，不同地区的研究将会对本书内容形成有益补充，弥补本书的不足。三是农机化高质量发展涉及面广，不仅涉及家庭农场、农业专业合作社等农业生产主体，也涉及农业机械制造企业和政府相关职能部门，以及市场中介机构。农机化高质量发展需要协调各方共同推进，但本书仅对专项研究提出了一些建议，更多内容的分析与系统化的建议也是十分需要的。

第 2 章　相关概念和理论依据

我国地大物博，区域差异明显；农业资源丰富，涉及品种繁多。对为农业发展服务的农业机械化进行研究，需要对相关概念进行界定，对研究所依据的理论加以阐述，以使研究更加科学、严谨。

2.1　区域农业机械化内涵

2.1.1　农业机械化概念

农业机械化的概念可以从多个角度进行解释。从本质上来说，农业机械化是通过机械逐渐替代人力进行农业生产的过程。从狭义角度来看，农业机械化是指利用机械动力和配套机械工具代替人力、牲畜以及传统农具的过程；从广义角度来看，包括种植业、田间作业的机械化，以及牧业、林业、渔业的全面机械化，同时还包括产前生产资料的供给以及产后农产品的储存、加工、运输和销售等各个环节的全过程机械化。从法律角度来看，根据2004年颁布的《中华人民共和国农业机械化促进法》中规定，农业机械化是指运用农机设备来装备农业，改善生产和经营条件，并提高生产技术水平、经济效益以及生态效益的过程。从管理角度来看，农业机械化是通过对农业生产进行微观层面和宏观层面的双重管理，包括农业机械的生产、实验鉴定、销售和推广以及后期应用维护、维修、报废等，用先进的农业机械技术提高农业劳动生产率，以解放劳动力为途径来提高土地产出率。不同的研究内容可以应用不同视角的解释。

2.1.2 农业机械化内容

由农业机械化的概念可知，从产业链角度，农业的机械化过程包括农业机械装备研发、试验、制造、推广、购置、使用、服务、维修、报废、运输、初加工等，这一分类也是进行农业机械化管理的依据。

从机械作业环节角度，农业机械化涉及内容比较复杂。不同的农作物作业环节不一样，如稻麦生产、果蔬生产、渔业生产就具有不同的生产环节，不同的生产环节需要不同的机械，农业机械化过程也不同。种植业的机械作业环节包括耕整地、植保、插播、收获、秸秆处理、烘干等，涉及机械包括拖拉机、植保机、插秧机、播种机、联合收割机、秸秆还田机械、烘干机等。这一分类有助于厘清作业环节的机械化状况，推动农业生产的全程机械化。

从产业角度，农业机械化包括主要农作物、畜牧业、渔业、林果业、设施农业、农产品初加工等方面的机械化。不同地区的农业产业不同，区域机械化过程也不一样，需要制定不同的扶持政策，推动不同产业的机械化。这一分类有助于为全面机械化提供思路，也可以为农业机械装备制造提供市场空间。

农业机械化还包括一些辅助条件建设，如机耕路、机械库房建设、农机人才等，农业机械化是一个系统工程，涉及面广，区域农业机械化高质量发展需要系统化地做好顶层设计。

2.1.3 农业机械化程度

农业机械化是一个渐进的过程，不同农作物、不同生产环节，农业机械化程度会有所不同，基于发展程度，会有几种表述：一是部分生产环节机械化。主要是指在农业生产规模小而零散、农业劳动力比较丰富的情况下，机械替代人工的经济性和优势并不能得到充分体现，基于理性选择角度，农户会考虑有些生产环节采用人工生产，只在部分生产环节选择机械化，体现为部分生产环节的机械化状态。

二是全程机械化。主要是从生产环节考虑，包括农业生产产前（育种、种子）、产中（耕整地、种植、田间管理、收获、运输、秸秆管理）、产后（脱粒、干燥、储藏）各个环节的全过程机械化。目前的主要农作物生产基本实现了全程机械化，特别是粮油糖主产区的耕整地、播种、植保、收获、烘干、秸秆处理等重点环节，先进适用的农机化技术及装备得到推广应用，农机服务市场主体获得发展壮大，农机化基础设施得到极大改善，全程农机化示范区建设成效明显，全程机械化生产模式基本形成。

三是全面机械化。罗锡文院士提出，全面机械化是指以下三个方面的全面发展：首先是"作物"的全面化，由粮食作物向经济作物、园艺作物、饲草料作物全面发展；其次是"产业"的全面化，由种植业向养殖业（畜、禽、水产）、农产品初加工等全面发展；最后是"区域"的全面化，由平原地区向丘陵山区发展（罗锡文，2018）。全程全面机械化是我国农业机械化发展的重要目标。

2.2 区域概念与分类

2.2.1 区域的概念

区域的基本解释是指土地的划界，深层次的解释是指地区，包括经济区域、行政区域、地理区域等。区域有大小之分，可以超出国界，如东南亚地区；一国之内可以指多个省份，例如：我国的华东、华中地区；一个省份，如江苏省、浙江省；一个省内的地区，如江苏的苏南、苏中、苏北地区；或者基于某一行业或专门概念进行的区域界定，如玉米生产地区、贫困地区等。农业机械化发展可以基于区域的不同内涵进行分区域研究，如苏南地区农业机械化高质量发展研究，或者丘陵地区农业机械化高质量发展研究，等等。

根据研究的需要，农业机械化的区域描述往往是选择对农业机械发展有影响的因素作为区域分类的依据，如不同农作物生产的地理区域、不同农机化政策的行政区域、不同经济发达程度形成的机械化程度不同的区域等。农业机械化的区域概念具有层次性、差异性、整体性、开放性等特征。层次性体现在国家、省、市、县和产业、行业、品种、环节等方面；差异性体现在农作物与机械装备的差异化方面；整体性是指农业机械化具有相对完整的体系和内容，政策和管理需要从整体角度考虑；开放性是指农业机械化发展涉及农业及其机械化的内外因素，是一个开放系统，除涉及农业和农业机械本身影响因素外，还受社会、经济、文化等多种因素的影响。

2.2.2 区域的分类

区域的分类受多种因素影响，依据农业机械化区划的基本原则，区域的分类原则包括影响农业机械化的自然条件、社会经济条件、农业产业条件、行政区划等因素。自然条件包括农业土地和其中宜耕地、宜林地、可利用草原等资源情况，气候、水资源情况，森林、水产和野生动植物资源情况，内陆水面和沿海可人工养殖的滩涂面积情况，地形、地势和土壤条件情况等。社会经济条件包括人口和劳动力资源、国家工业化和农村经济发展水平、科技人才数量和农村文化状态、能源和原材料供应、农业生产经营规模和管理水平等。农业产业包括农业生产基本特征、发展方向和所需机械品种、性能，以及农业机械化发展的需要、发展重点、步骤和措施等。从研究需要出发，可以依据不同的分类标准进行区域定义。

2.2.2.1 行政角度的区域分类

按照行政区划进行区域分类是最常见的分类标准。按照全国的行政区划分类，可以分为34个省、直辖市、自治区、特别行政区等行政区域，如江苏省农业机械化发展、浙江农机化发展等，可以进行不同省份政策带来的农机化发展差异分析，也可以进行不同省份的农机化发展比较研究；或进行同一省份不同地区的分析与比较研究，如对江苏省不同地区的农机化发展研究，南京、苏州、无锡、常州等13个地区农机装备水平、农机作业水平、农机化服务保障水平、农机化管理水平等的比较研究。总体而言，我国北方农业机械化水平高于南方，北京、天津是北方农业机械化高水平的代表，上海、江苏是南方农业机械化高水平的代表，在全国位于农业机械化发展前列（杨敏丽和白人朴，2005）。

2.2.2.2 经济角度的区域分类

基于经济对农机化发展的影响，可以从经济发达程度进行区域分类。在国家层面，可以按照发达地区、欠发达地区、贫困地区进行农业机械化发展区域分类。不同经济发达程度的地区，农业经济发达程度不同，农业生产的规模化程度不一样，农业劳动力转移程度也存在差异，农户对农机购置和使用的能力也不相同，地方激励政策也存在差异，对农业生产及其农机化推广应用影响程度也不相同。在全国范围内进行经济发达程度划分，进行农机化发展研究有现实意义。同样地，在同一个省份，也可以进行经济区域划分和研究，如江苏的苏南、苏中、苏北的区域划分，由于苏南的经济发展较好，农业生产呈现集体经济特征，农机化发展往往由集体推动和决定；而苏北的经济不够发达，但农业经济占比高，农机化发展呈现市场主体推动的特征。

2.2.2.3 自然地理角度的区域划分

自然地理状况影响农业产业状况，进而影响农业机械的选择与使用。因此，可以基于地形地貌进行区域划分，如平原与丘陵山区。不同地形地貌所需要的农机装备存在显著差异，在平原地区，大型农机装备市场需要较大，农业生产条件比较宜于大型机械；丘陵山区往往需要小型装备，或者特殊丘陵山区适用的农机装备。现实中，平原地区和丘陵山区的农作物生产种类也不同，丘陵山区主要生产玉米，平原地区主要生产水稻。玉米作业机械就是丘陵山区的适宜农机装备，以丘陵山区为区域研究范围具有现实意义。

2.2.2.4 产业角度的区域划分

受地形地貌、气候等特征影响，我国不同区域农业主导产业不同。农业机械化发展与农业产业密切相关，不同产业的生产环节不同，全程机械化涉及机械也不一样。按照农业产业进行区域划分，涉及所有的农业产业，分类比较丰富，既可以基于某一个产业，也可以基于某一个产品进行区域划分，如粮食生产机械化、玉米生产机械化等。不同产业或农产品的生产需要的机械也不相同，如棉花产业的全程机械化就包括移栽机、收获机械等。按产业进行区域划分，并进行区域农业机械化研究，具有客观需要，有利于全程与全面机械化程度的提升。

区域也可以按照气候差异进行划分，或按照土地经营规模程度进行划分，进而进行农机化发展研究。不同标准的区域划分不同，农机化发展研究的区域选择应该依据农业机械化发展的影响因素，聚焦区域特征，探讨存在问题，寻求对策建议。

2.2.3 农机化发展的区域性

农业机械化是为农业服务的，不同区域具有不同的农业产业，不同农业产业需要不同类别的农业机械装备，进而形成了农机化发展的区域性特征。按照区域分类，把全国或一个省、一个县划分为若干个不同的农业机械化区域，并按每个区域的条件特点综合分析、研究，提出发展该区域的农业机械化的方向、重点、步骤和措施。同时根据各个分区存在的千差万别的基本状况，科学地、系统地整理成一个区域等级系统，获得区域农业机械化发展的研究成果，便于农业机械化工作者认识、掌握和利用，有助于制定农业机械化发展规划，制定区域农业机械化高质量发展扶持政策，因地制宜地指导农业机械化高质量发展。地区分类除主要体现农业机械化作业水平的高低外，还要综合考虑产业水平、经济水平、文化水平、规模水平、保障能力和效益水平，同时考虑发展的环境与条件。

2.3 研究所依据的基本理论

2.3.1 现代农业发展理论

现代农业发展会产生对农业机械化的差异化需求，农业机械化发展源于现代农业的发展需要，两者之间的关系在现代农业发展理论中有所阐述。现代农业发展的基本理论体系比较丰富，包括农业发展阶段理论、改造传统农业理论、诱导技术创新理论、城乡统筹理论等。

农业发展阶段理论表明，不同的农业发展阶段体现了不同的发展特征。日本农业经济学家、发展经济学家速水佑次郎先生将农业发展划分为三个阶段，即粮食问题优先阶段、农业调整问题优先阶段、贫困问题优先阶段；在西方农业发展理论中，C. Peter Timmer 通过对美国、日本、西欧等国家和地区农业发展状况的长期研究指出，无论是发达国家还是发展中国家，社会主义国家还是资本主义国家，农业发展的趋势是一致的，必然会经历四个阶段，即对农业的投入阶段、农业资源流出阶段、农业与宏观经济的整合阶段、对农业的反哺阶段。现今的农业生产基本上处于第四个阶段，特征表现为农业人口少、机械化程度高、农业产出量大，政府通过对农业的补贴不断增强本国农业的国际竞争力。也有人直接将农业现代化过程的阶段划分为半机械化、机械化和自动化三个阶段。另外，不同国家的农业现代化模式不同，人均土地有限的国家，采用集约化、机械化和专业化模式，如法国模式等；人少地多的国家，采用规模化、机械化和劳动节约型。农业机械化是影响农业现代化模式的重要因素。

现代农业发展理论中的改造传统农业理论也表明农业机械化的地位。美国经济学家舒尔茨认为，发展中国家的经济成长有赖于农业的迅速稳定的增长，而传统农业不具备迅速稳定增长的能力，出路在于把传统农业改造为现代农业，即实现农业现代化（邓启明，2007）。在把传统农业改造成现代农业的过程中，舒尔茨强调适度规模，指出要使农民乐意接受新的生产要素，就必须使这些要素有利可图（刘喜波等，2011）。其中，新的生产要素就包括规模化后的农业机械装备的应用。农业现代化是从传统农业向现代农业的转型过程及其深刻变化，它包括农业的机械化、电气化、水利化、化学化、良种化、集约化、标准化、科学化、社会化、专业化、商业化、市场化等。农业机械化首当其冲。

现代农业发展理论中的诱导技术创新理论同样认为，一个社会可以利用多种途径来实现农业的技术变革。由无弹性的土地供给给农业发展带来的制约可以通过生物技术的进步加以消除，由无弹性的劳动力供给带来的制约可以通过机械技术的进步解决。一个国家能否获得农业生产率和产出迅速增长的能力，取决于在各种途径中进行有效选择的能力。如果不能选择一条可以有效消除资源禀赋制约的途径，就会抑制农业发展和经济发展的进程。在我国，农业生物技术的推进成效显著，机械技术的应用对劳动力替代进展也十分迅速，并进入转型升级时期，某种程度上，农业机械化是现代农业发展的重要影响因素。

朱满德和邢怀浩将中国农业演变进程分为三个阶段，即以保供给为核心的粮食问题、以促收入为核心的"贫困问题"、以生产要素调整和经营方式革新为核心的农业调整问题（朱满德和邢怀浩，2018）。其中，农业的发展阶段也充分体现了农业机械化的发展历程，粮食问题、收入问题，以及生产要素调整与经营方式革新问题，都与农业机械化发展阶段性特征有关，体现为粮食机械、规模经营与机械化，以及机械对人力的替代等特征。基于我国现代农业发展的阶段，农业机械化的转型与升级具有理论依据，也是适应现代农业发展的现实需要。

2.3.2 农业生产管理理论

农业生产是指农民在耕种时从事的农业经营活动，以获得粮食、蔬菜、水果等农产品的过程。它包括"生""产"两方面的含义。"生"指与植物的生长和培育相关的活动，包括种植、浇水、施肥、除草、修剪等活动。"产"指农产品的产出，指将原始农业投入转化为适销商品的结果。研究农业生产既要考虑农业生长发育过程中的投入指标，也要考虑农产品成熟之后的农业产出指标。农业的生和产都需要机械的支持，实现机械对人的替代，提升效率。

我国农业生产具有地域性、季节性和周期性三个特点。由于不一样的农作物，对阳光照射、水、地貌、土壤层等自然条件的要求不同，各地的自然条件、经济技术条件有很明显的地域性，因此，农业生产的品种结构、种类、数量也不一样。同时，因为农作物的生长发育受自然因素产生的影响，自然因素随季节而改变，并有一定的周期时间，农业生产要应时而变、抢季节、不违农时。农业机械的运用有助于抢农时，降低自然因素对农业生产的影响。另外，农业生产的特点决定了农业机械应用特征。

传统农业生产主要依托农民的人工作业，工作效率无法提高。新的时期，农业机械设备的应用使农业生产更加高效、快捷，在生产效率与质量提高的基础上，农户即可拓展种植面积，促进农业产业规模的扩张。随着我国城市化进程不断推进，农村人口大量涌入城市，在农村劳动力净流失的情况下，留守于农村的老幼群体，由于自身身体素质所限，在农业生产经营活动的开展当中，难免缺乏工作效率，而农业机械的应用能够高效利用农村田地，实现农村的持续建设和发展。农业机械化是农业农村现代化的重要内容。

农业生产管理是指用现代科学管理方法和先进的管理手段、管理形式来管理农业的过程。农业生产管理是随着农业机械化、电气化和商品经济以及经营规模的扩大而产生和发展的，要有计划地、科学地、合理地组织农业生产力，提高农业生产的经济效益；根据现代化农业生产的特点，逐步利用现代化管理手段加强管理。客观而言，农业机械的运用有助于农业生产的高效管理，农业生产管理目标实现需要借助农业机械化。

2.3.3 组织结构理论

农业机械化发展过程也是农业机械化服务组织的演变过程，目前已经形成了多种农业机械化服务组织形式，运用组织结构理论可以更好地理解和完善农机化服务组织。

组织结构是指组织当中人的关系总和。为了适应组织环境，便于达成组织目标，组织的不同部分通过相互作用有机地结合成一个整体，使组织机构的建设趋向合理化和科学化。从经济学的角度来看，组织结构在一定程度上决定了组织效率，因此，组织结构是影响组织效率高低的一个重要因素。组织通过合理有效的方式将组织中的个体联系起来，不同的组织成员通过分工、合作和权责划分的方式相互作用，以发挥较强的协同作用。组织结构涉及管理幅度和管理层次，包括组织内部的部门划分、权责关系确定、沟通方向和方式等，简单来说就是组织由哪部分构成，各个部分之间存在什么关系，以什么形式和框架联系成一个有机整体。一般来说，处于组织结构顶端的人员或部门具有最高管理权和决策权，指令由上级向下级传递，经历的层级越多，指令传递效率就越低（崔天宇等，2019）。

现有的西方组织结构理论大致可分为古典组织结构理论、新古典主义组织结构理论、现代组织结构理论三种。古典组织结构理论形成于20世纪初，包括泰勒创立的科学管理理论、法约尔的行政管理理论和韦伯的官僚模型。古典组织结构理论重点对静态组织结构进行了系统的研究，强调组织效率的协调。其核心内容包括劳动分工、职权与职责、等级制度、规章制度。新古典主义组织结构理论是基于行为科学的组织结构理论，偏重对动态组织结构的研究，强调在组织中社会心理会对人的行为产生影响，认为正式组织的作用有限，要关注组织内部成员的心理变化和感情需求。20世纪60年代以来，现代管理理论得到进一步发展，组织结构理论方面也有了新发展，出现了许多新的组织结构理论，如系统权变组织结构理论、环境组织结构理论、经济学组织结构理论、新组织结构理论。

基于组织结构理论，农业机械化过程中，如何选择合适的农机服务组织，提升服务效率，是需要研究的问题。农业机械化发展需要从系统论和开放性角度，对农机服务组织的权责、利益分配、管理幅度和管理层次进行明确和界定，要充分考虑农机服务组织的复杂性和特殊性，借助于交易成本理论，对农机服务组织的多种类型进行比较选择，完善农机服务组织结构，提升农机服务组织效率，保证农机服务目标实现，推动农业机械化高质量发展。

2.3.4 农民生产行为理论

农业机械化发展涉及农民的农业机械购置与使用，行为理论可以解释这一行为。其中，行为理论包括理性行为理论、计划行为理论和技术接受模型。

在行为研究领域，由Fishbein和Ajzen提出的理性行为理论是研究行为意愿的重要理论之一。理性行为理论认为人的行为意愿是决定行为的直接因素，而行为意向受到行为态度和主观规范的影响。行为态度是个体对某种行为的喜欢或厌恶的感知。主观规范是指个体在采取某种行为时，主观所感受到的来自外在规范所形成的压力（李文博，2018）。这种压力可能来自和个体相关的亲戚朋友、组织团体，也可能来自他所敬重的某些人。

Ajzen在理性行为的基础上，引入知觉行为控制变量，形成了计划行为理论。计划行为理论仍然认为行为意愿直接决定人的行为，但是与理性行为不同的是，计划行为理论认为行为意愿受到行为态度、主观规范和知觉行为控制三个方面的共同影响。知觉行为控制指个体过去的经验和预期对采取某项行为意向的影响，包括个体对于完成某种行为的自我效能感和个体对于采取某项行为的控制能力。计划行为理论应用于农业经营主体行为研究，其有效性得到了一些研究的验证，该理论在农业经营主体耕地面源污染治理参与、绿色生产技术采纳、有机肥施用、农药使用控制以及可再生能源使用等方面已有运用（张高亮，2015；杨志海，2018；俞振宁等，2018；Wang et al.，2019；Warner et al.，2021；Genovaite et al.，2021；Damalas，2021）。计划行为理论在研究个体行为领域具有较高的认可度和广泛的影响度。

农业经营主体机械购置行为研究涉及社会学、经济学、心理学等领域，一般理论很难准确分析这一行为，运用计划行为理论，可以较好地解释农业经营主体的农业机械购置行为特征。已有学者运用计划行为理论对拖拉机的购买行为进行研究，认为态度因素对行为意愿的影响最显著，控制因素对拖拉机的购买行为起着至关重要的作用（刘伟等，2017）。

技术接受模型是Davis基于行为科学理论提出来的，技术接受模型论述了感知有用性和感知易用性对个体行为意愿的影响。该模型提出后被应用于各个领域产品和技术采纳研究，许多学者成功将此模型应用于农业领域新技术接受研究。农业机械装备接受的核心思想是生产者对农机装备的采纳行为意向决定了其采纳行为，而行为意向是由个体对农机装备感知有用性和感知易用性决定的（张标，2018）。感知有用性是指采纳者感知到采纳农机装备可以增加其效益或作业效率；感知易用性是指采纳者感知到使用农机装备的容易程度，同时该模型认为感知易用性会影响农户对农机装备的采纳或使用意愿。

农业生产经营主体的农业机械购置与使用行为影响到农机的优化配置，对其行为的研究可以提升农机购置补贴政策的针对性，行为理论的运用是解释农机购置与使用行为的需要，有助于更好地发挥农业生产经营主体作用，推动农业机械化发展。

2.3.5 政府干预理论

政府干预理论是西方经济学中界定政府与市场关系的重要理论，在不同时代和背景下形成了不同流派，各流派形成了各自的核心基本理论。重商主义认为国家干预有助于刺激经济活动，出于保护幼稚产业的需要或保护关键产业的思想，主张需要政府干预经济。古典经济学认为，供给会产生需求、决定产业和就业，无须国家干预，自由市场上的资源受市场机制的调节能达到最优配置。凯恩斯主义的政府干预理论认为，供求不能自动达到平衡，主张需要政府对经济干预。新自由学派主义政府干预理论，否定了凯恩斯的政府干预理论，认为生产的增长取决于劳动力和资本等生产要素的供给，而需求会自动适应供给的变化，因此不需要政府干预。现代主流经济学的政府干预理论认为，市场机制能最有效率地配置经济资源，但市场经济存在市场失灵的缺陷而不能自愈，因此需要政府干预（肖建辉，2022）。

今天，已经有越来越多的学者承认政府与市场的作用是同等重要的，要选择处理好政府与市场之间的关系。其原因在于国家整体经济布局及国计民生的重大领域容易产生"市场失灵"，因此需要政府的干预，即遵循和采用引导鼓励原则，通过法律、税收和补贴等手段进行激励和鼓励。政府干预理论的出发点是调节市场失灵问题，弥补市场自发调节中资源配置不合理的弊端。凯恩斯认为，由于市场失灵的存在，市场机制无法自动保持宏观经济的平衡状态，使政府干预成为必要。斯蒂格利茨提出的政府经济职能理论指出，通过采取适当的政策，政府干预可以带来帕累托改进，从而缓解甚至消除政策失灵问题，有效弥补市场调节的不足（汤黎明，2008）。

政府干预农业发展具有必要性。在成熟的发达市场经济国家中，政府无一例外地通过各种手段和措施干预农业经济，主要是存在明显的"市场缺陷"，市场失灵的存在主要源于农业所具有的某些产业特征：一是粮食的生产与储备具有保障国家安全的公共服务性。二是农业生产与生态环境的相互依存使农业具有产权外生态效应。三是农产品价格波动大，供求难以均衡，农民利益难以保障。特别是在我国体制转轨过程中，市场发育还很不完善，存在着大量与市场发育不全相关的"市场缺陷"（彭艳梅，2005）。因此，要通过制度供给，为农产品生产与交易创造一个良好的制度环境；要在农村基础设施、科技资源与信息服务等公共商品与服务上加强供给；要采取宏观调控手段，保护农民的利益和实现粮食安全，即运用财政政策、金融政策、货币政策和福利政策等对农业发展进行间接的干预，包括农机购置补贴政策的不断完善、农机装备的数字化改造等。其中的农机购置补贴政策、信贷扶持政策、农机作业扶持政策，以及农机服务组织建设扶持政策等，极大地推动了我国农机化发展。鉴于农业机械购置成本较大，农业的弱质性和公共性等特征，农业机械化高质量发展仍然需要政府的政策干预，保证农业机械化发展的持续性。

第3章 农业机械化发展历程、现状与趋势

新中国成立以来，我国农业机械化发展大体经历了以国家投资为主、以集体购买为主、以个体联户为主三个阶段。20世纪50年代开始建立农机管理服务机构以及农机化科研、教育、修理、农机供应、技术推广服务体系；党的十一届三中全会以后，农业机械化进入了个体联户、农民自主选择的新的发展阶段，农民个体拥有和个体经营农业机械，改变了过去以集体经营为主体的格局，形成了国营、集体经营、合作经营和个体经营等多种经济成分、多种经营方式共存的局面（穆晓彤，2022）。进入21世纪，农业机械化保持了高速发展态势，农机服务社会化、专业化、市场化程度继续提高，农业机械化为农业增产、农民增收和农村经济发展做出了积极贡献。

3.1 农业机械化发展历程

关于农业机械化发展历程，有一些专家学者进行了研究，综合相关研究成果（杨敏丽和白人朴，2005；卢秉福和张祖立，2008；鞠金艳，2011；卢秉福等，2015；方师乐和黄祖辉，2019；路玉彬等，2018），我国农业机械化发展大体经历了以下几个阶段：

3.1.1 以国家和集体投资为主，大中型农机得到广泛应用：1949~1962年

1949年新中国成立后，农机作为大规模生产和农业基建中必不可少的投入

要素，得到一定发展。投资农机的主体是国家和集体，中央政府通过行政命令和各种优惠政策，在资源极度稀缺的背景下推动了农机化的发展。1950年，国家在各地区建立农机具推广站；1957年，新式农机具推广站达到591处。新式农机具的引入和推广在一定程度上改善了农村尤其是平原干旱地区农业生产设备落后的状况，提高了劳动效率。其中，国营农场主要使用大型化农业机械，这些农场除满足自身的田间作业外，还为周边小农户代耕代种，出现了大型农机跨区服务的雏形。由于要实现美国"垦丁农场"式的规模化生产，资金主要用于投资大中型农机，生产队的组织方式也为引入大中型农机创造了有利条件。到1962年，大中型拖拉机数量已经上升至5.5万台，而小型拖拉机数量不足1000台。虽然这一时期农机动力和农机数量均有不同幅度的增长，但机械化水平总体上依然较为落后，1962年的机耕率仅为8.1%，而机播和机收水平更低，综合机械化率不足4%。

3.1.2 农村经营体制进行了调整，小型农机逐渐得到应用：1963~1978年

1962年农业经历危机后，中国农业经营体制开始调整，由原来的以"人民公社"为经营单位的体制转变为"三级所有，队为基础"的体制，这在客观上缩小了基本经营主体的规模。由于土地规模的减小和物资储备的落后，再加上这一时期的重心不在于经济发展，农机化一度陷入瓶颈，农机数量长期处于停滞状态。直到20世纪70年代中期，中央政府才将农机化列为农业现代化的重要组成部分并予以重视，并在1977年制定了《1980年基本实现农机化规划》，重新将农机化的发展提上日程。由于国营机械化农场的逐步解体，在农机化发展的路径上放弃了之前的一味追求大型化的战略，小型拖拉机数量在1970~1978年增长了约22倍，同时大中型拖拉机数量也增长了4.5倍。从农机化水平来看，这一时期机耕水平得到了大幅度的提高，1978年的机耕率已经达到40.9%，但机播和机收水平分别仅为10.9%和3.1%。尽管各类型拖拉机数量均有所增加，但主要用于耕地或运输，用于其他环节的农机仍匮乏，1978年全国仅有1.9万台联合收割机，远远落后于同期拖拉机的数量。

3.1.3 政府主体逐渐退出，农民逐渐成为主体：1979~1995年

改革开放以后，随着以家庭联产承包责任制为核心的农村改革开始破题，农业机械化领域主体出现了"一退一进"两大变化。

一是政府逐渐退出。改革开放以前，我国形成了以政府或人民公社为主导的农业机械化体制。党的十一届三中全会后，为适应农业经营体制改革出现的新情况，国家对农机化发展战略方针进行了重大调整，政府主体逐渐退出。1979年9月，党的十一届四中全会审议通过了《中共中央关于加快农业发展若干问题的决定》，提出"要因地制宜地发展农、林、牧、副、渔业的机械化"，农业机械购置使用主体逐渐放开了。

二是农民主体大量进入。国家农业生产由"以粮为纲"转向农林牧副渔全面发展，农村多种经营日趋活跃，一些地方出现了农民私人购买拖拉机自主运营的现象。伴随农机产权制度改革推进，开始允许农民私人购买拖拉机，以及用拖拉机进行经营性运输业。1983年中央一号文件明确指出："农民个人或联户购置农副产品加工机具、小型拖拉机和小型机动船，从事生产和运输，对于发展农村商品生产，活跃农村经济是有利的，应当允许；大中型拖拉机和汽车，在现阶段原则上也不必禁止私人购置。"

农业机械经营主体由过去的国家大包大揽发展成为国家、集体、农户联合经营和合作经营共存的局面，农机小型化得到广泛应用。

3.1.4　劳动力价格上升，机械对劳动力替代需求加大：1996~2003年

20世纪90年代，我国农业机械化发展形势发生很大变化。1996~2003年的变化主要表现为两个方面：

一是农业劳动力相对价格快速上升。随着工业化、城镇化进程日益加快，乡镇企业异军突起，农村劳动力大量转移到城镇和农村非农产业就业，农业劳动力出现季节性和结构性短缺，农业劳动力价格上升，机械对人的替代速度加快，替代的经济性和效率提升更加明显。

二是适应市场需求的农业机械化政策逐步实施。在诱致性制度变迁的主导下，伴随政府积极作为，我国农业机械化取得了长足进步，主要粮食作物机械化收获水平快速提升，大中型田间作业机械快速发展。

这一阶段，农业机械的应用意识不断加强，农业机械化发展的环境越来越好，应用于农业生产的农机越来越多。

3.1.5　政策制度推动，农机化快速发展：2004~2013年

21世纪以来，我国农业机械化发展环境发生了较大变化。2004~2013年，

主要表现为农业机械化需求快速增加与国家政策强力支持。

一是劳动力相对价格持续上升，诱致性制度变迁内在动力持续增强。改革开放的持续推进，地区更多的农业剩余劳动力非农化，导致农业劳动力的价格随着劳动力整体价格的上升而上升，为农业机械应用和农业机械化发展创造了条件。

二是一系列制度安排密集出台，及时弥补了市场失灵。自2004年开始，我国总体上已进入工业反哺农业的转折期，具备了工业反哺农业的经济实力、财政实力和发展条件。在我国经济社会发展进入"以工促农、以城带乡"的历史大背景下，一系列促进农机化发展的强制性和诱致性制度安排密集出台，农机购置补贴政策正式实施，农机化法制建设得到加强，多方面支持农业机械化发展的政策体系逐渐完善，《中华人民共和国农机化促进法》的颁布实施标志着中国农机化发展步入法制化进程。

三是以农机购置补贴政策为"龙头"的一系列制度安排，较好地融合了诱致性制度变迁的需求，推动国家农业机械化发展进入"黄金十年"。以市场化、法制化为导向，完善扶持政策体系，制定了《全国农机社会化服务"十一五"规划纲要》，发展多种形式的农机服务组织，农机装备总量快速增长，农机装备结构显著优化，农机化作业水平显著提升，农机社会化服务加快发展。

2004~2013年，我国农机总动力年均增长率达5.5%，全国规模以上农机企业主营业务收入年均增长率达18.2%，除2011年外，每年的中央一号文件持续关注农机化发展，农机购置补贴政策开始向大型农机和农机社会化服务倾斜。中国农机化发展打破了传统经济学家的偏见，在土地细碎化的资源禀赋下依然能够成功实现农机化的快速发展。

3.1.6 经济发展进入新常态，农机化进入转型期：2014年至今

2014年5月，习近平总书记做出了中国经济运行进入"新常态"的重大战略判断。伴随中国经济进入新常态，我国农业机械化也出现了许多新变化。农业机械化发展进入调整期，2014年同比上年增速降为4%，2015年进一步降为3.3%；全国规模以上农机企业主营业务收入年均增长率2014年、2015年、2016年分别比上年提高了8.8%、8.2%、4.9%，低于前10年平均增长率的18.2%，大部分农机企业主营业务收入增长率、利润率和利润增长率均出现明显下滑态势。

我国农业机械化和农机工业增速整体放缓的核心原因是，在10多年的持续快速发展过程中，发展质量和效益不高等深层次问题始终未能得到有效解决，甚至被高速发展的表象掩盖起来。随着农机化发展总体速度下滑，这些长期积累的矛盾"水落石出"，说明单纯的要素驱动、规模扩张型农机化发展方式已难以为继，必须坚持创新驱动和内涵式发展道路，着力提升农机化发展质量和效益（杨敏丽，2015）。

3.2 农业机械化发展的形态

农业生产在没有使用机械之前，完全依靠人工进行生产。主要原因是传统小农的农业生产，经营规模较小，往往通过家庭劳动力相互合作与交换的方式，弥补家庭劳动力的不足。由于小规模导致的总收益不高，农民一般不会考虑购置农业机械，主要以人工生产为主。随着农业劳动力转移和农业劳动力价格的上升，产生了农业机械化发展的不同形态。

3.2.1 工具性农机使用与农机服务购买形态

随着我国农业剩余劳动力的转移和社会经济的快速发展，农业劳动力的数量逐渐减少，人工使用成本不断上升，机械替代人力的农业机械具有了现实需求。受小规模生产形成的总收益不高的限制，农民一般会优先选择通过支付一定的服务费用，获得部分生产环节的机械服务，或购买工具性小型农业机械，如手扶式拖拉机，实现机械对畜力和人力的简单工具性替代，价格不高，对利润影响不大。某种程度上，农户阶段性的资本投入行为表现为不采用农机、购买服务、购买农机的不同状态（胡雯等，2019）。

3.2.2 部分生产环节机械化形态

随着农业劳动力的进一步转移和农业劳动力成本的持续增加，农业生产规模化程度不断提高，农民通过购买拖拉机、插秧机、联合收割机等机械，满足农作物生产的需要。在配置农业机械的过程中，农民会进行人工和机械的博弈，可能会对部分生产环节采用机械对人工的替代，以保证一定生产规模条件下的效益实现。根据 2016 年对江苏的调查，80% 的农户只在一个环节购买了农机，15% 的农民在两个环节购买了农机，5% 的农户在三个环节购买了农机（胡凌啸，2018）。

3.2.3 全程机械化阶段形态

经营规模达到一定程度后，所有生产环节的机械化成为必然。全程机械化的情况下，农民的经营规模是以机械服务能力最低的生产环节所能承载的面积为考量，确定自己的经营规模。因为不同类农业机械可以服务的规模不同，如每台插秧机可以服务 300 亩，每台联合收割机可以服务 500 亩，按联合收割机服务面积为经营规模，插秧机能力不够。在一定经营规模下，总有农业机械达不到满负荷使用状态，除非达到农机配置完全优化的状态。正常情况下，一般是以最低农机服务能力的生产环节面积作为经营规模的决策依据。

"十四五"农机化发展规划提出，我国农机化发展进入新的时代。全程机械化会因为农作物不同而不同，要重点补齐玉米机收、油菜机种机收、大豆玉米带状复合种植等机械化短板；要通过扶持，推动特色农业生产由人力密集型向机械化、智能化转变；要加大信息化数字化技术在农机装备、管理服务和农机作业上的示范应用；要加大设施大棚、果茶桑园、水产畜牧养殖场、高标准农田等"宜机化"建设和改造力度；要建设"全程机械化+综合农事服务中心"等项目，加快提升农机综合服务能力，全程全面高质高效推动农业机械化高质量发展。

3.3 农机化发展的阶段性划分

关于农机化发展的阶段划分，农业农村部将我国农业机械化发展阶段分为初级、中级和高级三大阶段。杨敏丽和白人朴（2003）构建了农机化发展评价体系，运用发展阶段模糊评判模型判断我国农机化所处的发展阶段，并认为存在三个阶段，其特征如下：

（1）农业机械化初级阶段。指农业机械已在某些农业生产环节开始应用，但总体上是传统农业生产方式、人畜力作业仍占主导地位，农业机械化作业水平小于 40%，农业劳动力占全社会从业人员比重大于 40%。

（2）农业机械化中级阶段。农业机械已在大多数农作物的主要生产环节中应用，总体上农业生产方式已从传统农业向现代农业转变，机械作业在农业生产中已开始占据主导地位，农业机械化作业水平为40%~70%，农业劳动力占全社会从业人员比重为20%~40%。

（3）农业机械化高级阶段。主要农产品生产过程已经实现了机械化，总体上农业生产方式已从传统农业向现代农业转变，机械作业已在农业生产中处于绝对主导地位，并向更高水平、更大范围、更广领域发展，农业机械化作业水平大于70%，农业劳动力占全社会从业人员比重小于20%。

卢秉福和张祖立（2008）通过构建农作物生产机械化指标体系，将农机化发展分为初始农作物生产机械化阶段、初步实现农作物生产机械化阶段、基本实现农作物生产机械化阶段和全面实现农作物生产机械化阶段四个阶段。具体阶段及其特征如下：

（1）初始农作物生产机械化阶段：指农业机械已在某些农作物生产环节开始应用，但总体上传统农业生产方式、人畜力作业仍占主导地位，农作物生产机械化作业水平不足40%，农业劳动力占全社会从业人员比重大于40%。

（2）初步实现农作物生产机械化阶段：指农业机械已在大多数农作物的主要生产环节中应用，总体上农业生产方式已从传统农业向现代农业转变，机械作业在农业生产中已开始占据主导地位，农作物生产机械化作业水平超过40%，但不足70%，农业劳动力占全社会从业人员比重低于40%，但高于20%。

（3）基本实现农作物生产机械化阶段：主要农作物生产过程已经实现了机械化，总体上农业生产方式已从传统农业向现代农业发生了根本性转变，机械作业已在农业生产中处于主导地位，并向更高水平、更大范围、更广领域发展，农作物生产机械化作业水平高于70%，但低于85%，农业劳动力占全社会从业人员比重低于20%，但仍高于10%。

（4）全面实现农作物生产机械化阶段：农作物生产过程几乎全部实现了机械化，农业生产方式已从传统农业转变为现代农业，农作物生产机械化作业水平高于85%，农业劳动力占全社会从业人员比重低于10%。

依据上述标准，我国农业机械化阶段应该是基本实现农作物生产机械化阶段，或者是高级阶段的初始阶段，进一步的发展需要推动转型升级，实现高质量发展。

3.4 区域农业机械化发展的影响因素

区域农业机械化发展受多种因素影响,其中,包括区域产业、社会、经济、文化等,结合区域因素探讨农业机械化发展才具有现实意义。

区域经济条件会影响区域农业机械化发展。经济条件比较好的区域会有更多的经济实力反哺农业,改善宜机化条件,如江苏的苏南,在推进农业机械化过程中得到的补贴和政策财政支持较多,且农机化发展比较好。另外,农民的可支配收入也会处于比较好的状态,具有较好的农机购买力,以及较好的生产条件改善的能力。经济条件较好的地区也有利于农业劳动力的转移,有利于土地流转与规模化经营,进而推动农机化发展。

区域社会文化条件会影响农民对农业生产的理解和农机的应用与选择。区域社会条件差异对农业机械化的影响体现在区域人口和农业劳动力的差异上。我国区域城乡人口密度差异比较大,城市地区的人口密度普遍较高,农村地区的人口密度较低。同时,我国城镇化率在不断提高,城市人口占总人口的比重也在不断增加,农村人口不断减少,农业劳动力不足,更会加快机械对人工的替代,推动农业机械化进程。区域文化条件的影响体现在现代化管理意识和机械应用意识、规模化生产意识、市场适应性决策意识,以及托管和合作等形式的推进、经营规模的扩大等意识方面,这些区域差异会影响农业机械化的高质量发展进程。

区域政策条件的影响体现在补贴政策和条件改善扶持政策等方面。土地流转政策影响规模化的形成和新型农业生产经营主体的产生,农业产业发展政策影响区域农业主导产业、特色产业的形成,进而影响农业机械的选择与使用。农机购置补贴政策,极大地推进了农机化发展。基础设施改造政策推动了沟渠、机耕路等宜机基础设施建设,有助于农业机械化发展。总体而言,区域政策条件不同,农业机械化发展进展也不一样。

区域自然条件影响区域农业产业和农业机械的选择。如土壤、气候特征会推动形成稻麦轮作、油菜、玉米、棉花、果蔬等不同的产业及其农业种植模式,不同产业的不同生产环节应用机械也不同。现有市场机械技术和产品供给也存在差异，因此，基于市场需求实施的农机产品供给，会导致农业机械应用和机械化程度存在差异；丘陵山区、平原地区以及沿海地区、内陆地区适应的产业和形成机械需求不同，机械化发展路径也不一样。

区域农业产业条件体现在产业的差异对农业机械化的影响上，特别是国家农业产业布局和自然条件形成的区域特色产业，影响机械化内容，并呈现不同的特征。同样为平原地区，但长期形成的农业主导产业不同，其机械化特征也不一样。区域农业生产规模化状况也影响机械化水平，如东北地区的人均耕地面积比较高，比较容易推进全程机械化；南部沿海地区人均耕地少，规模化不足，就需要通过土地流转或农机化服务组织推进机械化生产，不同规模对机械化的影响不同。

农业机械装备与技术及其农业生产基础条件也影响区域农业机械化发展。首先是农机技术及其新机具的影响。目前，一些复杂多样的农业生产和地形地貌、气候土壤等领域，还有不少环节存在无机可用、无好机用和有机不好用的情况。要实现机器换人，需要适用型机具，满足不同生产环节机械需求，特别是无人植保机械、小型适用机械、特色农业机械等。农村基础设施与农机化管理也会影响农业机械化发展，其中，政策制度、农机化管理水平与服务保障水平会影响农业机械化发展；农村交通道路的宜机情况，以及辅助用地及机库设施的建设情况等也会影响农业机械化发展。

3.5 面临的形势与思考

3.5.1 农业机械化发展面临的新形势

3.5.1.1 中国式农业现代化目标实现需要农业机械化的支撑

"中国式现代化"是习近平总书记在庆祝中国共产党成立100周年大会上提出的重要论断。党的二十大报告深刻阐述了中国式现代化的科学内涵和本质要求，强调坚持以中国式现代化全面建成社会主义现代化强国。实现高质量发展是中国式现代化本质要求之一。农业是国民经济的基础，是我国安全稳定的"压舱石"。全面建成农业强国是实现中华民族伟大复兴的重要内核，而推进中国式农业现代化则是加快建设农业强国的有效手段和强力支撑。

推进中国式农业现代化，既要立足于中国现实的国情农情，又要吸收世界各国发展现代农业特别是发达国家建设农业强国的经验；要激发农民建设农业强国的积极性、主动性和创造性；统筹好耕地数量、质量和生态的保护与建设，秉承绿色发展理念，牢固树立生态价值观，掀起供给侧和需求侧绿色革命；要提高农村居民环保素养，降低农药、化肥、除草剂、重金属以及兽药残留。

建成中国式农业现代化，既是农业发展过程的提速提质，又是农业发展方式的转型增效，可以实现农业从数量到质量、从规模到效益、从结构到韧性全方位竞争力的整体跨越。要加快完善高质高效导向的农业支持政策体系，以更高质量健全现代农业产业体系、生产体系和经营体系。总而言之，在中国式农业现代化建设过程中，无论是农业绿色发展还是生产体系、经营体系的建设与完善，都需要农业机械化的支撑。

3.5.1.2　乡村振兴战略的实施，需要农业机械化发展助力产业兴旺

乡村振兴战略是习近平总书记于2017年10月18日在党的十九大报告中提出的战略。党的十九大报告指出，农业农村农民问题是关系国计民生的根本性问题，必须始终把解决好"三农"问题作为全党工作的重中之重，实施乡村振兴战略。2021年制定的《中华人民共和国乡村振兴促进法》明确规定，促进乡村振兴应当按照产业兴旺、生态宜居、乡风文明、治理有效、生活富裕的总要求，开展促进乡村产业振兴、人才振兴、文化振兴、生态振兴、组织振兴，推进城乡融合发展等活动。产业振兴与兴旺首当其冲。

在产业方面，提出要坚持以农民为主体，以乡村优势特色资源为依托，支持、促进农村一二三产业融合发展，推动建立现代农业产业体系、生产体系和经营体系，推进数字乡村建设，培育新产业、新业态、新模式和新型农业经营主体，促进小农户和现代农业发展有机衔接；深化农业供给侧结构性改革，走质量兴农之路；培育新型经营主体，加强面向小农户的社会化服务；确保国家粮食安全，把中国人的饭碗牢牢端在自己手中。

基于产业发展要求，在农业机械化方面提出，国家鼓励农业机械生产研发和推广应用，推进主要农作物生产全程机械化，提高设施农业、林草业、畜牧业、渔业和农产品初加工的装备水平，推动农机农艺融合、机械化信息化融合，促进机械化生产与农田建设相适应、服务模式与农业适度规模经营相适应。农业机械化发展有助于乡村产业振兴。

3.5.1.3 农业数字化给农业机械化发展创造了新的环境条件

数字经济是指以使用数字化的知识和信息作为关键生产要素、以现代信息网络作为重要载体、以信息通信技术的有效使用作为效率提升和经济结构优化重要推动力的一系列经济活动；也是一种以数据资源为核心生产要素、以数字技术为支撑、以数字化平台为主要交易组织形式、以促进其他产业数字化为主要动力的新经济形态。数字经济将成为继农业经济、工业经济后的一种新的社会经济发展形态。

数字经济时代的到来将对农业领域产生深刻影响，农业数字化是趋势。数字农业是指将遥感、地理信息系统、全球定位系统、计算机技术、通信和网络技术、自动化技术等高新技术与地理学、农学、生态学、植物生理学、土壤学等基础学科有机地结合起来，实现在农业生产过程中对农作物、土壤从宏观到微观的实时监测，以实现对农作物生长、发育状况、病虫害、水肥状况以及相应的环境进行定期信息获取，生成动态空间信息系统，对农业生产中的现象、过程进行模拟，达到合理利用农业资源，降低生产成本，改善生态环境，提高农作物产品和质量的目的。

数字农业具有明显的特征，其中，与农业机械化发展相关的特征如下：一是农业生产智能化，即利用智能化专家系统，准确地进行灌溉、施肥、喷洒农药，在保质保量的同时，保护土地资源和生态环境；二是农业管理高效化，即以大数据技术为依托，对各类资源及农业生产完成情况等内容进行统筹，提升农业生产过程管理的效率和实时性，实现农业管理的高效性、精准化、透明化。数字农业既是农业机械化发展的新环境条件，也给农业机械化发展提出了新的要求，数字化农业的目标实现需要智慧农机装备的支持，特别是无人农场的运行与管理，需要无人植保机械、无人驾驶的联合收割机械等一系列智慧农机的支持。客观而言，数字农业的发展需要农业机械化的配套与转型升级。

3.5.1.4 国家高质量发展战略要求农业机械化的高质量发展

2017年，中国共产党第十九次全国代表大会首次提出高质量发展的新表述。2020年10月，党的十九届五中全会提出，"十四五"时期经济社会发展要以推动高质量发展为主题，这是根据我国发展阶段、发展环境、发展条件变化作出的科学判断。2022年10月，党的二十大报告提出，高质量发展是全面建设社会主义现代化国家的首要任务，要坚持以推动高质量发展为主题，把实施扩大内需战略同深化供给侧结构性改革有机结合起来，增强国内大循环内生动力和可靠性，加快建设现代化经济体系，着力提高全要素生产率，着力提升产业链供应链韧性和安全水平，着力推进城乡融合和区域协调发展，推动经济实现质的有效提升和量的合理增长。

农业高质量发展是国家高质量发展战略的核心内容，依据国家高质量发展战略要求，农业的高质量发展要以深化农业供给侧结构性改革为主线，坚持质量第一、效益优先，切实转变农业发展方式，推动质量变革、效率变革、动力变革；提升农业经济的活力、创新力和竞争力。其中，农业供给侧改革的深度和广度、农业生产效益实现、农业生产方式转变，以及创新力和竞争力的形成，都需要农业机械装备的转型升级与广泛应用。很大程度上，农业高质量发展需要农业机械化的高质量发展。

3.5.2 农机化发展存在的不足

近年来，在农机购置补贴政策的推动下，农机化获得了较快发展，农机化综合水平不断提高，但从高质量发展的要求来看，还有差距，也存在一些问题需要解决。

（1）农机化发展的质量和效益有待提升。农机装备研发速度并不能满足农机发展需要，国产农机装备的质量与国外装备差距明显，可靠性、经济性和智能化程度不足。同时，国外农机装备以大型化为主，与国内规模不大的种田大户、家庭农场，以及分散小农的使用需求不一致。国内农作物种类比较丰富，种植模式多种多样，目前的农机装备种类还不能完全满足要求，特别是符合果蔬、渔业、设施农业等生产实际需要的农机装备不足。农机作业服务的组织形式主要以合作社为主，且主要是为了获取相应的购置补贴或合作社补贴，并没有实现互通有无，合作效应难以实现，服务组织的有效性不足，创新服务和设备优化配置使用的意识和能力不强，造成成本增加，影响了最终的效益和发展的可持续性。

（2）农机化发展的规模和结构有待改善。在农机购置补贴的推动下，农机装备总动力不断增加，有些地区的配置超过了农业生产所需的配置水平，甚至已经达到或超过了国际平均水平；农机装备的供给种类与需求不完全一致，农机装备主要是从政府补贴目录清单中购买，并根据补贴力度进行购买决策，往往与真正需求有差别，造成结构上的购买过量，影响农机化发展的效率和效益。相应的社会化服务体系还没有建立起来，完全市场化的农机服务组织缺乏，服务组织形式单一，基本都是政府扶持下成立的合作社，其负责人的基本素质、服务意识、服务能力、管理水平还不能满足市场需求，服务组织的规模和结构需要完善。

（3）农机化发展的效率和效果有待提高。基于抢农时的传统性习惯和补贴政策的推动，农机装备购置往往超出实际作业需要，在补贴范围并且补贴力度大的农机装备往往获得更多的购买，在相互之间缺乏优化配置和合作的情况下，设备购置存在结构上的过量，导致部分地区农机装备使用率低。农机装备过量将导致农机购置成本占农业生产成本的比例过高，投资利润率提高困难。由于农业用地和农业辅助用地控制很严，农机装备所需机库不能获得完全满足，维护与保养缺乏，农机装备的寿命下降，有的农机装备的投资还没收回就面临质量问题，投资效率低下。对不同规模生产主体的农机配置缺乏科学有效指导，机型选择缺乏系统考虑，农机装备的推广与补贴还很少从农机化高质量发展的角度进行安排，有机肥施用、绿色植保技术装备等机械装备还缺乏补贴政策的推动，农机化发展的效果有待提升。

（4）农机化发展的可持续性与创新需要加强。由于不少年轻有为的农民进城务工，现有的新型农业生产经营主体，其文化程度和素质普遍不高。根据调查，80%以上是初高中文化程度，且习惯于传统农业生产方式，简单运用机械对人的替代，对机械选型、不同机械优化配置和服务模式创新的意识和能力比较缺乏，导致农机化经营的效益和效率不高，使农机化自身发展的持续性不足；由于绿色农业生产技术装备运用需要一定的知识条件，并可能会增加一定的成本，在效益获得不确定性的情况下，绿色农业发展所需农机装备与服务将达不到农业高质量发展的要求。农业生产主体具有多样化特征，农机服务组织形式和服务内容也多种多样，为保证农机化发展的效益、效率和可持续性，以及与农业高质量发展相协调，需要不断创新组织形式和服务形式，而农机服务主体素质不高的现实将影响创新活动的开展，影响农机化发展的可持续性。

（5）全程全面高质高效程度不足。我国部分经济作物和特色农作物的全程机械化程度不足，全面机械化程度还有提升空间。农业机械产业链还不够完善，农机试验鉴定、推广、购置、使用、报废等环节在政府部门及其补贴政策的推动下发展较好，农业机械研发、维修保障体系不够完善，农业机具存放还比较粗放；部分地区农机使用率不高，存在一定程度的超配现象；"宜机化"基础设施还不够完善，机耕路和机库建设还需加强，农业机械作业效率和机具使用寿命有待提升；数字化、智慧化和智能化等新的技术运用还不够充分，农机化发展的条件建设、服务模式等需要完善和创新。

3.5.3 农机化高质量发展的对策思考

农机化发展要以服务农业高质量发展为目标，立足自身发展规律，兼顾质量与效益、规模与结构、效率与效果、创新与可持续，实现自身高质量发展。

（1）基于高质量发展需要，创新农机装备的研发、示范与推广。根据地区农业特色，因地制宜地推进农机装备的小型化、绿色化、智能化，提升农机装备的可靠性、操作性和适用性，满足不同规模和不同农作物生产主体的需要；根据农业高质量发展需要，研发推广耕、种、收、植保等生产环节的适用装备，包括测土配方、精准施肥与精确施药，保证农产品的质量。推动产学研合作，构建研发、示范、推广体系，强化智能化深松整地、高效免耕精量播种与秧苗移栽、高效节水灌溉、化肥深施和有机肥机械化撒施、高效自动化施药、残膜回收机械化、秸秆综合利用、畜禽养殖、水产加工废弃物资源化利用等装备的研发与推广，使农机化发展更有质量、更可持续。

（2）基于高质量发展需要，推进农机化服务形式与内容的创新。农机服务主体主要是政府推动的农机合作社形式，以及少量的农机大户，市场自发形成的农机服务主体比较缺乏。应该运用市场力量，鼓励不同主体形式的存在，推进农机社会化服务形式多样化，满足不同农业生产主体的农机服务需求。在农机购置补贴方面给予同等待遇，保证农机购置补贴政策的公平性。强化各类农机服务组织的内部管理，鼓励在农机装备优化配置、购买决策、成本效益核算、服务农业高质量发展的能力和水平提升方面进行管理创新，科学合理地选择农机装备数量、种类，创新服务内容和形式，使农机化发展更有效益和效率。

（3）基于高质量发展需要，创新农机购置补贴政策。对农业高质量发展生产环节和农机购置补贴政策效应进行精准分析，完善补贴政策，选择绿色农业发展需要和市场力量配置失灵的农机装备进行补贴，减少农机服务主体盲目购置行为，确保补贴政策的实际效果；充分运用好财政政策，科学合理地确定补贴的力度与范围，确保补贴政策的有效性，推动主体主动强化农机服务精益管理，提高农机装备投资的效率；完善农机购置补贴形式，强化农机服务示范主体的扶持，真正发挥补贴政策的溢出效应，通过示范引领作用，推动农机服务的规范化，使农机化发展更有效益、更显公平。

（4）基于高质量发展需要，推进农机化服务供给侧改革。构建与农业生产主体实际需要相适应的农机服务主体及其服务内容，推动农机化与农业的高质量协调发展。鼓励农机服务形式与模式的创新，发展订单服务、托管服务等多种模式，提高农机服务的效益和效率。强化社会化农机服务体系建设，提升服务能力与水平，使农机化发展与农业高质量发展更加协调。鼓励工商和社会资本进入农机服务行业，推进农机服务形式创新和管理创新，使农机化发展更具活力，服务供给更加有效。

（5）基于高质量发展需要，提升农机服务主体的素质。精准选择培训对象与安排课程内容，根据不同文化程度、服务规模和农作物种类的农机服务主体，在基本技能、素质和管理水平提升等方面进行不同的培训内容安排；精准选择合适的培训方式方法，统筹安排课堂教学、实践教学、基地教学和情景教学、案例教学、现场教学、视频教学等方式方法，提高培训的实际效果。引入订单培训机制，强化新技术、新理念、新政策等培训内容的安排，对成功的农机服务主体进行经验总结、交流与推广，鼓励创新农机服务内容与形式，使农机化发展创新动力更足。

第4章 区域农机化高质量发展的内涵与评价

各地区对农机化发展进行了有益尝试，但还缺乏一个农机化高质量发展的指导性框架。因此需要进一步明确内涵，并构建一个指标体系，通过区域评价发现不足和短板，制定有效政策，推动区域农机化高质量发展。

4.1 农机化高质量发展的内涵

农机化高质量发展内涵要基于高质量发展的一般理论，并结合农机化发展内涵。关于高质量发展的一般理论，有些成果值得借鉴。其中，魏杰认为，高质量发展不是单纯地追求发展的高速度，而是要追求效率更高、供给更有效、结构更高端、更绿色可持续以及更和谐的增长（魏杰，2018）。田秋生认为，高质量发展是一种以质量和效益为价值取向的发展理念，也是一种速度向质量转变的发展战略，是动力活力更强、效率更高、更加全面协调可持续的发展（田秋生，2018）。史丹和李鹏（2019）从创新、协调、绿色、开放和共享五大发展理念入手，构建了高质量发展水平的测度体系。李金昌等（2019）从经济活力、创新效率、绿色发展、人民生活、社会和谐5个部分构建了高质量发展的评价指标体系。史丹等（2019）提出，高质量发展体现在宏观经济、产业、企业三个层面。从上述研究成果可知，农机化高质量发展可以定位在产业层面，具有服务行业特征；高质量发展内涵的关键词包括创新、协调、效率、绿色、贡献等。

根据《中华人民共和国农业机械化促进法》，农机化是指运用先进适用的农业机械装备农业，改善农业生产经营条件，不断提高农业生产技术水平和经济效益、生态效益的过程。关于农机化高质量发展的理论研究成果不多，部分成果涉及了高质量发展的内涵。路玉彬等提出，国内农机化发展必须尽快实现由外延扩展型向内涵提升型转变，更加注重质量和效益（路玉彬等，2018）。方师乐和黄祖辉提出，要构建农机服务网络，注重服务模式创新，实现区域内和区域间农业机械资源的合理调配（方师乐和黄祖辉，2019）。隋斌等提出，要开展资源节约型农业机械研究，研发新的工艺装备，建立绿色生产、清洁低碳、循环发展的技术体系，加强与经济作物种植生产技术相匹配的农业机械的研发与推广；要提高服务质量和效果，创新农机经营制度，加速农机合作组织发展，完善和提高农机社会化服务体系，提高存量农机的使用效益（隋斌等，2020）。秦海生则提出，要促进物联网、大数据、移动互联网、智能控制、卫星定位等信息技术在农机装备和农机作业上的应用，推进"互联网+农机作业"，实现数据信息互联共享，提高农机作业质量与效率（秦海生，2020）。

依据高质量发展的一般理论和农机化发展的内涵以及已有研究成果，可以总结得出，农机化高质量发展包括创新驱动、协调优化、质量效率、绿色持续、效益贡献五个方面，体现为农机化发展要通过创新增加活力，要在规模、结构、人员等方面更加优化，与农业和农村发展更加协调，更加注重质量和效率，着力绿色和持续发展，提高农机化发展效益，为现代农业和乡村振兴做出实质性贡献。

4.2 区域农机化高质量发展的评价指标选择

依据农机化高质量发展的五个方面，构建一个指标体系是评价和分析区域农机化高质量发展的客观需要。农业机械化涉及的内容比较复杂，基于区域特征角度，可以分为都市型农业机械化、旱作区农业机械化、丘陵山区农业机械化等；从农产品角度，又可分为粮食作物机械化、经济作物机械化、水产养殖机械化、畜禽养殖机械化等。不同区域特色和农产品生产也具有不同的机械化内涵。因此，在进行高质量发展评价时，既要关注评价范围，又要关注农业类别及其机械化特征，否则难以实现精确评价。研究将选择区域为评价对象，进行农机化高质量发展水平评价。把创新驱动、协调优化、质量效率、绿色持续、效益贡献五个

方面作为二级指标,并进行五个方面的具体内容分析,构建农机化高质量发展评价指标体系的三级指标,具体内容如下:

4.2.1 创新驱动

农机化发展需要创新驱动。其中,补贴、补助等的政策创新可以有效引导农机装备购置数量和质量;农机服务的组织创新可以提升农机化服务质量和水平,孙爱军等(2015)就提出,农机服务组织形式与农机服务需求适应程度越高,越符合农机化高质量发展的需要。农机装备的技术创新可以提高农机装备的适用性和可靠性,农机科技人员是农机化技术创新的重要保障。农机化发展的管理创新可以提升农机化管理水平,推动农机化健康有序发展,高素质管理人员是管理创新的重要条件。农机化服务创新就是通过新的服务模式,实现农机化发展的实际效果和效益,服务信息平台将有助于推动农机服务创新。

4.2.2 协调优化

协调优化就是要科学、合理配置农机装备,适时、适度推进农机化发展。农机装备既要实现自身规模、结构和人员的协调,也要注重与农业和农村的协调。规模上的协调是要保证农机装备的科学配置,推动机械化程度的适度提升;结构上的协调是农机装备配置要和农业生产环节一致。"全面""全程"机械化是农机化高质量发展结构指标的重要体现(白人朴,2012;罗锡文,2017)。人员协调就是要实现农机从业人员与机械装备的协调,确保农机装备的有效使用;与农业的协调是指农机装备配置要和农产品类别相一致,提高农机装备种类的完备率,保证各类农产品生产的机械化程度;与农村的协调就是要推动土地规模化生产、与区域农村经济发展结合,推动乡村振兴。

4.2.3 质量指标

质量指标主要包括农机装备质量、农机服务质量以及农机从业人员素质。农业机械装备质量是农业机械化效率提升的重要基础,主要由农机装备的返修率体现。农机服务质量高,农机化发展才能更加和谐、高效、可持续(肖调范,2009),农机作业的标准化程度是服务质量的体现。从业人员质量即素质是农机化高质量发展的保证。效率指标主要是指农机装备使用效率,农机装备使用效率越高,越能体现农机化从数量规模型向高质量的转变(谢启群,2017),也是农机化发展降本增效的关键。

4.2.4 绿色指标

绿色指标主要是指农机装备使用带来的水、药、肥等的节约，以及废弃物的处理，可持续性指标主要包括人才培养、土地整理、农机维护保养以及维修网点覆盖率等。绿色农机的使用率越高，对环境损害越小，更能促进农机化可持续发展。较高的维修网点覆盖率是农机化高质量发展的保障。土地宜机化状况是农机装备的使用条件，农机人才培养和素质提升是农机化可持续发展的人力支持。农机装备保养与维修是农机装备使用效果和效益实现的保证。农机装备入库可以保障农机装备的使用寿命，提升农机装备使用的可靠性和作业质量。

4.2.5 效益贡献

效益贡献包括经济效益、社会效益和生态效益。经济效益主要体现劳动生产率提高后农业效益的增加，也是体现高质量发展中共享程度与人民生活内涵的指标。农机装备的使用实现了机械对人的替代，释放了农业剩余劳动力，祝华军认为，农业劳动力释放和转移是农机化发展社会效益的体现（祝华军，2005）。农机化发展具有明显的生态效益，通过实施农机精准作业，能够显著提高资源利用率和整体生态效益（彭峰，2019），实现农村和农业整体生态环境的改善。

基于以上分析，并通过举办由政府管理部门相关人员和高校专家参加的农机化高质量发展的研讨会，形成农机化高质量发展的评价指标体系，如表4-1所示，包括5个二级指标和26个三级指标。

表4-1 农机化高质量发展水平评价指标体系

一级指标	二级指标	三级指标	计算方法	解释说明	关系
农机化高质量发展水平评价指标	创新驱动	1. 新型农机服务组织作用	新型农机服务组织作业面积/区域耕地面积	组织创新	正向
		2. 补贴对农机购置的带动	农机装备购置原值/政策补贴数额	政策创新	正向
		3. 农机科技人员占比	科技人员数/农机从业人员数	技术创新	中性

续表

一级指标	二级指标	三级指标	计算方法	解释说明	关系
农机化高质量发展水平评价指标	创新驱动	4. 高素质农机管理人员占比	本科以上管理人员数/农机管理人员总数	管理创新	中性
		5. 调度、服务信息平台覆盖率	接受平台信息服务的面积/区域耕地总面积	服务创新	正向
	协调优化	6. 机械作业面积占比	机械作业面积/区域耕地总面积	规模协调	正向
		7. 耕种收综合机械化率	累积各生产环节的机械化水平/生产环节数	结构协调	正向
		8. 农机操作人员人均农机装备数	主要农机装备台套数/农机操作人员数	人员协调	中性
		9. 规模化生产经营面积占比	规模化生产经营面积/区域耕地总面积	与农村协调	正向
		10. 农机装备种类的完备率	区域使用农机装备类别数/农机装备总类别数	与农业协调	正向
	质量效率	11. 设备平均返修率	返修装备数/农机装备总数	装备质量	反向
		12. 农机从业人员素质	高中以上农机从业人员数/农机从业人员总数	人员质量	正向
		13. 新技术农机装备使用	先进农机装备数/农机装备总数	新技术应用	中性
		14. 农机作业标准化程度	农机标准化作业面积/区域耕地总面积	服务质量	正向
		15. 农机装备使用率	主要农机装备实际使用天数/应该使用天数	装备使用率	正向
	绿色持续	16. 节水农机使用	有效灌溉面积数/总面积	水的节约	正向
		17. 农药控制的农机使用	高效植保机械作业面积/总面积	农药控制	正向
		18. 精准施肥的农机使用	配方施肥机械作业面积/总面积	肥的精准	正向
		19. 农业废弃物机械化处理	农业废弃物机械化处理面积/总面积	废弃物处理	正向
		20. 人员培训与培养	年农机培训人数/农机从业总人数	人才培养	正向

续表

一级指标	二级指标	三级指标	计算方法	解释说明	关系
农机化高质量发展水平评价指标	绿色持续	21. 耕地宜机化	适宜机械作业面积/区域耕地总面积	土地整理	正向
		22. 农机装备维修售后保障率	获得有效维修的农机装备数/农机装备总数	维修保障	正向
		23. 农机装备入库率	入库农机装备数/农机装备总数	装备入库	正向
	效益贡献	24. 劳动生产率	种植业总产值/种植业从业人员数	经济效益	中性
		25. 农业劳动力释放与转移	机械替代人员数/可释放农业从业人员总数	社会效益	正向
		26. 农业生态环境达标率	农业生态环境的达标面积/区域耕地总面积	生态效益	正向

4.3 区域农机化高质量发展的评价指标权重确定

指标权重确定有多种方法，但总体上可分为主观赋权法和客观赋权法。主观赋权法是依据专家打分确定权重，用理性标准评价现实状况，体现了理论性和前瞻性；客观赋权法是基于客观数据计算权重，不依赖于人的主观判断，体现了现实性和客观性。研究将运用主观和客观两种方法赋权，并进行比较研究。主观赋权法选择比较常用的层次分析法（向欣等，2014；李峰等，2019；罗娟等，2020；何梦婷，2020），客观赋权运用 CRITIC（Criteria Importance Though Inter-criteria Correlation）法比较合适。

4.3.1 层次分析法确定权重

层次分析法（Analytic Hierarchy Process，AHP）是一种系统化、层次化的多目标决策分析方法，指导思想是将复杂问题分解为若干层次和若干因素，对两两指标之间的重要程度做出比较判断，按照 1~9 标度法进行赋值，建立判断矩阵，通过计算判断矩阵的最大特征值以及对应特征向量，得出不同方案重要性程度的权重（郭金玉，2008）。层次分析法确定权重的步骤（邓雪等，2012；刘婧和曹富，2020）如下：

（1）构造两两比较判断矩阵。本书通过邀请高校、省农机管理部门、县农机科技人员的6位专家，对同一层次的农机化高质量发展指标重要性进行两两比较，按照1~9标度法对重要性程度进行赋值，得到判断矩阵 A、B_1、B_2、B_3、B_4、B_5，其中 A 是由二级指标之间进行两两对比后赋值得到的第一层级判断矩阵，B_1、B_2、B_3、B_4、B_5 分别是对创新驱动、协调优化、质量效率、绿色持续、效益贡献二级指标下三级指标之间进行两两对比后赋值得到的第二层级判断矩阵。

（2）进行层次单排序。计算5阶判断矩阵 A 每一行元素的乘积 M_i：

$$M_i = \prod_{u=1}^{5} a_{iu} (i = 1, 2, \cdots, 5) \tag{4-1}$$

式中 a_{iu} 表示二级指标 i 相对于二级指标 u 重要性程度的赋值。

计算 M_i 的5次方根 W'_i：

$$W'_i = \sqrt[5]{M_i} \tag{4-2}$$

对 W'_i 进行归一化处理，得到第 i 项二级指标对一级指标的权重 W_i：

$$W_i = W'_i \Big/ \sum_{v=1}^{5} W'_v, (i = 1, 2, \cdots, 5) \tag{4-3}$$

同理，根据第二层级判断矩阵 B_1、B_2、B_3、B_4、B_5，计算得第 i 项二级指标下第 k 项三级指标对第 i 项二级指标的权重 W_{ik}，且 $\sum_{k=1}^{m} W_{ik} = 1$，$m$ 表示各二级指标包含的三级指标元素个数。

（3）对矩阵进行一致性检验。计算判断矩阵 A、B_1、B_2、B_3、B_4、B_5 的随机一致性比值（CR）。计算结果为 CR<0.1，判断矩阵均通过一致性检验。

（4）进行层次总排序及一致性检验。计算各层次内指标对上一级指标的权重后，最终得到三级指标对于一级指标的合成权重 W_{ij}。根据二级指标权重 W_i 和三级指标对二级指标权重 W_{ik}，确定三级指标对一级指标的权重 W_{ij}，结果如表4-2所示。经层次总排序，并计算随机一致性比值（CR'）。计算结果为 CR'<0.1，层次总排序通过一致性检验，具有满意的一致性。

4.3.2 CRITIC 法确定权重

CRITIC 法在确定权重时，以对比强度和冲突性为基础。对比强度指同一个指标各个评价对象之间差距的大小，以标准差的形式表现，指标的标准差越大，各评价对象之间的差距就越大。评价指标之间的冲突性以指标之间的相关性为基础，以各指标间的相关系数来体现，若指标之间的相关系数较强，则冲突性较弱（王昆和宋海洲，2003）。

（1）指标数据标准化。为了消除不同指标间量纲的差异，需要对评价对象的指标值作标准化处理，转化成无量纲、无数量级差别的标准值。指标的特性分为3类：指标值"越大越好""越小越好""适中为宜"，相应的指标分别为正向指标、逆向指标和中性指标。本书选取的26个评价指标中，有20个正向指标、1个逆向指标、5个中性指标。在对指标原始数据进行处理时，将原始数据与指标标准值进行比较，得到以1为最优的处理后数据矩阵。

（2）计算冲突性。第 i 项二级指标下第 j 项指标与其他指标的冲突性量化指标为 P_{ij}：

$$P_{ij} = \sum_{i'=1}^{5} \sum_{t=1}^{m} (1-r) \tag{4-4}$$

式中 r 为第 i 项二级指标下第 j 项三级指标与第 i' 项二级指标下第 t 项三级指标之间的相关系数，m 表示各层级二级指标下三级指标元素个数。

（3）指标包含信息量计算（吴希，2016）。基于评价指标的对比强度和指标之间的冲突性基础，构造包含两种信息的指标 C_{ij}，则第 i 项二级指标下第 j 项指标所包含的信息量：

$$C_{ij} = \sigma_{ij} P_{ij} (j=1, 2, \cdots, m) \tag{4-5}$$

式中 σ_{ij} 为指标的标准差；C_{ij} 越大，该指标包含的信息量越大，指标的相对重要性越大。

（4）计算三级指标对一级指标权重 W_{ij}：

$$W_{ij} = C_{ij} \bigg/ \sum_{i=1}^{5} \sum_{j=1}^{m} C_{ij} \tag{4-6}$$

式中 $0<W_{ij}<1$，$\sum_{i=1}^{5}\sum_{j=1}^{m} W_{ij} = 1$。

（5）三级指标对二级指标权重 W_{ik}。

同理，使用公式（4-4）~公式（4-6）分层计算三级指标对二级指标的权重 W_{ik}，且 $\sum_{k=1}^{m} W_{ik} = 1$，$m$ 表示各二级指标包含的三级指标元素个数。计算结果如表4-2所示。

4.4 区域农机化高质量发展评价的案例分析

4.4.1 区域选择与数据获取

基于经济和农机化发展的区域差异，为方便比较分析，研究分别在苏南、苏中、苏北3个地区选择农机化发展比较典型的太仓市、通州区和建湖县进行指标体系的应用分析。数据来源于江苏省统计年鉴、江苏省农村统计年鉴、江苏省农机统计直报数据，同时，针对农机科技人员配备比例、管理人员素质现状、劳动生产率等指标数据和参照标准，本书分别在3个典型市县区及其部分乡镇，通过举行农机部门管理人员、家庭农场主和农机合作社负责人座谈会，进行现场调研和数据收集。

4.4.2 指标标准化

指标的标准化计算分为三个方面：一是依据指标标准进行标准化，按照标准值计算的指标共有5个，其中，科技人员占比依据地方农机部门需求，确定为3%；劳动生产率按照国内20公顷标准农场全程机械化后的劳动生产率推算，确定为使用农机装备后人均年产值15万元；高素质管理人员占比标准确定为每个乡镇本科学历以上的管理人员2名；农机操作人员人均农机装备的标准定为4台，即每个人可以驾驶4种主要农机装备机型；农机从业人员素质的指标标准确定为高中学历以上占比50%。二是不设标准值，以3个地区最好指标值为参照标准，涉及3个指标，其中，补贴带动农机装备购置指标，因为补贴主要是国家政策，区域的作用主要体现在国家补贴之外的相关举措所带动的农机装备购置上，县级地区主动作用空间有限；平均返修率指标，因为农机装备的质量是生产企业决定的，与县级地区关联不大，只受国内外产品数量比例和作业人员素质影响；同样地，先进农机装备使用指标主要是受市场上农机装备种类的影响。因此，这些指标就以最好地区指标值为参照标准，进行比较分析，不另外设定标准。三是指标本身已经是标准化数据，不再需要标准化，共有18个这类指标。区域指标值如表4-2所示。

表 4-2　农机化高质量发展水平评价指标权重

二级指标	三级指标	指标值 太仓	指标值 通州	指标值 建湖	权重 层次分析法	权重 CRITIC法	权重 层次分析法	权重 CRITIC法
创新驱动	新型农机服务组织作业面积占比	0.844	0.770	0.636	0.029	0.027	0.164	0.208
	政策补贴带动农机装备购置总值比例	1.000	0.726	0.705	0.039	0.033	0.204	0.170
	农机科技人员占比	0.161	0.098	0.160	0.058	0.033	0.273	0.149
	高素质农机管理人员占比	0.625	0.157	0.071	0.040	0.056	0.265	0.309
	调度、服务信息平台覆盖率	0.850	0.700	0.600	0.020	0.023	0.094	0.164
协调优化	机械作业面积占比	1.000	1.000	1.000	0.091	0.000	0.417	0.000
	耕种收综合机械化率	0.960	0.953	0.943	0.031	0.002	0.189	0.018
	农机操作人员人均操作农机装备	0.831	0.704	0.467	0.008	0.048	0.046	0.416
	规模化生产面积占比	0.769	0.560	0.630	0.051	0.039	0.259	0.360
	农机装备种类的完备率	1.000	0.900	0.800	0.022	0.022	0.090	0.205
质量效率	设备平均返修率	0.750	0.650	0.550	0.022	0.020	0.145	0.101
	高中以上农机从业人员占比	0.548	0.292	0.602	0.049	0.181	0.185	0.612
	先进、智能化农机装备占比	0.300	0.211	0.131	0.074	0.017	0.231	0.083
	农机作业标准实现程度	0.769	0.600	0.550	0.085	0.021	0.263	0.100
	农机装备使用率	0.500	0.444	0.333	0.062	0.022	0.177	0.105
绿色持续	有效灌溉面积占比	0.840	0.583	0.570	0.027	0.032	0.176	0.108
	高效植保机械作业面积占比	1.000	0.702	0.427	0.022	0.057	0.152	0.116
	配方施肥机械作业面积占比	0.750	0.400	0.384	0.019	0.043	0.160	0.149
	农业废弃物机械化处理率	0.990	0.874	0.771	0.016	0.022	0.149	0.044
	年培训农机人数占比	0.508	0.439	0.323	0.005	0.023	0.036	0.051
	宜机化面积占比	0.970	0.988	0.855	0.036	0.039	0.259	0.124
	农机装备维修售后保障率	1.000	0.900	0.800	0.004	0.020	0.031	0.042
	农机装备入库率	0.950	0.298	0.376	0.004	0.091	0.037	0.366
效益贡献	运用农机装备的农业劳动生产率	0.895	0.440	0.254	0.121	0.059	0.660	0.319
	农业劳动力释放与转移比例	0.591	0.225	0.217	0.039	0.046	0.159	0.478
	农业生态环境达标率	1.000	0.800	0.700	0.026	0.027	0.181	0.203
合计					1.000	1.000	5.000	5.000

4.4.3　指标值计算

4.4.3.1　二级指标评价值计算

为了对二级指标进行单独评价，需要计算二级指标的评价值。将第 i 项二级指标下各地区指标数据标准化处理后的值与三级指标对二级指标权重 W_{ik} 进行线性加权计算，可得到各地区农机化发展质量水平的二级指标评价值。设 S_i 为第 i 项二级指标评价得分值，根据线性加权公式（章穗，2010），各地区二级指标评价值为：

$$S_i = \sum_{k=1}^{m} v_{ik} W_{ik}, \ (i = 1, 2, \cdots, 5) \tag{4-7}$$

式中 v_{ik} 为第 i 项二级指标下各地区指标数据标准化处理后的值，W_{ik} 为三级指标对二级指标的权重，m 表示各二级指标包含的三级指标元素个数。

4.4.3.2 综合评价值计算

为了对区域农机化高质量发展水平进行综合评价，需要计算区域综合评价值。将第 i 项二级指标下各地区指标数据标准化处理后的值与三级指标对一级指标权重 W_{ij} 进行线性加权计算，可得到各地区二级指标的综合评价得分值如表 4-3 所示。设 S'_i 为各地区二级指标的综合评价得分值，根据线性加权公式，各地区二级指标综合评价得分值为：

$$S'_i = \sum_{j=1}^{m} v_{ij} W_{ij} \tag{4-8}$$

式中 v_{ij} 为第 i 项二级指标下各地区指标数据标准化处理后的值，W_{ij} 为三级指标对二级指标的权重。

表 4-3 不同地区二级指标评价值

二级指标	层次分析法			CRITIC 法		
	太仓	通州	建湖	太仓	通州	建湖
创新驱动	0.632	0.409	0.367	0.702	0.461	0.396
协调优化	0.925	0.855	0.851	0.846	0.697	0.603
质量效率	0.570	0.433	0.425	0.565	0.368	0.524
绿色持续	0.903	0.714	0.613	0.898	0.534	0.496
效益贡献	0.866	0.471	0.329	0.771	0.410	0.327

将各地区二级指标综合评价得分相加，可得到各地区农机化发展质量水平的综合评价值。设 F 为区域综合评价得分，则区域农机化发展质量水平综合评价值为：

$$F = \sum_{i=1}^{5} S'_i = \sum_{i=1}^{5} \sum_{j=1}^{m} v_{ij} W_{ij} \qquad (4-9)$$

4.4.4 计算结果

运用层次分析法和 CRITIC 法计算三地区综合评价值，结果如表 4-4 所示。计算结果显示，苏南太仓农机化高质量发展的整体水平评价值最高，层次分析法和 CRITIC 法的计算结果分别为 0.742 和 0.754；通州次之，分别为 0.551 和 0.487；建湖最低，分别为 0.501 和 0.480。依据一般评价规则，得分在 0.7 左右为中等水平，0.8 和 0.9 分别为良好和优秀等级，0.5 和 0.6 分别为基本合格和合格等级。因此，苏南的太仓处于中等偏上水平，苏中的通州和苏北的建湖处于基本合格水平。区域之间和区域二级指标评价值之间的差异，如图 4-1 的图（a）和图（b）所示，层次分析法计算的 3 个地区的二级指标评价值区域差异状态比较一致，也比较高，且都是协调优化指标值比较高，也比较接近，而 CRITIC 分析法计算的 3 个地区二级指标评价值呈现比较复杂的差异状态，区域差异各不相同。

表 4-4 不同地区农机化高质量发展水平综合评价值

二级指标	层次分析法			CRITIC 法		
	太仓	通州	建湖	太仓	通州	建湖
创新驱动	0.115	0.076	0.070	0.116	0.073	0.064
协调优化	0.188	0.174	0.173	0.092	0.075	0.065
质量效率	0.162	0.123	0.119	0.146	0.092	0.141
绿色持续	0.121	0.096	0.082	0.293	0.189	0.167
效益贡献	0.157	0.082	0.057	0.107	0.058	0.044
综合评分	0.742	0.551	0.501	0.754	0.487	0.480

4.4.5 评价结果分析

（1）农机化高质量发展整体水平有待提升。虽然 3 个地区近年农机化发展较快，但从高质量发展角度看，整体水平还需要进一步提升。建湖县和通州区的综合评价值仅仅是在 0.5 左右，处于合格等级左右，太仓也仅仅是处于中等偏上水平的 0.7 左右。其原因主要是一直以来的农机化发展更多的是按照传统农机化发展水平评价指标体系进行指导，虽有涉及高质量发展的部分内容，但不够系统和

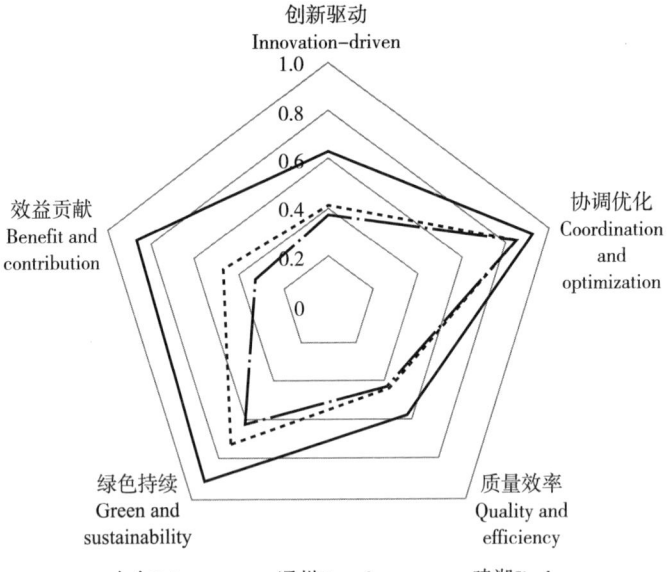

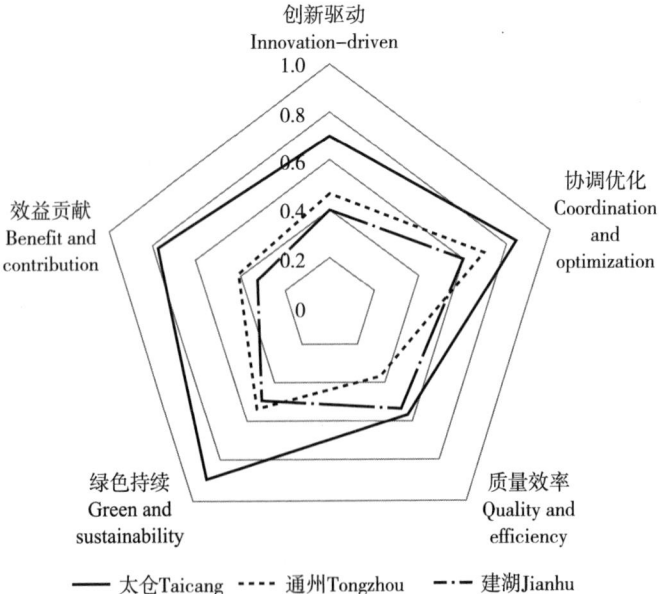

图 4-1 二级指标评价值计算结果雷达图

全面。农机购置补贴政策对推动农机化发展发挥了巨大作用,但高质量发展导向并不明显。

(2) 农机化发展中的创新和效率需要加强和提升。5个二级指标评价值计算结果显示,无论是层次分析法还是CRITIC法,3个地区的协调优化、绿色持续和效益贡献的评价值相对较高,太仓市3个二级指标的评价值都在0.8以上,通州区和建湖县除效益贡献指标外,分别都在0.7和0.6以上。而创新驱动和质量效率评价值相对比较低,太仓市也仅仅在0.7左右,通州区和建湖县分别在0.4和0.3左右。其主要原因是高素质农机科技人员和管理人员比较缺乏,先进智慧农机装备在现有农机存量情况下增加困难。

(3) 区域农机化高质量发展不平衡。首先,区域综合评价值表明,苏南整体水平领先苏中和苏北平均在20%左右。其次,5个二级指标评价值显示,苏南太仓的指标值都高于苏中的通州和苏北的建湖。其中,效益贡献和创新驱动差距较大,分别在50%和30%左右,协调优化和质量效率差距相对较小,但也在10%左右。其原因可以由三级指标值看出,3个地区的高效植保机械作业面积占比和农机入库率区域差距比较明显,测土配方施肥机械作业面积占比、农村劳动力的释放与转移比例区域差距次之,农机科技人员占比、年农机人员培训人数也具有一定差距。

(4) 主观赋值法与客观赋值法的计算结果有差距。层次分析法的权重获得是基于专家的主观理解与判断,更加注重理论和理性思考。主观赋权法获得的权重赋值高,说明了现实情况与专家的意见相一致,发展比较合理、规范。CRITIC法是根据指标数据提供的信息量客观赋权,计算结果是现实情况的体现,客观赋权计算的权重赋值高,表明该指标在3个地区处于相对领先状态,而其他地区就存在进一步完善的必要。如太仓的综合得分客观赋权CRITIC法计算结果为0.754,而层次分析法的计算结果是0.742,表明太仓的一些指标得分普遍处于领先状态。而通州客观赋权CRITIC法得分为0.487,层次分析法的计算结果是0.551,表明通州的指标在3个地区处于领先状态的比较少。

4.4.6 区域农机化高质量发展的对策思考

根据本书研究结果,对区域农机化高质量发展提出如下对策与建议:

(1) 用高质量发展理念引领农机化发展,助推乡村振兴。各地区应深刻理解高质量发展的内涵,全面梳理农机化高质量发展的影响因素,从创新驱动、协调优化、质量效率、绿色持续和效益贡献五个方面，统筹规划，推动农机化发展的提档升级。通过政策创新、组织创新和管理创新，激发农机化发展的动力；注重与农业和农村发展的协调，优化配置人、机械装备和土地资源；提高农机服务质量和效率，以绿色发展为导向，注重效益与贡献，实现农机化可持续性发展，助推乡村振兴。

（2）对标找差，系统化推进农机化发展。吸引高素质人才从事农机化科技和管理工作，推动先进适用农机技术，提升农机装备使用率和服务质量。在农业生产的水、药、肥节约方面，发挥农机装备作用，推动农业降本增效，降低农业生产环境污染。推动机库建设，提高农机装备入库率；强化农机装备维修保养，实现农机装备可持续使用。

（3）补短强弱，提升农机化发展的针对性。强化农机装备研发，提升国产农机装备质量，降低农机装备返修率，提高农机装备使用满意度。推动土地整理和基础设施建设，提升土地宜机化比例，为农机装备使用创造条件。强化农机装备合理配置，推动土地经营规模化，提升农机化发展经济效益、社会效益和生态效益。

（4）消除区域不平衡，推动区域协调发展。实施农机装备配置的政策创新，发挥补贴和补助等财政政策的导向作用，实现农机装备数量、规模与结构的区域平衡。鼓励大中专学生到农机部门工作，推进农机人才培养工程，提升管理人员和科技人员的素质和比例。鼓励社会资本投入，为农机化发展的基础条件建设提供支持，消除区域差距，推动区域农机化高质量协调发展。

第5章　农机服务组织效率比较与组织形式选择

改革开放后,国家逐渐放开了个人购置农机具的限制。因为大中型农业机械价格较高,单个农户的经济能力有限,全套机械购买的资金负担重;另外,即使有些家庭有能力购买所需要的农机装备,也会因小规模生产达不到机械使用的作业规模,无法充分发挥农业机械的优势,影响收益。一些资金较为充足的大户购买农机具之后,除给自家作业以外,为了提高农机具的使用效率并获取额外收益,开始对一些有需求的零散农户提供农机作业服务。到20世纪80年代中后期,农民利用南北麦收时间差进行跨区作业,通过农机作业服务获取收益,形成了农机户、农机作业队。一些农村里的带头人通过将分散的农户和种植能人、闲置的农机具组织起来,成立了相应的农机服务组织;或者通过土地流转的形式将土地集中起来,实现土地适度规模生产经营,为农业生产提供全方位、系列化、专业化的农机作业服务,农机服务组织形式逐渐丰富。

农机服务组织的形成是我国农业现代化进程中的创新之举。通过各方的共同努力,农机服务组织得到快速发展,组织数量逐年增多,组织形式不断趋向多元化,农机服务组织体系不断完善。近年来,新型农机服务主体不断涌现,数量众多,形式多样,包括家庭农场、农机专业合作社、农机专业合作联社、农机服务公司等形式,这些组织形式的产生不仅解放了农村劳动力,有效地挖掘了我国粮食增产增收潜力,还提高了农机资源的配置效率,提升了农田作业质量,最重要的是在稳定家庭联产承包责任制的基础上实现了农户"小生产"与农机服务"大市场"的有效对接,解决了农民"小生产"和农机"大作业"的矛盾与农民"买不起""用得起"的矛盾并存的现实问题,农民对农机服务组织的依赖度不断增加,产生了良好的经济和社会效益。但从农机化高质量发展角度,哪一种组织形式是适应区域农机化服务需要的?如何进行农机化服务组织设计?是值得研究的问题。由于市场上存在着规模不同、形式多样的农机服务组织,有必要对它们的组织效率进行分析,以便根据实际情况做出合理的选择,从而更好地为农业生产服务,为农机服务需求主体服务。

5.1 文献的简单回顾

5.1.1 国外农机服务组织及其研究现状

20世纪中后期,国外农机服务组织多种多样,有法国的"居马"、德国的"农机环"、日本的"农协"、韩国的"营农团"等,农机服务组织体系已经比较完善。不少学者对发达国家的农机服务组织的形成、演变和发展进行了研究。Werner Pevetz 对德国的"农机环"进行了系统的研究,包括加入该组织的动机,加入后获得的利益以及如何通过组织化减少作业成本等,并倡导农民加入"农机环"(Pevetz, 1997);Kaktins 等研究了欧盟国家的农机合作社,认为农机资源的共享可以让小规模农户提高农业经营效率,保持竞争优势(Kaktins et al., 2008)。Chancellor 等对东南亚地区进口农机的适应性和拖拉机作业委托体系进行了研究(Chancellor et al., 1971);K. Yasunobu 等研究了马来群岛水稻生产过程中的作业委托体系,并阐述了该地区的农机委托体系的运行机制(Yasunobu et al., 1995)。国内也有一些专家学者对国外的农机服务组织进行了研究,张文斌等(2009)认为,在发达国家和地区,农机服务组织体系科学规范,服务规模较大,服务功能全面;王超安(2009)认为,美国、日本、德国、法国等农机化高度发达国家,除有健全的管理指导体系外,还建立有完善的农机服务组织体系。他认为,虽然各国在政治、经济、文化、自然资源、社会等方面发展情况不同,但在农机服务组织的发展上都遵循相同的规律,即实行保护和扶持政策、完善的社会服务体系、提高农民组织化程度、有选择地发展等;王辉和刘占良(2013)通过对比发现,国内外农机服务组织的组织架构和主体不同,组织目标不同、运行制度不同、管理方式不同、承担的风险不同,政府的支持力度也不相同,提出政府应重视农机服务组织的引导,使之有序发展,发挥农业机械化对农业发展的支撑作用。

5.1.2 国内农机服务组织研究现状

世界上发达国家和地区根据各自不同的国情与地区情况，形成了不同形式的农机服务组织。中国在借鉴外国经验的同时，也形成了符合中国特色的农机服务组织，并产生了一些研究成果。刘卓和李成华（2008）分析了农机专业大户、农机股份公司、农机协会、中介服务组织的运行特点。高玉军（2020）探析了农机服务组织对农业机械化的影响，得出建立农机服务组织是我国农业机械推进发展中的核心要素，在农业资源整合、资源配置等方面具有关键作用，是强化广大农户与市场有效融合的重要载体。舒坤良等（2009，2011）通过对农机服务组织内涵和运行机制的挖掘，得出农机服务组织形成的机理，认为农机服务组织是由具有亲缘、友缘、地缘、学缘和业缘等社会关系的人员，包括农机大户、散机户、机手、技术人员、普通农民及其他人员等，由于利益驱动和生产实际需要，在政府的引导之下，自发形成农机服务组织。范学民（2005）分析了黑龙江省农机作业合作社模式，体现为政府出资为农民兴办农机合作社，采用现代企业运行机制，实行"六统一分"的管理。张乐佳等（2018）指出，农机专业合作社将成为农机社会化服务的主力军，应该在出资形式多元化、规范合作社、增加联合社、扩展合作社经营范围等方面推动合作社发展。许莎（2022）将农机服务供给主体分为农机服务组织和农机户两类，认为相较于农机服务组织，农机户更愿意为小农户提供农机服务；认知嵌入、文化嵌入等嵌入因素会显著提高两类供给主体对小农户的服务意愿；农机类型、负责人年龄、农机购置补贴等显著提高农机服务组织服务意愿；对地方农机部门的满意度显著负向影响农机服务组织供给意愿等结论。

陈敏敏（2014）认为，我国农机服务组织发展存在着需求和供给不匹配的状态，由于经验和知识的不足，农户与农机社会化服务组织信息不对称，农机服务组织应该向着组织化、规模化、规范化、专业化、产业化、多样性、全面性、高质量、高效率的方向发展。杨卫东（2010）认为，我国应该通过一些积极的政策鼓励和扶持农机服务组织的建立，并且要提供维修、培训、技术推广和使用等后续保障，为农机服务组织营造良好的发展氛围。姜长云等（2014）通过对安徽两个县的调查研究，针对组织的运行方面存在的问题，提出由农机购置补贴政策向农机服务补贴政策转型、鼓励发展农机具租赁服务、完善农机服务组织的运行环境、支持政策应向特殊地区、特殊领域适度倾斜的农机服务组织发展建议。汪思胜等（2018）提出，农机服务组织应该积极采取有效的鼓励措施，促进农机具租赁服务的发展。牛玉梅等（2022）提出发挥农机行业协会组织作用、加大农机修理工职业技能培训力度、支持专业合作社承建农机维修车间、畅通农机维修质量投诉渠道等发展建议。

对农机服务组织的研究方法多样。Pingali 基于契约理论，认为在市场机制下，集体产权和政府主导经营不是农业机械化发展的最佳路径，小规模农户实现农业机械化最经济的方式是建立在契约基础上的市场化农机作业服务（Pingali，2007）。Wande 等利用交易成本法研究了不同形式的农机服务组织对农民的决策产生的影响，解释了小规模农场主不愿意自己购买农机具，更愿意接受农机服务的现象（Wande et al.，2003）。舒坤良（2009）通过对农机服务组织成员的各种行为的分析，运用数据包络法对农机服务组织的作业效率进行测算。谢攀（2013）运用主成分分析的方法定量地计算出农机合作社的效率最高，农机服务公司的效率优于农机大户。孙少华（2009）综合运用历史分析法、对比分析法和相关典型案例分析法剖析了江苏省苏南地区农机服务组织状况，提出了组织建立、完善以及机制创新的对策与建议。李平等（2022）利用 DEA 的 Malmquist 生产率指数模型，对 2011~2019 年我国省域农机社会化服务组织服务效率进行测算，并从整体、区域、省份、Malmquist 生产率指数等角度得出农机社会化服务组织效率情况。

已有研究对国内外的农机服务组织内涵、形式、体系、政策等进行了研究，且研究内容不同，运用方法也不一样。但关于国内的农机服务组织形式与比较选择的研究不多，国内不同区域在进行农机服务组织引导过程中，缺乏理论参考。因此，从应用价值角度，对国内主要农机服务组织进行比较分析，探讨符合区域特色的组织形式和运作方式，有较强的理论与现实意义，有助于提升农机服务水平和服务效益。

5.2 农机社会化服务及其组织形式的演变

5.2.1 农机社会化服务的演变

农机服务组织是伴随着农机社会化服务的发展历程而产生的服务主体，伴随着农村经济体制改革而不断演化与发展。改革开放前，由国家出资购买农机具，为集体农业生产提供自我服务。改革开放以后，国家允许农民自主购买和经营农业机械装备，为了合理配置农机资源，获得利益的同时又能实现利用率最大化，农机社会化服务悄然产生并不断壮大，农民成了发展农业机械化的主体。随着农业农村经济的快速发展，中央相继出台了一系列政策放开并鼓励扶持农机社会化发展，涌现了多种新型农业服务主体，激活了各类农机服务组织的活力，促进了农业生产经营和发展。其发展历程大致可分为萌芽、起步、快速发展和全面推进四个阶段。

5.2.1.1 萌芽阶段（1978~1985年）

1977年1月19日，中共中央批准了《关于1980年基本实现农业机械化的报告》，但在1978年召开的党的十一届三中全会上提出，实现农业机械化要根据实际情况和客观的经济规律，不能盲目地提一些不切实际的目标，并确定了"到1985年使农业主要作业的机械化程度达到百分之八十左右"的新发展目标。

党的十一届三中全会后，农村开始逐步实行家庭联产承包责任制，农村的集体土地按人口进行分配，再根据地力的肥瘦、灌溉条件的好坏以及离居住地的远近等不同因素进行调配，每家农户的田块既分散又狭小，对人民公社时期建立的农机站及其拥有的拖拉机和配套农具没有需求，积累了几十年的农业机械化基础设施受到严重冲击。

1983年1月2日，中共中央印发了《当前农村经济政策的若干问题的通知》，指出"农民个人或联户购置农副产品加工机具、小型拖拉机和小型机动船，从事生产和运输，对于发展农村商品生产，活跃农村经济是有利的，应当允许；大中型拖拉机和汽车，在现阶段原则上也不必禁止私人购置"。农民可以根据自己的需要和市场行情，有选择地购买农机具，为自家农田的耕整、播种、收割等环节进行机械化作业，而且如果有闲置农机具和闲暇时间，还可以对外提供农机作业服务，这就产生了农机社会化服务的供给与市场需求。

在这一阶段，各类机械装备迅速增长，对于一家一户的农户来讲，购买全套农机具并不经济也不实际，但又急需一些农机具进行机械化作业，一些资金充足、技术条件较好的大户从中看到需求，把握机会，开始购买各种农机具，为周边农户提供农机租赁以及农机服务，这一行为既能够使农民从繁重的田间劳作中解脱出来，也为自己获得了巨大的经济利润，可谓实现了双赢。而此时的农机专业户就成为了最初农机社会化服务的主体，也开启了农机社会化服务进程。

5.2.1.2 起步阶段（1986~1995年）

20世纪80年代中期到90年代中期，是农机社会化服务的起步阶段。发展初期，北方地区的一些农机手开始从事跨区收割小麦作业，是农机社会化服务的初期模式和内容。当时，由于农业机械装备不足，农机社会化服务处于供不应求的局面，导致农民争抢农机具，农机作业服务效益明显。同时，由于南北地区温度、气候、土壤等自然条件的不同，使两地麦子收割的时间出现差异，部分农机手发现了其中隐藏的巨大商机，学习北方跨区收割小麦的做法，开始购买联合收割机，利用麦收时间差开展南北区域之间的跨区作业，获得了较好的农机服务收益，有效地带动了农机社会化服务的发展。

在农村家庭联产承包责任制的现实情况下，一些拥有农业机械装备和配套农具的农户以及具备机械操作技术的农民自愿组成的农机作业服务队，成为了当时新型的农机社会化服务主体。农机社会化服务市场被打开之后，也促进了农机制造产业的发展，一些技术含量较高的大型农业机械装备逐渐增加；再加上国家以及地方各级政府的政策、资金和人力支持，联合收割机跨区作业的规模和范围得到迅速扩大，农机社会化服务体系逐步完善。这种农机跨区作业推动了农机社会化发展进程，使农机社会化服务有了一个良好的起步，而这种跨区作业的模式也迅速在全国如火如荼地开展起来。

在这一阶段，虽然发展速度比较快，由于我国正处于改革开放的初期，工业化程度并不高，尤其是机械制造业的水平也不发达，农机具种类少；再加上农村的经济也还比较落后，只是小麦、水稻的部分生产环节的农业生产实施机械化作业；参与跨区作业的农机具总体数量少，开展规模还比较小，农机社会化服务组织发展仍处于起步阶段。

5.2.1.3 快速发展阶段（1996~2003年）

20世纪90年代中后期，由于城镇化建设和城乡一体化的快速推进，农村剩余劳动力开始转移，青壮年农业劳动力开始到城市务工，使农业生产的收割季节出现劳动力短缺的现象。1996年夏天，原农业部第一次召开全国跨区机收小麦工作协调会议，自此以后，全国联合收割机开始了大规模的跨区作业服务，这一服务模式也迅速成为了农机服务新模式。这一时期，国家经济和农村经济获得快速发展，农机装备水平不断提高，农机跨区作业正式拉开序幕，农机社会化服务进入了市场化、组织化、产业化的快速发展阶段。

在这一阶段，跨区作业得到了地方政府和相关部门的大力支持，组织管理工作逐步加强并规范。这种模式将农业机械化生产与家庭承包经营有机地结合起来，提高了农业机械的使用效率，避免了农机资源的浪费，解放了农村劳动力，促进了农村经济的快速发展。在这一阶段，也涌现出了经纪人、服务协会等一批新型农机社会化服务主体。

21世纪以后，开始对农机社会化服务进行规范管理。2000年4月，原农业部颁布了《联合收割机跨区作业管理暂行办法》，加大对联合收割机跨区作业的相关组织的管理力度，提高其作业质量、服务水平、信息可靠性，由农机管理部门和经纪人、服务协会等中介组织共同管理。农机社会化服务组织与管理更加规范。

5.2.1.4 全面推进阶段（2004年以后）

2004年，《中华人民共和国农业机械化促进法》颁布实施，各级政府开始响应中央的号召，出台了农机购置补贴等一系列惠民惠农政策，扶持农机服务组织的发展，农机社会化服务体系更加完善。2006年，《中华人民共和国农民专业合作社法》颁布实施，农机专业合作社发展迅速，组织化、规模化、产业化程度不断提高，显示出强大的生命力，为推进农业机械化，促进农业稳定发展做出了积极的贡献。2009年，原农业部印发了《关于加快发展农机专业合作社的意见》，进一步加快了农机专业合作社的发展，推动了农机社会化服务。2012年9月，全国农机合作社建设经验交流会在江苏溧阳召开，江苏省农机合作社发展经验得到农业部肯定并在全国进行推广。

随着我国农村经济的发展，不仅是农机专业合作社得到迅速发展，而且其他新型农业服务主体也都在不断壮大，农机服务组织数量不断增加。其中，2010年江苏省农机服务组织数量为5377个，2014年上升到9991个，增长幅度为85.8%；2010年江苏省农机户数为140万户，2014年为118万户，农机社会化服务体系得到进一步完善。"十一五""十二五"期间农业的快速发展，使农业机械化综合水平、农机服务体系取得了长足进步。"十三五"更是现代农业发展的关键时期，各地区农机装备总量持续增加，农业机械化综合水平持续提高。近几年，农业机械化综合水平超过了70%，已经达到高级阶段，处于高级阶段的起步阶段。

在这一阶段，中央农机购置补贴逐年加大，2004年为0.7亿元规模，2021年达到了190亿元，农机装备水平、农业机械作业水平、农业机械化服务保障水平以及农业机械化效益水平的不断提高，优化了农机服务组织结构，推动了农业机械化整体水平的提升，农机社会化服务进入全面推进阶段。

5.2.2 农机服务组织及其演变

5.2.2.1 农机服务组织概念

对于组织，广义上是指为了某种共同利益或同一个目标而结合在一起的群体成员之间的关系结构。经济学中的"组织"最初是由英国经济学家马歇尔提出来的，他将组织看作一种能强化知识作用的新要素，其内容包括企业内部各种组织、同一产业内企业间各种组织、不同产业间的组织形态以及政府组织等。从组织的内涵入手，农机服务组织可以定义为：在家庭联产承包责任制的基础上，从事农业生产或服务的主体，由发起人组织的为了实现农业机械化生产并获取利益而组织在一起的，为其他集体或个人提供农机服务，并通过职责认定和一定的组织结构而形成的一个完整的对外开放的系统。农机服务组织的定义有以下几层含义：第一，农机服务组织的目标以获取利益为主；第二，农机服务组织是由从事农业生产或服务的主体组成的一个群体；第三，农机服务组织有一定的组织结构和权责分配关系；第四，农机服务组织是一个开放的系统，作为一个市场主体对外提供农机服务，而组织内部与外部之间则进行着信息流、资金流、实物流的交换。

我国农机服务组织主要包括农机作业服务组织、农机经营服务组织和其他农机服务组织三种。其中，农机作业服务组织是农机社会化服务体系的主要载体，农机经营服务组织是为农机作业服务组织提供农机具销售、咨询、维修和租赁服务的组织，其他农机服务组织主要是公益性的组织和中介组织，公益性组织指的是地方各级农机管理部门，中介组织包括农机协会和农机经纪人等。本书主要研究的是农机作业服务组织，对农机经营服务组织和其他农机服务组织不做详细研究。从组织层级来看，市级、县（区）级、乡（镇）级及村级农机作业服务组织均属于课题的研究范畴。

5.2.2.2 农机服务组织的演变

随着农机社会化服务的发展历程，农机服务组织作为农机社会化服务体系中的关键一环，也经历了深刻的演变过程，从最初的农机专业户到农机作业队再到各种新型农机服务主体的不断涌现，使得农机服务作业市场上多种农机服务组织形式并存，为农民提供了多种选择。在农机社会化服务发展的萌芽和起步阶段，最主要的服务组织就是农机大户和农机作业队，从事着跨区作业。改革开放后，农村经济发展加速，农村劳动力大量转移，以及农机购置补贴政策的推动，农机装备水平不断提高,各地农机服务逐渐实现"自给自足",跨区作业市场需求逐步降低,一些专业大户为降低生产成本和方便使用,在已经拥有一定数量农机具的基础上,又利用现有的农机购置补贴政策,添置了新型农机具,成为当地的种植大户和农机大户。

随着土地流转数量不断增加,农业经营主体的土地经营规模也不断扩大。根据政策规定,土地规模在100亩以上就具备了创办家庭农场的资质,同时家庭农场的创办也能够获得政府相应的补贴,于是很多有实力的大户开始组建家庭农场,实行自我服务和对外服务,并从单一型向综合型的"一条龙"服务延伸,经营规模逐渐扩大。家庭农场是新型农业经营主体,也是农机服务组织的主体,也是农机合作社重要的参与主体。

部分零散的农机户自家拥有的农机数量少、种类不齐全、资金实力不足,买不起全套农机装备;即便能买得起,装备的利用率也比较低,投入产出不成正比,并且缺乏相应的装备储存仓库,后期的保养和维修也需要支付相应的费用,这对于单个农机户而言,是不经济的。另外,越来越多的农户需要农业机械化作业,家庭农场的对外服务和作业人员供给不足,无法完全满足农机作业的市场需求。在政府政策和资金的扶持下,一些拥有农机具的农民开始自发联合起来,形成了最初的农机专业合作社。社员通过集资投资的方式购置农业机械装备,为合作形成的更大规模土地开展机械化作业,解决了单个农户购买农机具不经济的问题,减少了农机具的重复购置,使农机具得到了充分有效的利用。最初由于没有相关的制度和章程进行规范,管理涣散,稳定性和组织性较差,难以形成规模而发展壮大。2006年,国家颁布《农民专业合作社法》后,为农机合作社的正常运营提供了法律保障,明确了农机合作社的法人和市场主体地位,解决了过去合作社不能独立承担民事责任的弊端,生产经营活动更加规范。很多农机合作社严格按照《农民专业合作社法》到工商部门进行登记注册,形成规章制度,用制度管人,依法律办事。国家对新型农业经营主体越来越重视,出台了一系列的补贴政策,农机专业合作社向着规范化、产业化、组织化的方向快速发展。

由于我国不少地区的人均耕地规模太小也分散,相对于农业机械化的实施条件和要求,存在差距,农业机械的作用发挥和效率提升还是受到一定限制,大规模的农机合作社不太容易形成。根据资料统计,社员在50人以内的农机合作社占了绝大部分,甚至有的农机合作社社员只有几个。一方面,在一个乡(镇)可能存在多个小规模的农机合作社,每个小型合作社拥有的农机设备有限,缺乏市场竞争力和品牌意识，资源流动性差，抵抗风险能力薄弱，难以在竞争激烈的农机作业服务市场中占有一席之地。另一方面，受资金和规模限制，村里的合作社难以为当地的农民提供全套的农机作业服务，不能满足农民的需求。为了解决这一问题，有些地区成立了农机专业合作联社，由某个牵头人将周围的小型农机合作社联合起来，成立农机专业合作联社，统一对农业机械装备进行配置，扩大合作基础和生产经营规模，提高了农业生产经营的组织化程度，推动农机社会化发展。农机合作联社是基于农机合作社的集团式组织，是由市场产生的新的组织形式。

面对越来越激烈的市场竞争，以及运营成本的压力，市场还产生了公司制组织形式——农机作业服务公司，完全按照企业运营机制进行运作，其最大的优势就是管理人员综合素质较高，实力雄厚，能够通过各种渠道融资，购买先进的农机装备，提高作业质量和标准。公司内部实行企业化运作管理模式，在组织形式上更为科学合理规范。虽然农机服务公司具有其他组织形式不具备的优点，但由于农民自身的局限性，在接受服务作业的时候，更加容易受价格因素的影响，即便作业质量较高，但在实际情况中，相对稍高的服务价格不太容易被需要服务的农民接受；另外，公司制的组织形式不是国家补贴政策的主体对象，导致农机业服务公司的数量较少，发展较为缓慢。

总体而言，经过多年的发展，已经初步形成了以农机专业合作社为主体，农机大户、家庭农场、农机服务公司、集体经济组织服务等组织形式为补充的农机服务组织体系。2021年全国农业机械化发展统计公报显示，全国农机服务组织19.34万个，其中农机专业合作社7.6万个；农机户3947.57万个，其中，农机作业服务专业户415.90万个。

5.3 区域农机供求主体分析

5.3.1 区域农机服务需求主体

农机服务组织作为一个市场主体，它需要为有农机服务需求的对象提供农机服务，一般来说，农机服务需求主体主要有农户、种植大户、家庭农场以及农民专业合作社。

5.3.1.1 农户

农户是人类社会结构中最基本的经济组织,也是农业研究的基本单位。不同的学者对于农户概念的界定由于研究内容和目的的不同而不同。农户的概念至少有三重含义:一是对农户的从事行业进行划分,农户主要从事于农业,与其对应的是从事工业、运输业、商业等非农行业;二是对农户的生活区域进行划分,农户居住在农村,与其对应的是城镇;三是对农户的身份进行了划分,农户是一些不享受国家任何福利待遇的户,其政治经济地位相对较低(史清华,1998)。刘克春(2008)对农户的解释是那些具有农业户籍且享有土地承包经营权的家庭。聂国强(2009)认为农户综合了生产和生活关系,带有群体性特征,农户生产的首要目标是为了生存,然后才可能追求利益最大化。农村信用社对农户的定义为:指具有当地农业户口,主要从事农村土地耕作、养殖或其他与农村经济发展有关的生产经营活动的农民、个体经营户等。课题所研究的农户是指直接从事农业生产并以农业生产为主的小规模农业生产者,不包括各种形式的农场,一般指的是单个零散又缺乏农机装备的农户。农户是农机服务需求的基本主体,会产生机械和人工之间的博弈,人力不足和机械使用的经济性是农户产生农机服务需求的重要条件。

5.3.1.2 种植大户

对于大户的概念及划分标准尚未统一。大户按形式主要划分为土地规模经营和生产规模经营两类。我国关于大户的研究主要以土地规模经营大户为主(任晓娜,2015)。大户主要通过两种方式形成,一种是由农村能人、专业户演化而来,主要是通过土地流转和生产要素的集中而实现的;另一种是由城镇职工、工商企业对农业经营进行投资,开发当地的农业(金高峰,2007)。大户需要满足的基本特征包括有效的吸引资金、对产业和产品的选定符合市场需求、采用新型的生产经营方式、适度的经营规模、生产的产品具备一定的科技含量、有稳定的产品销售渠道,以保证其在市场的竞争力。

针对大户的划分标准,有专家给出了定量标准,廖西元等(2004)将水稻生产规模为10~50亩的农户称为大户,5亩以下、5~10亩以及50亩以上分别称为小户、一般户及规模户;李晓明等和尹梦丽(2008)、朱红根等(2008)选择3.33公顷作为大户的参考标准。郭丽丽等(2014)将种植大户定义为在自有土地的基础上,通过土地流转等方式实现连片经营,种植面积在30亩以上,开展农作物专业化规模种植的农户。李容容等（2015）则认为种植大户是以家庭经营为前提的种植业规模经营主体，具备一定的吸引劳动力的能力，发挥着经营示范效应。瞿长福（2013）认为，从划分标准来看，南北方不同，在南方地区，一般将拥有 30 亩耕地的农户统计为种植大户，北方地区以 100 亩以上耕地为标准。

大部分学者会根据土地规模来定义大户。随着农村经济的发展和改革的不断深入，在借鉴学者们相关界定的基础上，本书将种植大户定义为，以提高种粮收益为目标，粮食作物种植面积在 50~100 亩的，从事粮食作物规模化种植的主体。一般来说，种植大户都是农机专业大户，自己掌握农业机械装备的使用技术的同时又懂农业生产经营管理，具备一定的经济实力，通过土地流转形成土地规模化适度经营，为自己提供农机服务的同时也对外提供农机服务，并且在土地规模较小的情况下会选择农机外包服务。

5.3.1.3 家庭农场

"家庭农场"一词来源于欧美国家。2013 年中央一号文件将家庭农场定义为：以家庭成员为主要劳动力，从事农业规模化、集约化、商品化生产经营，并以农业收入为家庭主要收入来源的新型农业经营主体。在新型农业经营主体中，专业大户和家庭农场是未来家庭经营的核心经营主体，而家庭经营又是农业生产最基本的经营形式，由拥有较强资金和技术实力的传统农户发展而来，拥有较为先进的市场观念，对土地有着深厚的感情。

根据农机社会化服务发展情况，家庭农场是指具有一定规模、种植面积在 100 亩以上的家庭生产单位，从事适度规模生产经营。相对于种植大户来讲，家庭农场的生产经营规模更大，种植大户的种植面积在 50 亩以上 100 亩以下，而家庭农场的种植面积在 100 亩以上，二者都是从事农业生产经营者，从本质上来看区别并不大，只不过家庭农场是专业化、法人化的种植大户，种植面积较大，是种植大户的升级版。家庭农场的规模会影响机械的选择与使用，当机械使用不能获得较好的规模经济效益的时候，往往不会选择自我服务的方式，而会产生较强的农机服务需求。

5.3.1.4 农民专业合作社

2006 年 10 月 31 日，中华人民共和国第十届全国人民代表大会常务委员会第二十四次会议通过的《中华人民共和国农民专业合作社法》的第一章总则第二条对农民专业合作社进行了简要的定义，包括以下两个方面的内容：一方面，从概念上规定合作社的定义，即"农民专业合作社是在农村家庭承包经营基础上，同类农产品的生产经营者或者同类农业生产经营服务的提供者、利用者，自愿联合、民主管理的互助性经济组织"；另一方面，从服务对象上规定了合作社的定义，即"农民专业合作社以其成员为主要服务对象，提供农业生产资料的购买，农产品的销售、加工、运输、贮藏以及与农业生产经营有关的技术、信息等服务"。

农民专业合作社的经营规模是由参与合作农民的总规模决定的，有些农民专业合作社的规模及其经济实力也不足以实现全程机械化，有部分生产环节的农机服务，并不能做到自给自足，需要外包部分生产环节的机械化，产生农业机械作业的服务需求。农民专业合作社也是农机服务需求主体之一。

5.3.2 区域农机服务供给主体

近年来，农机服务组织化程度不断提高，农机服务组织形式多种多样，有政府主导建立的，也有市场驱动形成的，都在农机服务领域发挥着作用。农机服务组织主要有农机专业合作社、农机专业合作联社、自我服务+对外服务、农机服务公司四种主要形式。

5.3.2.1 农机专业合作社

农机专业合作社就是以提供农机服务为主的农民专业合作社，遵循"入社自愿、退社自由"的原则，为合作社成员提供农机服务的组织。改革开放以来，农村开始实行家庭联产承包责任制，并随着中国经济的不断发展，农村劳动力的大量外流，农民迫切需要有一个组织为其提供从耕到收的农机服务，新的需求使得新的服务主体应运而生，从刚开始的跨区作业开始，随着其规模越来越大，在农民的自发组织下农机专业合作社慢慢形成。

根据《农民专业合作社法》的相关规定，农机专业合作社由社员代表大会、理事会和监事会构成合作组织层，各个成员为组织的参与层。社员代表大会负责管理监事会和理事会，并定期召开成员会议。社员代表大会是专业合作社的最高权力机构，享有决策权、管理权、表决权和选举权。监事会平时发挥监督的作用，对理事会的工作进行监督和制约，发现任何情况要及时上报社员大会，它的职能类似于政府里的"监察部"，它的职权：一是独立地监督理事会及其他合作社成员能够按照合作社的规定和章程进行各项活动，若有违反章程和法律的行为，及时上报社员大会；二是认真监督合作社的财务情况，避免发生漏记、错记等现象出现,避免以公济私的行为发生;三是若理事会相关人员由于某些特殊状况无法执行任务,可由监事长代替。理事会是合作社的执行机构,理事长为合作社的法定代表人,其他包括副理事长、经理、财务会计人员等,负责执行日常的作业、运输、财务、劳务、维修、仓储等工作,确保合作社的正常运行。它的职权:一是根据服务需求订单,对日常活动进行人员分配和作业安排;二是负责制订生产经营计划,在作业过程中进行监督,在作业完成之后进行服务核算,对合作社财务状况进行记录等;三是组织合作社的管理层和参与层召开会议,做出决策。

5.3.2.2 农机专业合作联社

农机专业合作联社是把小型规模的农机专业合作社进行联合的一种集团组织形式。由于资金有限,部分农机合作社的规模较小,机具和服务范围有限,存在资源空闲和服务供给空间。为在更大范围内进行资源的优化配置,由市场主导、政府支持推动形成集团式组织形式。合作联社往往是由一个较大规模的合作社牵头成立,每个小型合作社的农机具都将由合作联社统一调配,在更大范围内提供服务,并实现统一服务价格,合作联社以农机具服务量为核算依据,在一定时间内进行核算和利益分配。合作联社会收取一定的费用作为管理和发展基金。这一模式有利于小型农机合作社农机具的充分利用,实现合作效益,拓展服务内容。农机专业合作联社让小型规模的农机合作社不再"单打独斗":一是由联社统一购置农机具和各类生产资料,能够有效降低采购成本,提高利润,避免资源浪费;二是合作联社将各个合作社的农机资源进行统筹规划、合理安排,作业人员分工明确,提高了专业化和规模化程度;三是合作联社通过学习、培训和交流活动能够尽快掌握最先进的技术,不断提高自身的本领,有利于农机人才队伍的壮大。

合作联社相当于把某一地区的小型合作社全都联合起来,进行统一的作业安排和调度,参与的每个合作社的内部组织结构不变,由社员代表大会、理事会和监事会构成,相互制约、相互监督。合作联社相当于各个合作社的管理中心,进行总体的协调工作,由于规模的扩大,增加了管理成本。从管理方式上来看,合作联社和每个合作社之间属于松散型管理,每个合作联社都是相对独立的,拥有较大的自主权。合作联社对每个合作社进行统筹安排时,不像合作社那样内部有法律的约束,因此管理方式不像合作社那样属于紧凑型。合作联社接收到服务需求信息之后,进行明确的作业分工,对于重大事项,会召集各个合作社的负责人或理事长开会进行协商决策。

5.3.2.3 "自我服务+对外服务"形式

"自我服务+对外服务"形式是指家庭农场、农机大户等规模生产主体,根据自身生产需要购置相应的农业机械,进行自我农机服务,但由于机械配置与自身土地经营规模并不是最优配置,使部分规模经营主体农业机械自我服务有剩余,从而进一步进行对外服务。对外服务的交易形式主要是收取一定的服务费用,并形成长期的合作关系,既可以进行合同契约,也可以通过口头约定。这一形式有利于农机资源的合理配置,是一种市场驱动的复合型服务形式,可以降低规模经营主体的农机自我服务成本,实现农机的规模化服务效益。根据对江苏溧阳、兴化、洪泽三个地区典型的调查表明,60%以上的家庭农场采取自我服务和社会化服务相结合服务模式,这一形式的优势是充分利用已有的农业机械装备,提高使用效率。同时,通过社会服务获取部分收益,提高农机作业收益水平。

由于家庭农场和农机大户的成员组成简单,主要以家庭成员为主,另外也可以雇用一些农机手,农场主或者户主为主要决策者和管理者,在接收服务需求信息后,进行各项作业任务安排,从管理模式上来看,并不规范,但由于组织结构简单、规模小,大大节省了内部管理成本。

5.3.2.4 农机服务公司

农机服务公司是指以营利为目的,由两个或两个以上的农机大户或农机服务组织以资产和技术作为股份,对收割机、拖拉机、插秧机等农业机械化装备及其配件进行销售、维修和保养等服务,并对外进行农机装备的租赁,提供农机作业服务等活动的开放式组织。农机服务公司作为一种农机服务组织,装备完善,资金筹集渠道众多,可以向金融机构贷款或融资,根据市场需求购买先进的农业机械装备,因此能够大大提高农机服务作业质量。

我国的农机服务公司经历了国有农机服务公司、民营和私营农机服务公司的发展过程,在我国从计划经济转向市场经济的过程中,国有农机服务公司在很长一段时间内还停留在旧的经营理念上,不能及时捕捉并适应市场上瞬息万变的信息,农机服务公司相应地发生了巨大的转变,民营和私营农机服务公司开始发挥作用,作为一种新生力量,主动积极地做出有效反应,建立了符合市场经济的生产经营体制。本书研究的农机服务公司是指民营和私营企业,并主要研究其对外农机作业服务的业务。虽然目前农机服务公司并不多,但也是农机服务供给的组织形式之一，并具有一定的组织优势。

农机服务公司实行企业式管理制度，统一进行作业分配、统一收费标准、统一对农机具进行保养和维修，有自己的公司章程和企业文化。公司会雇用一些农机手和管理人员，实行聘任制，这些人员的收入由基本工资和提成两部分构成。因此，农机服务公司的组织结构主要由职能部门构成，实行企业组织运作模式，公司管理层负责整个公司的生产运营活动，下设各项职能部门，分别负责业务、行政、财务、技术等各项工作，进行订单处理、契约签订、作业安排和监督、服务核算等工作，保证整个公司的正常运转。

5.4 区域农机服务组织效率及其评价方法选择

农机服务组织数量众多、形式多样、各具特色，作为一个市场主体，势必要在市场大环境下生存。如何根据组织效率状况合理地制定农机服务组织的发展方向，是值得探讨的问题。本章结合实地调研的真实情况，运用交易成本理论，综合考虑各种影响交易成本的因素，从理论上对四种不同的农机服务组织效率进行比较分析。

5.4.1 效率和农机服务组织效率

5.4.1.1 效率

本章研究的核心是"效率"问题，什么是效率？效率（Efficiency）是经济理论研究和实践中使用最为频繁的一个概念，是经济学研究的核心。从长远看，服务组织效率反映出的是组织的经营水平和服务能力，也反映了经济发展的内在质量。马克思在《剩余价值理论》一书中曾经谈道："真正的财富是投入尽量少的价值创造出尽量多的价值。"这句话的意思是，尽量在最短的时间里创造出尽量多的物质财富，这是效率的基本精神所在。帕累托（1906）指出，"资源配置效率最优是指每个人至少和他们的初始时情况一样好，而且至少有一个人的情况比初始时更好。"Richard（1983）提出效率是指生产一定量的产品使用的投入品最少。同时把效率分为经济效率、工程效率和技术效率三种。其中，技术效率被定义为用实物单位计量的效率；工程效率被定义为某一特定要素的效率；而经济效率是指用成本价值计量的效率，研究的效率问题正是经济效率（Economic Efficiency）。

萨缪尔森（1998）在《经济学》中认为经济效率意味着不存在浪费，即不减少一种商品的生产，也不增加另一种商品的生产，经济的运行处于生产可能性边界上。经济学家樊刚（1990）认为经济效率是在现有的资源条件下所提供的商品能够满足消费者的程度。经济学研究核心是经济效率，所以萨缪尔森强调，效率是"经济学唯一的根本问题"。经济学上讲的"有效率"指的是在一定的技术经济资源条件下能够满足人们的需求。效率概念被用于某个经济企业或机构时，经济企业是否利用一定的生产资源获得最大产出，或者反过来讲生产一定量的商品是否做到实现了成本最小化，如果做到了，那么这个企业或者机构就是"有效率"的。

根据经济学中对"有效率"的定义，本章所研究的经济效率，主要是指资源是否在不同的作业生产中得到了有效利用，是否尽量减少了中间不必要的环节？是否将各个环节的成本控制在尽量小的范围内？最大限度地满足了人们的需求。

5.4.1.2 农机服务组织效率

组织效率是指组织在人力、物力、财力、信息和其他实现组织目标所需资源的分配和协调中，能够节约成本投入或实现收益最大化的程度，从而使组织的资源配置和运行机制达到的一种较优的状态。高组织效率就是能够最大限度地节约成本，使资源配置达到最优状态，组织运行健康良好有序，它涉及投入与产出、成本与收益之间的对比关系。组织效率的提高，能够节约成本、减少内耗，从而增强组织的竞争能力。在成本既定条件下能够实现收益最大化的经济组织，或者在收益既定条件下能够实现成本最小化的经济组织，都是有效率的组织；反之，则是无效率的组织。农机服务组织效率的评判也是遵循这一原则。本章认为农机服务组织效率主要体现在整个生产过程中交易成本的降低上，从而降低交易风险，有效地协调农机服务组织中的各种生产经营要素，实现资源的优化配置，提高运行效率。

5.4.2 组织效率评价方法与选择

关忠诚等（2003）运用 DEA 模型对科研组织相对效率进行了评价，得到各个科研组织的综合效率值；高莹等（2011）建立了铁路运输企业效率评价指标体系，运用两阶段网络 DEA 模型测算企业的组织效率。刘丽霞（2008）构建了吉林省农民专业合作组织经营效率评价指标体系，并运用 DEA 方法对吉林省 20 个具有代表性的农民专业合作组织效率进行了定量研究与评价；杨冬（2011）通过博弈论模型，比较了合作型农业产业链组织模式效率和市场交易型农业产业链组织模式效率的高低，得出合作型农业产业链组织模式效率优于市场交易型农业产业链组织模式效率；李仁方（2007）以经济人假设为分析基础，利用 SCP 分析方法、经济规模分析方法和交易成本分析方法等分析方法，从多角度评价了我国现行农业产业组织的运行效率。张梅（2008）测算了农村专业合作经济组织的效率水平；胡新艳等（2010）研究了村企合作形式的组织效率，认为其效率来源于监督激励与寻利中心、自我约束与监督成本两方面。谢攀等（2013）对农机服务组织模式进行比较分析，认为农机大户型农机服务组织的综合绩效最好。

通过前面的综述不难发现，组织效率的评价方法多种多样，有定性的也有定量的，但更多学者乐于采用数据包络方法（Data Envelopment Analysis，DEA），这种方法发展得较为成熟，受到众多学者的欢迎。但 DEA 方法主要是通过一些指标体系对某个组织的投入产出比进行比较，忽略了内部运行过程，只是单纯地用一套投入产出数据来衡量效率，这对于存在很多中间交易过程的市场化组织并不合适，因为中间交易过程中要耗费较多的资源，而这些资源又无法用数据进行量化，导致这样计算的结果并不科学。为了对一个市场主体的整个交易环节链条的运行效率进行比较，此时运用交易成本理论进行测度就是一种较为合理的方法。同时，农机化服务组织是服务组织而不是生产组织，因此，运用交易成本理论可以较好地解释组织的运营效率问题。

5.5 交易成本测度体系与模型构建

5.5.1 测度体系的构建

由于交易成本无法像生产成本那样可以货币化，因此对其进行精确的度量存在一定难度，胡乐民（2009）认为，只要能够对不同组织环境下交易成本的大小进行比较，不需要详细地计算出交易成本的准确值，而交易成本也是无法货币化无法计量的。因此，本章选择用 Williamson 提出的"比较分析"方法和 Dahlman 提出的交易成本分类进行研究，其主要思想就是通过比较不同组织形式在提供农机服务过程中的各类交易成本大小，以此来判定各种组织形式的组织效率水平。

5.5.1.1 交易成本测度指标设定

农机服务组织提供农机服务的交易成本包含服务提供方、服务接受方和中间参与者各自产生的交易成本，那么提供农机服务的总交易成本是服务提供方、服务接受方和中间参与者三方所承担的交易成本之和。由于本章研究的是农机服务组织的效率问题，即站在了农机服务提供方的角度上来对其进行比较分析，那么就只需要考虑农机服务组织在交易过程中发生的成本。Dahlman 于 1979 年将交易成本分为六类：信息搜寻成本、协商与决策成本、契约成本、监督成本、执行成本和转换成本。本章将采用这一分类来对农机服务组织运营的交易成本进行测算。六类交易成本的分类与内涵如表 5-1 所示（崔天宇，2019）。

表 5-1 交易成本分类

成本类型	具体内容
信息搜寻成本	搜寻商品信息与服务对象相关信息的成本
协商与决策成本	对价格、内容、安排、质量等因素的讨价还价，并最终做出决策等产生的成本
契约成本	交易双方达成协议准备进行交易时，签订契约并对契约内容进行说明产生的成本
监督成本	为了预防交易对象产生违背契约的行为，在签订契约后，交易执行过程中，交易双方互相监督产生的成本
执行成本	交易双方签订契约后，要按照合同内容进行执行，由此产生的组织管理费用以及后期由于交易对象违约行为要承担的风险成本
转换成本	交易双方完成交易后，若有一方更换交易对象产生的成本

具体来说，将信息搜寻成本表示为 C_{XS}、将协商与决策成本表示为 C_{XJ}、将契约成本表示为 C_{QY}、将监督成本表示为 C_{JD}、将执行成本表示为 C_{ZX}、将转换成本表示为 C_{ZH}。因此，农机服务组织的交易成本为 C_{XS}，C_{XJ}，C_{QY}，C_{JD}，C_{ZX}，C_{ZH} 的线性函数：

$$TC = f(C_{XS}, C_{XJ}, C_{QY}, C_{JD}, C_{ZX}, C_{ZH}) \\ = f(C_{XS}) + f(C_{XJ}) + f(C_{QY}) + f(C_{JD}) + f(C_{ZX}) + f(C_{ZH}) \quad (5-1)$$

5.5.1.2 交易成本测度变量分析

（1）信息搜寻成本。信息搜寻是整个交易过程的首要环节，能够搜寻到农机作业需求信息,包括需求内容、作业地理位置、作业数量等,才能够保证交易过程的顺利进行。农机服务组织为了追求利益最大化,要对自己组织内部的资源进行整合和合理的配置,尽量保证没有闲置资源的出现,最大限度地提高资源的利用率,吸引到足够数量的接受服务对象,是实现效益最大化目标的条件之一。在找到农机服务需求信息的同时,还需要对这些信息进行筛选,有效信息的筛选也需要花费一定的时间成本。因此,信息搜寻成本包含搜寻农机服务需求的成本C_1和筛选有效信息的成本C_2。

(2)协商与决策成本。搜寻到信息之后,就要与交易对象针对服务与否、服务价格、服务内容、服务质量、服务模式等方面的内容进行协商,以达成一致。在市场经济体制下,价格不是一成不变的,并且交易双方的心理价位都存在一个范围,新制度经济学认为,由于信息的不完全性和不对称性,农机服务组织通常会和交易对象进行讨价还价后才能确定一个对自己最有利的价格,同时,从交易成本角度看,本章研究的决策成本指的是决策过程中的交易成本,而不是决策本身需要支付的货币成本。农机服务组织可能会专门召开相关会议对服务的各个环节如何操作进行讨论和协商,最终做出决策,这要花费一定的时间成本。协商与决策成本涉及讨价还价成本C_3和组织召开会议进行决策产生的成本C_4。

(3)契约成本。双方达成一致意见之后,需要形成书面或者口头协议。一般认为口头协议的费用几乎可以忽略不计,而如果进行书面协议,就需要进行合同的起草、打印和签订等行为。如果是合作社对本社社员进行服务,则不会有合同的签订过程,只有进行对外服务的时候才会发生契约行为。为了避免日后的纠纷,交易双方要对契约的条款进行详细的商讨,确认完成时间、完成质量、单位价格、双方的权利和义务以及违约责任等内容,最后通过签字确认完成契约环节。契约的签订非常有必要,一是因为未来具有不可预知性,契约可以用来确保服务的完成度;二是契约既是一种保护又是一种约束,可以避免交易对象产生机会主义行为而损害服务组织的利益;三是人具有有限理性,并且认知能力有限,通过在契约中规定一些开放性条款,可以对未能考虑到的情况进行约定。显然,契约的签订需要花费一定的时间和精力,还需要打印等时间成本,有时甚至需要进行公证,这些都是契约成本的内容。因此,可以设定契约成本包括服务合同起草成本C_5、服务合同打印成本C_6和服务合同签订成本C_7。

(4)监督成本。在农机作业的时候,农机服务组织要对作业人员的作业进程、作业质量、作业效率和作业内容等方面进行监督以保证作业效果,这需要安排相关的监督人员对作业过程进行监督,要花费一定的时间成本和人工费用;同时,在作业服务监督的基础上,还有相关规章制度的无形约束,这些规章制度的制定也会产生制度成本。另外,由于我国农民的法律意识比较淡薄,服务对象可能会出现由于获得新的信息和交易对象,或是出于人际关系、服务价格等因素的考虑而出现不能切实履行合同的情况,农机服务组织要尽量降低违约行为出现的概率。因此,监督成本包括对作业人员的人工监督成本 C_8、对服务对象的人工监督成本 C_9、制定相关规章制度的成本 C_{10}。

(5) 执行成本。农机服务组织与交易对象签订完契约之后,要进行任务作业服务以保证契约内容的达成,这个过程中产生的成本为执行成本。第一,可能由于天气、交通等不可抗的外部客观原因的影响,使得不能按时完成作业服务。为了保证契约最终结果的实现,农机服务组织需要对交易对象进行解释说明,以获得理解;在契约执行过程中,如果接受服务的主体有违约现象的出现,要与其进行协商,需要为违约事件的处理支付一定的时间和人工成本,如果协调不成功,则要承担违约成本,比如双方打官司要花费大量的时间和金钱。第二,在农业生产过程中,农机服务组织要产生内部管理成本:人员的分工、农机具的调度和配置等环节都需要花费一定的时间和精力,内部管理成本的大小受到组织内部的成员人数、组织规模和组织结构等因素的影响。因此,执行成本包括与有违约倾向的对象进行协调的成本 C_{11},协调不成功要负担的违约成本 C_{12},组织内部作业人员分工、农机配置等行为产生的成本 C_{13}。

(6) 转换成本。在作业服务完成之后,如果农机服务组织所提供的服务能够让农机服务需求主体感到满意,那么很可能会继续延续未来的交易;如果不满意,未来就会终止交易活动。一方面,农机服务组织要被迫转换交易对象,重新进行农机作业需求信息的收集;另一方面,组织要花费一定的时间和精力与新的交易对象构建和维持良好的人际关系。因此,转换成本包括重新搜寻农机服务成本 C_{14}、与新交易对象构建良好关系的成本 C_{15}。

表5-2 交易成本测度指标变量表

交易成本测度指标	指标变量
信息搜寻成本 C_{XS}	搜寻农机服务需求的成本 C_1 筛选有效信息的成本 C_2

续表

交易成本测度指标	指标变量
协商与决策成本 C_{XJ}	与交易对象讨价还价的成本 C_3 组织召开会议进行决策产生的成本 C_4
契约成本 C_{QY}	服务合同起草成本 C_5 服务合同打印成本 C_6 服务合同签订成本 C_7
监督成本 C_{JD}	对作业人员的人工监督成本 C_8 对服务对象的人工监督成本 C_9 制定相关规章制度的成本 C_{10}
执行成本 C_{ZX}	与有违约倾向的对象进行协调的成本 C_{11} 协调不成功要负担的违约成本 C_{12} 组织内部作业人员分工、农机配置等行为产生的成本 C_{13}
转换成本 C_{ZH}	重新搜寻农机服务需求信息的成本 C_{14} 与新交易对象构建良好关系的成本 C_{15}

5.5.2 交易成本测算模型的构建

在农机服务组织提供农机服务的整个过程中，涉及了六类成本，每一类成本中又具体包含一些成本。将函数（5-1）作为分析各个农机服务组织模式中的交易成本函数，即：

$$TC = f(C_{XS}) + f(C_{XJ}) + f(C_{QY}) + f(C_{JD}) + f(C_{ZX}) + f(C_{ZH}) \tag{5-2}$$

其中，信息搜寻成本 $C_{XS} = C_1 + C_2$

协商与决策成本 $C_{XJ} = C_3 + C_4$

契约成本 $C_{QY} = C_5 + C_6 + C_7$

监督成本 $C_{JD} = C_8 + C_9 + C_{10}$

执行成本 $C_{ZX} = C_{11} + C_{12} + C_{13}$

转换成本 $C_{ZH} = C_{14} + C_{15}$

则交易成本计量模型可进一步表示为：

$$TC = \sum_{i=1}^{15} C_i = C_1 + C_2 + C_3 + \cdots + C_{13} + C_{14} + C_{15} \tag{5-3}$$

5.6 交易成本测度指标影响因素分析

农机服务组织在提供服务过程中的交易成本涉及多个影响因素，这些影响因素直接影响每项交易成本指标的大小，因此要对各个影响因素进行透彻的分析，才能对各种服务组织形式的交易成本进行深入的比较。

5.6.1 信息搜寻成本影响因素

信息搜寻是整个农机作业服务环节的第一步，农机作业服务需求信息量大，信息的传递受到信息传播介质、信息范围、信息获取方式等各种因素的影响，并且信息在获取之后还要进行信息的甄别，从而得到自己所需要的信息。因此，信息搜寻成本受到以下几个因素的影响：

（1）通信技术和网络的发达程度。一般来说，农机服务组织在搜寻作业信息的时候，对本地区的农户和种植大户等会采取口头、电话和网络等手段。随着农村经济的发展，通信设备和互联网已进入千家万户，新媒体的普及与运用极大地提高了农机服务供求双方的沟通效率，从而可以大幅降低农机服务组织农机服务需求信息搜寻成本。

（2）交通情况。农机服务组织的信息搜寻受交通情况的影响，有些服务信息的搜寻与交流需要到农户或者种植大户需求者的家里，上门进行农机服务需求信息的搜寻，有些村子的道路狭窄、凹凸不平，在一定程度上影响了信息搜寻的速度，而良好的交通状况可以节省一定的时间成本和精力。

（3）信息共享程度。信息不是封闭的，而是开放的。信息通过共享可以扩大信息的传播范围，以往在没有信息共享或者信息共享程度较低的情况下，信息获取只靠自己的能力去获取，一旦信息的共享度提高了，就能够获得更多更广泛的农机服务需求信息。

（4）管理人员的综合素质。具体指的是管理人员的社会网络关系和识别信息的能力，较广泛的人脉资源可以降低信息获取的难度，能够快速识别出哪些是组织真正需要的有效信息。

（5）与交易对象之间的熟悉程度。如果服务组织跟周边的农户都维持着较为熟络的关系，甚至农户都会主动上门要求提供农机作业服务或帮助介绍相关业务，这样就会有效降低搜寻潜在交易对象的成本，而且在一段时间内，农户都倾向于维持稳定的契约关系。

（6）服务范围。一般认为，服务范围越大，信息搜寻难度越大。假设服务范围只限于某一个村，那么服务对象就是这个村的村民；如果范围继续扩大到乡镇或县（区），那么服务对象就会非常广泛，在获取服务需求信息的时候就会付出较大的成本。

5.6.2 协商与决策成本影响因素

协商成本是与交易对象针对服务内容、服务价格等方面进行讨价还价产生的成本，而决策成本主要指的是决策过程中所花费的成本，比如开会的时间成本、内部沟通成本等。因此，协商与决策成本受到以下四个因素的影响：

（1）双方讨价还价的能力。影响协商成本的一个重要因素就是双方讨价还价的能力。双方能否达成交易，服务价格和服务质量是关键。双方对作业服务都有心理价位，在保证作业质量的前提下，服务组织追求利益最大化，而接受服务的主体追求性价比，希望获得一个较为合理的价格，因此，双方需要进行讨价还价以达成最终的一致。

（2）与交易对象之间的熟悉程度。一般来说，如果能跟周边的农户都维持着较为熟络的关系，在提供本地区农机服务的时候，周围农户对其都是非常信任的，双方对交易价格都是认可的，不需要过多的讨价还价行为，这就大大降低了协商成本。

（3）组织结构。如果组织内部管理层级较多，信息需要自下向上层层传递，最后由最高管理层人员决策是否提供农机服务，这无疑就会大大增加组织内部的沟通和管理成本，并且值得注意的是，组织内部的成本超过了组织能够降低的市场交易成本，便达到了理论上的"效率边界"，这时组织就面临着两个选择：改组或解散。因此，组织内部的管理和沟通成本的降低对组织的长远发展起着至关重要的作用。

（4）组织规模。一般来说，组织规模越大，在做出决策的时候越不可能由一个人说了算。组织规模过大的时候在决策"由谁耕地""如何收费"等问题时都需要召开会议进行决策；但如果组织规模较小，就可以由管理者直接决定，所需支付的成本很小。

5.6.3 契约成本影响因素

契约对双方来说既是一种制约，也是一种保障。因此，契约的签订非常重要。契约具备一定的专业性，一旦签订就会产生法律效力，双方都必须按照合同的内容来执行。因此，契约成本受到以下几个因素的影响：

（1）契约管理人员的专业性。一般来说，农机服务公司有专门的财务会计人员对合同进行起草和打印工作，他们熟知合同中的相关规定，知道该如何合理地根据自身利益制定相关条款以及进行责任和义务的划分，这些人员对业务越熟练越专业，在合同起草过程中所需要支付的契约成本就越小。

（2）达成契约的形式。一般认为，口头协定产生的契约成本很小，契约成本在书面协议中才会产生。在调研的过程中发现，由于处于同一地区，一些农户与家庭农场、农机大户只是进行了口头协议，这确实能够降低契约成本，但是一旦后续有不确定情况发生，由于没有相关依据，会大大增加违约成本。

（3）组织形式。一般来说，农机专业合作社和合作联社为自己合作社内的成员提供农机服务，是不需要签订合同的，而对于农机服务公司、家庭农场、农机大户来说，在对外提供服务的时候，需要与交易对象签订合同，产生契约成本，并且契约成本随着契约数量的增加而增加。

（4）交易对象的文化素质水平。在契约的签订过程中，一些条款是用比较专业的术语来表达的，一些农民的文化素质水平较低，就需要相关人员对其进行解释说明，需要花费一定的时间和精力。

5.6.4 监督成本影响因素

监督分为有形的监督和无形的监督，有形的监督指直接指派监督人员到田地里监督作业人员作业以及在与交易对象沟通和相处的过程中是否有违约倾向；无形的监督指内部利益机制、规章制度、文化氛围、自我约束等对作业人员的监督。因此，监督成本受到以下几个因素的影响：

（1）组织运行机制。组织内部的利益分享机制可以对成员和作业人员进行有效的监督。组织会按照理性的目标进行合理的内部和外部分工，实行"以劳动体现劳动价值，以年度奖金体现作业绩效，以福利体现成员之间平等"的机制，使内部监督与效率产生一致性，平衡价值活动和制度之间的关系，从而降低监督成本。

（2）与交易对象和作业人员之间的熟悉程度。一方面，如果服务组织与交易对象之间关系熟络，彼此之间都会很放心，发生违约行为的情况比较少；另一方面，如果服务组织与作业人员之间关系熟络，或者长期雇用某些作业人员，双方的信任就发挥了作用，降低了监督成本。

（3）乡村文化和自我约束。在乡村里，农户的社会活动网络主要包括亲属和邻里关系，如果农户有一些机会主义行为发生，不仅会影响和服务组织之间的契约关系，而且会落下不好的名声，而良好的名声对于一个农户融入农村集体是非常重要的，迫于这种外界的社会压力，农户和作业服务者普遍会产生自我约束，很少有机会主义行为的发生，也就大大降低了监督成本。

5.6.5 执行成本影响因素

前期的信息搜寻、协商与决策、契约工作完成之后，最主要的就是如何执行以达到预期目标，包括人员分工、农机资源配置与调度以及违约行为的处理等。因此，执行成本受到以下几个因素的影响：

（1）组织结构。服务组织在作业服务过程中，需要随时根据具体情况对现有的农机资源进行有效合理的配置，管理层级多、结构冗余、规模大的组织，在进行农机具调度的时候就会显得过于烦琐，从而增加组织内部的管理费用。

（2）管理人员的综合素质。一方面指管理人员的协调能力。面对不同数量不同类型的农机具，要根据作业面积、土地情况、服务内容等因素分配农机装备，并且结合作业人员的年龄和作业水平等因素对作业人员进行合理分工，如果管理人员的协调能力比较强，就会少花费一些时间和精力，从而降低执行成本；另一方面指管理人员的沟通能力。由于未来是不确定的，即使有契约作为保障，但还是不可避免地会出现违约现象。在发现交易对象有违约倾向或已经发生违约行为时，较强的沟通和协商能力能够及时制止违约行为的发生以及降低违约行为发生后所产生的协调成本。

（3）乡村文化和自我约束。乡村文化同样会影响农机服务组织的执行力。在乡村里，如果农机服务组织有一些不良的机会主义行为发生，不仅会影响和农户之间的契约关系，也会落下不好的声誉，而良好的声誉是农机服务组织得以获得农机服务订单的关键影响因素，迫于这种外界的社会压力，农机服务组织会产生自我约束，严格执行契约规定。同时，良好的乡村文化价值观，也会使农机服务组织的管理更加规范，与农户之间的关系更加协调，相互之间的配合更好，执行更加容易，执行成本降低。

5.6.6 转换成本影响因素

农机服务组织的交易对象不是一成不变的，任何一方都有可能出于某些原因要转换交易对象，使农机服务组织再去搜寻新的交易对象并维持与其良好的关系而支付一定的成本。因此，转换成本受到以下几个因素的影响：

（1）信息搜寻成本的高低。农机服务组织一旦转换交易对象，就要重新搜寻新的交易对象，因此转换成本的高低与信息搜寻成本的高低有直接关系。

（2）农机作业服务质量和效率。如果农机服务组织能够提供较高的作业服务质量和效率，那么交易对象在下次需要作业服务的时候就不太可能更换其他的服务组织，而是和原来的组织继续维持交易关系，从而降低组织的转换成本。

（3）交易对象的诚信度。一般来说，如果交易对象诚信度较高，能够履行合同，不产生违约行为，按时支付相应的服务费用，可以避免双方之间的麻烦，服务组织愿意继续为其提供农机服务，从而降低组织的转换成本。

（4）管理人员的综合素质。综合素质主要指管理人员的人际关系和人际交往能力。农机服务组织在转换交易对象之后，要与其建立并维系良好的人际关系，如果组织管理人员的人际沟通能力很强，谙熟人际交往技巧，就能够很轻松地与交易对象建立起良好的关系，降低转换成本。

5.7 农机服务组织的交易成本比较分析

5.7.1 信息搜寻成本

5.7.1.1 比较分析

根据交易成本影响因素分析，信息搜寻成本的大小主要受到六个因素的影响。假设这六个影响因素对信息搜寻成本产生的变化量分别为 a_{1i}、b_{1i}、c_{1i}、d_{1i}、e_{1i}、f_{1i}，成本变化量默认为正数，如果由于某个因素的影响降低了成本，则在原有成本基础上减去成本变化量；如果由于某个因素的影响提高了成本，则在原有成本基础上加上成本变化量。具体影响因素与成本变化量如表 5-3 所示。

表 5-3　信息搜寻成本影响因素与成本变化量

影响因素	影响方向	解释说明	成本变化量
通信技术和网络的发达程度	正向	通信技术和网络越发达，成本越低	a_{1i}
交通情况	正向	交通情况越好，成本越低	b_{1i}
信息共享程度	正向	信息共享度越大，成本越低	c_{1i}
管理人员的综合素质	正向	管理人员综合素质越高，成本越低	d_{1i}
与交易对象之间的熟悉程度	正向	与交易对象越熟悉，成本越低	e_{1i}
服务范围	反向	作业服务范围越大，成本越高	f_{1i}

（1）为了便于分析和比较，以农机专业合作社的信息搜寻成本为基础，信息搜寻成本包含搜寻农机服务需求的成本 C_1 和筛选有效信息的成本 C_2。则农机专业合作社的信息搜寻成本为 $C_{XS1}=C_1+C_2$。

（2）对于农机专业合作联社来说，假设合作联社由 n 个相同的合作社组成，每个合作社都会产生一定的信息搜寻成本，先将每个合作社的信息搜寻成本求和，而合作联社的成立有效地整合了各个合作社的农机资源，提高了装备水平，使组织内部的装备更加齐全，最重要的是增强了信息共享度，以前很多农机服务需求信息现在可以通过各个合作社之间的共享来实现，由此产生的成本变动量为 c_{12}，则 $C_{XS2}=n(C_1+C_2)-C_{12}<nC_{XS1}$，也就是说合作联社的成立由于信息共享降低了总信息搜寻成本。

（3）家庭农场、农机大户由于有一定规模的土地，先要进行自我服务，如果出现农机具和人员的闲置，并且周边农户有需要，就会提供相应的农机服务。因此这样来看，家庭农场和农机大户一般都是服务需求信息的被动接收者。那么，只有在家庭农场和农机大户想要获取经济利润的时候，才会主动搜寻信息。

首先，家庭农场和农机大户由于人员和装备有限，不会开展跨区作业，只为附近的农民服务，服务组织不会主动上门寻求服务需求信息的情况，小范围服务降低了组织的信息搜寻成本，由此产生的成本变动量为 f_{13}；其次，家庭农场的成员一般都与周边的农户维持着较为熟络的关系，社会关系稳定，农户或种植大户在播种、收割等时期急需农机服务的时候，会打电话或直接上门进行咨询和协商，家庭成员通过跟农户接触沟通，有时候甚至就是一句话的事情，双方就能够彼此达成协议，大大降低了信息搜寻成本，由此产生的成本变动量为 e_{13}。自我服务+对外服务组织形式的信息搜寻成本为 $C_{XS3}=C_1+C_2-e_{13}-f_{13}<C_{XS1}$。

(4) 农机服务公司是专门对外提供作业服务的,这是公司的主营业务,所以农机服务公司不会做服务需求信息的被动接收者,而是主动寻求者,因而组织的信息搜寻成本明显提高。同时,农机服务公司通常会开展跨区作业,服务范围不仅仅限于公司设立的区域附近,有时候需要跨镇、跨县(市)甚至跨省服务,公司要安排一定的人员驾驶农机过去,产生一定的交通费用;服务范围的扩大导致信息范围扩大,需要花更多的时间和精力搜寻信息,再加上与跨区作业地区的交易对象不熟悉,要不断上门询问,这些都增加了农机公司的信息搜寻成本;由此产生的成本变动量为 b_{14}、e_{14}、f_{14}。

但是,一般来说,农机服务公司的负责人都具有较为广泛的社会关系,这会降低一部分成本,产生的成本变动量为 d_{14},但是这部分降低的成本并不足以弥补其他影响因素所导致的成本的提高,只能弥补一部分而已。因此,农机服务公司的信息收集成本为 $C_{XS4}=C_1+C_2-d_{14}+b_{14}+e_{14}+f_{14}>C_{XS1}$。

5.7.1.2 比较结果

由上述分析过程可知,农机服务公司需要主动搜寻信息且存在跨区作业,信息搜寻成本是四种服务组织形式中最大的,其次是农机专业合作社,成本最小的是合作联社和自我服务+对外服务组织,如果合作联社由于信息共享度的提高而降低的成本小于自我服务+对外服务组织由于小范围服务以及和交易对象的熟识而降低的成本,即 $c_{12}/n<e_{13}+f_{13}$,那么合作联社的信息搜寻成本就会大于自我服务+对外服务组织,反之自我服务+对外服务组织的信息搜寻成本大于合作联社。

5.7.2 协商与决策成本

5.7.2.1 比较分析

协商与决策成本的大小主要受到五个因素的影响,假设影响服务组织协商与决策成本的五个影响因素对协商与决策成本产生的变化量分别为 a_{2i}、b_{2i}、c_{2i}、d_{2i}、e_{2i},具体影响因素与成本变化量如表 5-4 所示。

表 5-4 协商与决策成本影响因素和成本变化量

影响因素	影响方向	解释说明	成本变化量
服务组织讨价还价能力	正向	讨价还价能力越强,成本越低	a_{2i}
交易对象讨价还价能力	反向	讨价还价能力越强,成本越高	b_{2i}

续表

影响因素	影响方向	解释说明	成本变化量
与交易对象之间的熟悉程度	正向	与交易对象越熟悉，成本越低	c_{2i}
组织结构	反向	组织结构越复杂，成本越高	d_{2i}
组织规模	反向	组织规模越大，成本越高	e_{2i}

（1）以农机专业合作社的协商与决策成本为基础，协商与决策成本包含与交易对象讨价还价的成本 C_3、组织召开会议进行决策产生的成本 C_4。假设农机专业合作社的协商与决策成本为 $C_{XJ1}=C_3+C_4$。一方面，从组织结构来看，合作社设有社员大会、监事会和理事会，每次遇到重大事项，都会召开会议相互协商并做出相应的对策，社员人数较少的时候需要全员参与，社员人数较多的时候需要社员代表参与，每个社员都是合作社的主人公，在一定程度上会出现谈不拢的情况，从而导致问题搁置。有时候甚至对于"是否耕一块地"这样的简单问题也会在大会上进行探讨和决策，时间成本的增加最终导致决策成本大大提高。另一方面，因为农民参与了定价和相关规定的讨论，存在决策成本，就不会出现作业服务价格的讨价还价。因此，$C_3=0$，$C_{XJ1}=C_4$。

（2）农机合作联社与农机合作社情况类似。从组织结构和组织规模来看，每个小型合作社受自己合作社的理事会和监事会的日常领导，合作联社成立之后，社员大幅增加，管理层级也增加了，每个合作社除了为自己的合作社做决策，在遇到一些事项需要进行集体讨论时，还需要通知每个合作社的负责人来参加会议，提高了决策成本。假设农机合作联社有 n 个相同的合作社组成，则 $C_{XJ2}=nC_4+e_{22}>nC_4$，e_{22} 是合作联社与各个合作社的负责人开会协商与决策的时候所花费的成本。

（3）家庭农场、农机大户等服务主体和周围农户都保持着较为熟络的关系，并且价格对于每个农户来说都是透明的，收取的费用标准都是一样的。在实地调研中发现，家庭农场和农机大户的价格不会乱收，更不会高收，一旦价格变动，就会承受较大的外部舆论压力，信誉机制的强制约束使价格一直维持在一个较为稳定的水平，再加上农村关系网络中邻里关系很重要，在这种无形的监督下，考虑到彼此的面子问题和长远的关系维持，一般不会产生讨价还价成本；另外，家庭农场、农机大户都是家庭经营，组织结构简单，组织规模小，不会专门召开会议，基本都是农场主或户主一个人决定，或者对一些复杂的问题开一次小型的家庭会议就能解决。由此产生的成本变动量为 c_{23}、d_{23}、e_{23}，自我服务+对外服务组织的协商与决策成本为 $C_{XJ3}=C_3+C_4-c_{23}-d_{23}-e_{23}<C_{XJ1}$。

（4）农机服务公司属于企业的一种，决定了其目标一定是利益最大化。农机服务公司实力雄厚、装备齐全、作业服务质量高，因此相对来说价格会略高一点，会与交易对象产生一定的讨价还价成本，但在实际调研中发现由于农业行业不像工业和服务业那样存在较大的信息不对称的情况，服务价格较为透明，所以一般都是简单的一次讨价还价的过程，协商成本会增加一点，但不会太大；另外，企业召开会议不像合作社和合作联社那样烦琐，只要求部门负责人参加即可，并且由于是上下级的关系，讨论问题的效率比较高，相对社员大会式的会议来说节省了一定的时间成本，但比家庭式会议成本要大，故 $d_{23}>d_{24}$。因此，农机服务组织的协商与决策成本为 $C_{XJ4}=C_3+C_4+a_{24}+b_{24}-d_{24}<C_{XJ1}$。

5.7.2.2 比较结果

由上述分析过程可知，自我服务+对外服务组织的协商与决策成本是四种服务组织形式里面最低的，农机合作联社的协商与决策成本是最高的；当农机服务公司由于组织结构而降低的成本大于讨价还价产生的成本，即 $d_{24}-a_{24}-b_{24}>0$，农机服务公司的协商与决策成本小于农机专业合作社的协商与决策成本；反之，则大于农机专业合作社的协商与决策成本。这种不确定情况导致最终结果由实际情况中组织规模的大小、组织结构的复杂性和双方讨价还价能力的强弱来决定。

5.7.3 契约成本

5.7.3.1 比较分析

契约成本的大小主要受到四个因素的影响，这四个影响因素对契约成本产生的变化量分别为 a_{3i}、b_{3i}、c_{3i}、d_{3i}，具体影响因素与成本变化量如表5-5所示。

表5-5 契约成本影响因素与成本变化量

影响因素	影响方向	解释说明	成本变化量
契约负责人员的专业性	正向	契约负责人越专业，成本越低	a_{3i}
达成契约的形式	—	口头契约成本约为零	b_{3i}
组织形式	—	合作社无须签订契约	c_{3i}

续表

影响因素	影响方向	解释说明	成本变化量
交易对象的文化素质水平	正向	文化素质水平越高，成本越低	d_{3i}

（1）农机专业合作社为自己本社的社员进行服务的时候，无须签订相关合同，因此 $C_{QY1}=0$。

（2）合作联社和每个合作社之间属于松散型管理，存在合作社要退出合作联社的风险，因此合作社在决定加入合作联社之时，就存在一种有形或无形的契约关系，这种契约成本比较低；而在各个合作社内部之间是不存在契约成本的，因此，合作联社存在契约成本，但并不大，$C_{QY2}>0$。

（3）家庭农场和农机大户在接收到服务需求信息之后，大部分是口头协定，但偶尔也需要签订合同，口头协议不需要支付契约成本；但是书面协议就必须要支付一定的契约成本，由于缺乏专业的契约管理人员，一般农场主或户主会拿一份专业的合同作为参考，再结合实际情况拟定合同的相关条款，由于不太熟悉合同制定的相关流程，在合同的起草和签订方面处于劣势，由此产生的变动量为 a_{33}，因此 $C_{QY3}=C_5+C_6+C_7+a_{33}>C_{QY1}$。

（4）农机服务公司有专门的合同管理人员拟定相关的服务合同，与自我服务+对外服务组织相比，签订纸质契约的成本相对较低，故 $a_{33}>a_{34}$；但是农机服务公司一定会与每个交易对象签订合同，不会有口头协定，从而增加农机服务公司的契约成本。由此产生的成本变动量为 b_{34}。因此，$C_{QY4}=C_5+C_6+C_7+a_{34}+b_{34}>C_{QY1}$。

5.7.3.2　比较结果

农机专业合作社是为内部社员服务的，不会产生契约成本；合作联社和每个参与联社的合作社存在一种有形或无形的契约关系，但这种契约成本非常低；自我服务+对外服务组织和农机服务公司会产生一定的契约成本，当交易对象的文化素质保持在同一个水平的时候，以及在同样交易量的情况下，自我服务+对外服务组织由于签订纸质契约而增加的成本大于农机服务公司签订契约的成本，即 $a_{33}>a_{34}+b_{34}$，此时自我服务+对外服务组织的契约成本较大；但是，当自我服务+对外服务组织采取口头协定的时候，其契约成本小于农机服务公司。

5.7.4 监督成本

5.7.4.1 比较分析

监督成本的大小主要受到三个因素的影响,设这三个影响因素对监督成本产生的变化量分别为 a_{4i}、b_{4i}、c_{4i},具体影响因素与成本变化量如表5-6所示。

表5-6 监督成本影响因素与成本变化量

影响因素	影响方向	解释说明	成本变化量
组织运行机制	—	内部规章制度和利益分享机制的监督	a_{4i}
与交易对象和作业人员的熟悉程度	正向	熟悉程度越大,成本越低	b_{4i}
乡村文化和自我约束	正向	乡村文化氛围越浓,自我约束越强,成本越低	c_{4i}

(1) 对农机合作社而言,首先,为了保障作业质量,以获得预期收益,对于自己社内的作业人员的工作要进行相应的监督,体现在他们的作业速度、作业效率、作业质量等方面,农机合作社内部有明确的章程规定和利益分享机制,内部机制的监督是组织效率的来源,平时的绩效考核、分红和奖金无形中都起到一种监督和激励的作用;其次,农机合作社都会和本社社员保持着较为熟络的关系,彼此对双方的作业都是比较放心的,因此很少需要对交易对象进行监督;最后,由于合作社社员受到乡村文化的熏陶和自我约束,出现消极怠工的行为会败坏自己在农村里的名声,对自己以后融入乡村集体生活和营造良好的社会关系造成了不良影响,在这种约束下,交易对象一般不会发生机会主义行为。因此,农机合作社的监督成本相对较小,$C_{JD1}=C_8+C_9+C_{10}$。

(2) 合作联社的监督成本大于每个合作社的监督成本之和。一方面,每个合作社内部的作业完成情况需要监督;另一方面,合作联社也要监督各个合作社的完成情况。合作联社交给合作社的任务,在资源配置的过程中,合作社会出现不服从统一作业安排的情况,比如在自己合作社做得好,在别人的合作社做得不好,这需要合作联社进行监督,增加了合作联社的监督成本。也就是说,合作社为本社成员作业需要监督,给别的合作社成员作业需要合作联社来监督。因此,$C_{JD2}=n(C_8+C_9+C_{10})+\Delta C > nC_{JD1}$,其中 $\Delta C>0$。

(3) 从组织运行机制来看,家庭农场和农机大户的作业人员以家庭成员为主，是为自己家庭谋利，与靠利益分享机制进行行为约束的合作社和合作联社相比，自我约束明显，作业过程更加尽心尽力，成本变动量为 a_{43}；即使是雇用一些人员，由于人员数量不多，相互之间是邻里关系，长期维持的稳定雇佣关系，能够保证作业过程中的质量，加上乡村价值观有一种自我约束的功能，降低了作业过程的监督成本，由此产生的成本变动量为 b_{43}、c_{43}。因此，家庭农场的监督成本为 $C_{JD3}=C_8+C_9+C_{10}-a_{43}-b_{43}-c_{43}<C_{JD1}$。

（4）农机服务公司实行企业式的管理，公司内部雇用了一些农机手和管理人员，实行聘任制，作业人员的收入由基本工资和提成组成，并且还有绩效考核和年终奖金，总体而言是依靠完善的考核制度保证农机作业人员的作业质量，考核制度在公司里需要专门的人力资源部门来负责。因此，在组织运行机制方面，公司紧凑型的管理使监督成本小于松散型的合作社管理，但这种监督机制的效果比家庭式的运作机制要差一点，故 $a_{43}>a_{44}$。因此，农机服务公司的监督成本为 $C_{JD4}=C_8+C_9+C_{10}-a_{44}<C_{JD1}$。

5.7.4.2 比较结果

由上述分析过程可知，四种服务组织形式的监督成本从大到小排序为农机专业合作联社、农机专业合作社、农机服务公司、自我服务+对外服务组织形式。

5.7.5 执行成本

5.7.5.1 比较分析

执行成本的大小主要受到三个因素的影响，假设这三个影响因素对执行成本产生的变化量分别为 a_{5i}、b_{5i}、c_{5i}，具体影响因素与成本变化量如表5-7所示。

表5-7 执行成本影响因素与成本变化量

影响因素	影响方向	解释说明	成本变化量
组织结构	—	组织结构越冗余，成本越高	a_{5i}
管理人员的综合素质	正向	管理人员综合素质越高，成本越低	b_{5i}
乡村文化和自我约束	正向	乡村文化氛围越浓，自我约束越强，成本越低	c_{5i}

（1）对于合作社而言，作为一个合法的制度化组织，社员众多，组织结构具有一定的层级，合作组织层包括了社员代表大会、监事会和理事会，管理着所

有成员的日常生产活动，在接收到服务需求信息之后，要花费一定的时间进行作业安排，包括作业人员分工、农机具调度等，在组织管理上需要花费一定的成本。由于合作社的内部关系不是由契约来维系的，不会产生与有违约倾向的交易对象的协商成本和协商不成功要负担的违约成本。因此，农机合作社的执行成本为 $C_{ZX1} = C_{13}$。

（2）合作联社是小规模合作社的联合体，规模较大，每个合作社内部都实行自我经营，作业自我安排。合作联社接收到服务需求信息之后，由于有很多分社，要统一进行作业安排，一个乡（镇）的合作联社要把每个村子的小型合作社的农机资源进行统一的调度和配置，相较于合作社来说，组织管理比较烦琐，提高了组织的内部管理成本，由此产生的成本变动量为 a_{52}，则合作联社的执行成本为 $C_{ZX2} = nC_{13} + a_{52} > nC_{ZX1}$。

（3）对于家庭农场或农机大户而言，由于组织结构简单、规模小，并且作业人员以家庭成员为主，在进行作业分工、农机资源配置方面相对于合作社和合作联社要简单得多，降低了组织管理成本，由此产生的成本变动量为 a_{53}；另外，在对外进行服务时，由于大部分采取口头协议，使组织要承担一部分的违约风险，并且名声对于村民和农机服务组织来说是至关重要的，形成了一种制约的同时也是一种保护制度；一旦发生，由于缺乏相关的依据会增加违约的处理成本，违约行为导致组织的损失为 ΔC_1；在处理违约事项的时候，由于农场主或户主都是以农民为主体，综合素质水平并不高，在处理上会增加一定的成本，由此产生的成本变动量为 b_{53}。因此，自我服务+对外服务组织的执行成本为 $C_{ZX3} = C_{11} + C_{12} + C_{13} - a_{53} + \Delta C_1 + b_{53}$，其中 $\Delta C_1 > 0$。

（4）对于农机服务公司而言，首先，实行企业化的规范管理，由专门的部门负责执行，员工的岗位职责分明，专业性和执行力都比较强，分工相对合作社来说较为容易，同时农机服务公司不需要像合作联社一样进行农机资源的调度，只需要根据作业服务订单进行农机资源的配置和人员的分工即可，由此产生的成本变动量为 a_{54}；其次，为了便于比较，假设农机服务公司发生违约之后导致组织的损失也是 ΔC_1，由于农机服务公司在提供服务之前一般都会签订纸质契约，具有法律效力，有效地降低了组织所承担的违约风险，并且有专业人员负责处理，使违约行为处理起来比较专业和熟练，由此产生的成本变动量为 b_{54}，显然 $b_{54} < b_{53}$。因此，农机服务公司的执行成本为 $C_{ZX4} = C_{11} + C_{12} + C_{13} - a_{54} + \Delta C_1 + b_{54}$。

5.7.5.2 比较结果

从上述分析可知，农机合作联社由于多了一个在各个合作社之间进行农机具调度的环节，使农机合作联社的执行成本大于农机合作社；当不出现违约行为的时候，自我服务+对外服务组织和农机服务公司的执行成本小于农机合作社，但是当出现违约行为之后，自我服务+对外服务组织和农机服务公司要花费一定的资金和时间成本来处理违约事项，增加了组织的执行成本。在这个过程中，自我服务+对外服务组织要负担的违约成本高于农机服务公司，因为农机服务公司签订了纸质契约，同时公司有专门的部门负责合同的签订以及毁约等事项的执行，使农机服务公司的违约事项处理成本小于自我服务+对外服务组织的违约事项处理成本。

现实中，也会因为家庭农场或农机大户只是在自我服务的基础上进行对外服务，对外服务收益不是自己的主要收入来源，往往对违约行为的处理比较简单，成本较低；而对以作业服务收益为主的农机服务公司而言，违约处理成本是不可回避的。但这不影响上述分析的结论，在同样交易量的情况下，处理违约行为发生的总成本，农机服务公司会因为专业和熟练使处理成本略低。

5.7.6 转换成本

5.7.6.1 比较分析

转换成本的大小主要受到四个因素的影响，假设这四个影响因素对转换成本产生的变化量分别为 a_{6i}、b_{6i}、c_{6i}、d_{6i}，具体影响因素与成本变化量如表 5-8 所示。

表 5-8 转换成本影响因素与成本变化量

影响因素	影响方向	解释说明	成本变化量
信息搜寻成本的高低	正向	搜寻成本越低，成本越低	a_{6i}
农机作业服务质量和效率	正向	农机作业服务质量和效率越高，成本越低	b_{6i}
交易对象的诚信度	正向	交易对象的诚信度越高，成本越低	c_{6i}
管理人员的综合素质	正向	管理人员综合素质越高，成本越低	d_{6i}

（1）对农机合作社而言，合作社和社员维持着较为稳定的关系，不会轻易转换交易对象，合作社秉承"入社自愿、退社自由"的原则，少量成员的退出

对合作社的运行不会产生影响,当有新的交易对象加入之后,需要花费一定的时间和精力与新社员建立良好的生产合作关系。因此,农机合作社的转换成本为 $C_{ZH1}=C_{14}+C_{15}$。

(2) 合作联社和每个合作社之间属于松散型管理,合作社拥有绝对的自主权,合作社所有成员需要遵守相关法律规定,而合作联社没有法律的约束和限制,双方存在着一定程度的相互制衡,合作社有退出合作联社的可能,一旦有合作社退出,合作联社会根据实际需要考虑是否重新寻找新的合作社。如果需要新的合作社的加入,合作联社会产生一定的转换成本,但由于其他合作社可以实现信息资源共享,减少了搜寻新合作社的成本,但还需要花费一定的成本来维持和新合作对象的合作关系,由此产生的成本变动量为 a_{62}、d_{62}。但是合作联社的转换成本的大小有赖于信息搜寻成本的大小和管理人员的综合素质水平的高低。

(3) 对家庭农场或农机大户而言,在缺乏组织机制和规章制度的情况下,交易对象是有较大的选择空间的,自由度较高,一旦交易对象对服务质量和效率不满意或因一些特定原因发生违约行为,组织就会停止与交易对象的交易,但由于自我服务+对外服务组织是以自我为中心的,然后再考虑是否对外提供服务,损失少量交易对象对它的影响并不大,因此,自我服务+对外服务组织的转换成本为 $C_{ZH3}<C_{ZH1}$。

(4) 农机服务公司损失了交易对象之后,要重新进行新的交易对象的搜寻工作,尤其是在进行跨区作业的时候,转换交易对象要付出较大的成本,由此产生的成本变动量为 a_{64},并且由于距离遥远,管理人员和交易对象维持人际关系的时候就要多花费一些时间和精力,由此产生的成本变动量为 d_{64},因此,农机服务公司的转换成本为 $C_{ZH4}=C_{14}+C_{15}+a_{64}+d_{64}$。

5.7.6.2 比较结果

由上述的分析可知,农机服务公司的转换成本最大,自我服务+对外服务组织的转换成本最小,而农机合作社和农机合作联社的转换成本的相对大小在很大程度上有赖于管理人员的素质水平,如果管理人员的沟通能力、人际交往能力较强,并且拥有较为广泛的社会网络关系,那么就能够有效地降低组织的转换成本。

5.8 基于交易成本分析的组织形式选择

5.8.1 交易成本分析结论

依据交易成本理论,对四种常见的农机服务组织的六种成本进行了比较分析,其结果如表 5-9 所示。表中列出了不同服务组织的每种交易成本排序。

表 5-9 农机服务组织交易成本测算与排序

	农机专业合作社	农机专业合作联社	自我服务+对外服务	农机服务公司
信息搜寻成本 C_{XS}	$C_{XS1}=C_1+C_2$	$C_{XS2}=n(C_1+C_2)-c_{12}<nC_{XS1}$	$C_{XS3}=C_1+C_2-e_{13}-f_{13}<C_{XS1}$	$C_{XS4}=C_1+C_2-d_{14}+b_{14}+e_{14}+f_{14}>C_{XS1}$
成本排序	2	4	3	1
协商与决策成本 C_{XJ}	$C_{XJ1}=C_3+C_4=C_4$	$C_{XJ2}=nC_4+e_{22}>nC_4$	$C_{XJ3}=C_3+C_4-c_{23}-d_{23}-e_{23}<C_{XJ1}$	$C_{XJ4}=C_3+C_4+a_{24}+b_{24}-d_{24}<C_{XJ1}$
成本排序	2	1	4	3
契约成本 C_{QY}	$C_{QY1}=0$	$C_{QY2}>0$	$C_{QY3}=C_5+C_6+C_7+a_{33}>C_{QY1}$	$C_{QY4}=C_5+C_6+C_7+a_{34}+b_{34}>C_{QY1}$
成本排序	4	3	2	1
监督成本 C_{JD}	$C_{JD1}=C_8+C_9+C_{10}$	$C_{JD2}=n(C_8+C_9+C_{10})+\Delta C>nC_{JD1}$	$C_{JD3}=C_8+C_9+C_{10}-a_{43}-b_{43}-c_{43}<C_{JD1}$	$C_{JD4}=C_8+C_9+C_{10}-a_{44}<C_{JD1}$
成本排序	2	1	4	3
执行成本 C_{ZX}	$C_{ZX1}=C_{13}$	$C_{ZX2}=nC_{13}+a_{52}>nC_{ZX1}$	$C_{ZX3}=C_{11}+C_{12}+C_{13}-a_{53}+\Delta C_1+b_{53}$	$C_{ZX4}=C_{11}+C_{12}+C_{13}-a_{54}+\Delta C_1+b_{54}$
成本排序	4	3	2	1
转换成本 C_{ZH}	$C_{ZH1}=C_{14}+C_{15}$	—	$C_{ZH3}<C_{ZH1}$	$C_{ZH4}=C_{14}+C_{15}+a_{64}+d_{64}$
成本排序	4	3	2	1
排序得分	18	15	17	10

对信息搜寻成本而言,随着微信、QQ 等新媒体社交软件的运用和农村交通道路的不断完善,以及地方共享平台的建设,一定范围内的农民之间的交流更加畅通,信息互通有无的程度更高,参与合作的农户之间更容易"建群",信息搜寻成本更低。因此,农机专业合作联社的信息搜寻成本最低。

对于协商与决策成本而言，受农机服务组织运行机制和管理人员的能力以及供求双方讨价还价能力影响比较大。管理层次越多，协商与决策相对成本就越高；运行越规范，成本就会越低。因此，松散型合作联社的协商与决策成本相对是比较高的，而自我服务后的对外服务是由负责人决策，成本最低。目前的农户文化素质状态决定了合作社的协商与决策成本，在同等情况下，会高于农机服务公司。

对于契约成本而言，受农机服务供求双方的素质和管理水平影响。在农村的农机服务领域，农户与服务公司之间需要形成明确的契约关系，而农户与合作社或农机大户之间，往往就是口头约定或临时决定。因此，农机服务公司的契约成本处于高位，而专业合作社的契约成本最低。

对于监督成本而言，受组织运行机制、农机服务人员素质、区域农村文化价值观的影响比较大。目前，农机作业标准化不足，部分环节缺乏标准且作业需要现场监督，因此，对作业服务监督比较困难，某种程度上，更多地依靠自我约束和文化环境约束。如果要完成监督工作，松散型的合作联社监督成本较高，自我服务后的对外服务监督成本最低。

对于执行成本而言，受组织运用规范程度、管理人员素质、乡村文化价值观影响比较大。一直以来，农户从事农业生产并不会像工业生产那样，具有严格的执行流程和执行规范，农户之间的农机服务来源于相互的协作。因此，农机服务公司的执行和运作成本会比较高，合作社比较低。

对于转换成本而言，受信息获取、诚信、管理人员素质等多因素影响。对于长期共同生活在农村的农户而言，相互之间比较熟悉，双方的诚信程度也了然于胸，比较容易地就会获得合作或不合作的结论。服务合作转换的可能和次数就会降低。因此，农机服务公司的转换成本最高，而合作社的转换成本最低，退出成本也比较高一些。

5.8.2 区域农机服务组织选择

将六类交易成本进行汇总，以排序序号赋值，对农机服务组织的得分进行汇总，获得各自的得分，如表5-9所示。其中，农机服务公司的得分最少，为10分；合作社的得分最高，为18分。得分高的表明在六类交易成本中更多地处于低成本状态，相对而言，是组织效率比较高的服务组织形式。因此，在目前的乡村文化、农民素质、交通条件等背景下，从农业机械作业服务角度看，农机专业合作社的交易成本最低、自我服务+对外服务组织形式的交易成本次之，农机专业合作联社位于第三，农机服务公司的交易成本最高。这一结论与目前农业发展过程中形成的农机服务组织的结果相一致。从农机服务这一角度看，合作社的组织形式是目前农村农业生产的首选，这也是基于土地规模、农村社会文化、农业生产特征等方面的客观需要。

但这一分析结论也仅仅是从交易成本角度讨论农机服务组织的效率。客观而言，农机专业合作社是否能真正发挥作用，还受参加合作者数量、合作社负责人的能力与水平、经营土地规模等多种因素的影响。但这不影响本章研究的价值，农村和农业的任何组织都需要结合农村、农业、农民的实际情况，在理论分析基础上，才能实现组织目标。

5.8.3 存在问题与对策思考

5.8.3.1 存在的现实问题

"十二五"是农机化发展的黄金时期，"十四五"是推动农业机械化全面协调发展的重要时期，国家和各级政府都十分重视。现如今，农机社会化服务已经发生了深刻变革，农机服务组织数量增长迅速，服务水平不断提升，农机服务创办主体也在不断趋于多元化。但还有一些问题影响了农机服务组织效率的提高。

（1）组织形式选择缺乏理论和实践指导。哪种组织形式好？缺乏标准和指导。当前，农村农田比较分散，道路狭窄，不利于大型机械进出。农户各自经营，无法实现大规模的社会化服务作业。在目前农村经营体制下，通过农村土地流转实现农业适度规模经营，将分散在一家一户的农田集中连片种植，改建和新建一批与之相适应的农田基本道路不易实现。农机社会化服务组织库房用地在实际操作中很难取得，维修场地的建设审批同样困难，大型维修场地缺乏，很多机械无法得到及时入库保养，影响了机械的使用年限和使用质量，降低了作业整体满意度，而农机具的存放位置又直接关系到农田作业的时效。另外，不同地区的农业产业不一样，机械化服务内容不同。在这样的情况下，哪种农机化服务组织适应区域农业机械服务并具有效率？缺乏理论和实践指导。

（2）农机服务组织运营有待进一步规范。近年来，农机服务组织主要还是以由政府扶持的农机专业合作社形式为主。由于是政府推动，不是完全来自市场驱动，现实中存在不少无效合作社，还有部分是合作社的名，实际是合伙制企业，但又没有按照企业化机制运营，主要目的是获取政府补贴，运作困难，效率有限。市场也出现了针对分散农户的全托管模式、设备租赁等新型服务模式，但这些服务组织的组织结构、运行机制及其管理没有规范遵循，管理结构松散，管理能力欠缺，权责不明确，成员参与决策度低，缺乏科学合理的分工，严重影响了农机服务组织的效率，迫切需要进行规范和完善。

（3）农机服务组织区域不平衡、结构不合理。尽管农机保障水平和农业机械化水平比较高，但是仍存在农机服务组织区域不平衡、结构不合理的问题。所谓服务组织不平衡，是指平原地区农机服务组织化程度高，山区丘陵地区农机服务组织化程度低；结构不合理是指农机社会化服务组织领域相对单一，侧重于粮食生产的耕、种、收、植保、烘干环节，其他产业社会化服务组织相对薄弱，特别是完整的一条龙式的服务组织体系相对缺乏，整个服务组织体系的综合性和多元性有待提升。

（4）农机服务组织规模小、合作松散。尽管我国农村产生了一大批农机专业服务组织，数量很多，但仍处于发展的起步阶段，农机户是最基本的形式，且经营实力、经营规模、经营水平普遍较低，机具应用相对集中在联合收割、耕整地等少数环节。社会化服务环节配套农机和基础设施建设不够全面。道路、宜机化农田等农业基础设施和农机作业的配套设施有待进一步完善。多数农机服务组织都是农民自发的个体营利组织，虽然在一定程度上推动了农业机械化的发展，但服务范围和服务能力还比较有限。

5.8.3.2 对策思考

影响组织交易成本的因素有很多，有一些因素是长期不易发生改变的，比如组织结构、组织运行机制等，但是有一些因素在短期内通过某些方式很容易发生改变，当这些因素发生改变的时候，对不同组织的交易成本和组织效率又会产生不同的影响。因此，要提升农机服务组织效率，需要从以下几个方面着力。

（1）结合区域实际，强化农机服务组织建设的指导。对农机服务而言，选择什么样的组织形式，需要把有利于农机作业服务作为目标。同时，组织形式的选择要与区域社会、经济、文化环境相一致。对于不同区域，应该有不同农机服务组织的考虑。对于人均耕地较少、经营规模比较小的区域，优先选择合作社和合作联社，否则信息搜寻成本高，协商与决策成本也高。对于家庭农场和种田大户比较多的地区，可以选择以自我服务为主，或推动基于家庭农场和种田大户的合作。对于经济、社会、交通、基础设施比较发达的地区，村级经济比较好的地区，可以推进农机服务公司形式。基于农机作业服务需要，不断推进区域农机服务组织化，解决区域不平衡和结构不合理的问题。

（2）制定农机作业标准，提升组织运营规范性。目前的农机服务组织缺乏规范管理，其中包括作业的标准化和运行机制。作业和服务标准的设定，会降低违约成本和监督成本。因此，从交易成本的影响因素角度看，应该基于合作社成员素质、管理人员素质选择农机服务范围和服务规模，确定组织的管理幅度与层次。基于合作社的参与农民数量和素质，慎重推进合作联社。完善合作社法，基于组织效率的角度进行组织结构的完善，提升农机服务组织效率。

（3）基于信息技术，提升地区农机服务信息共享程度。"互联网+"是提高信息共享程度不可或缺的重要手段和路径，有助于解决规模小、合作分散的问题。对于农机社会化服务而言，可以建立农机资源信息共享平台，借助于农机服务资源信息中心，将大量的农机服务需求信息有效地整合在一起，为农机服务组织提供信息，降低信息搜寻成本。农机服务组织和农机服务需求主体都可以利用互联网技术，加强信息交流，推动信息共享。农机服务组织可以根据信息平台的信息制定交易过程，增强农机服务组织的市场竞争力。

（4）提升参与服务组织人员素质，扩大服务规模。组织管理人员的素质能力包括信息识别、信息获取、讨价还价、协调沟通、人际交往等能力，其素质和能力高低直接影响组织运行效率，素质能力好可以大大降低信息搜寻成本、协商与决策成本、执行成本和转换成本，尤其是对于合作社、合作联社这种松散型的组织，如果管理者能力很强，有自己的一套经营理念和管理经验，就能够极大地提高组织的运作效率。另外，农民的素质和能力也需要提升。素质水平较低，认知能力会有局限性，使契约成本和执行成本增加。法制意识淡薄，会存在机会主义行为，使组织的执行成本增加。随着服务规模的增加，素质和能力不匹配，将影响组织的运行与效率。

第6章　农机配置与土地经营规模确定

农地经营规模的集中化趋势在发达国家和发展中国家均为不可逆转之潮流（倪国华和蔡昉，2015）。对我国而言，也是现实选择。因为在中国，家庭联产承包责任制产生的农业用地细碎化的局限性越来越明显（张华和陆玉，2018），几亿农民在小块土地上投入劳动，造成土地边际收益不断下降，而土地规模化经营是应对这一问题的有效策略（刘倩，2014）。土地规模化经营不仅可以提高劳动生产率，还可以解决小生产与大市场之间的矛盾，有利于推动规模生产者应用新的技术和实现管理的现代化。随着城镇化和工业化的稳步推进，农村劳动力大量转移到城市工作，农村的年轻劳动力日趋减少，使土地规模经营的条件日趋成熟。党的十七大报告提出"有条件的地方可以发展多种形式的适度规模经营"。此后，国家在历年的中央一号文件中多次明确指出要发展适度规模经营。其中，2014年中央一号文件明确提到要构建新型农业经营体系，发展多种形式的适度规模经营。2017年中央一号文件也提出要"积极发展适度规模经营，加快发展土地流转型、服务带动型等多种形式规模经营"，同时把补贴资金用于"适度规模经营"列为完善农业补贴制度的重点之一。某种程度上，农业规模经营已成为实现农业农村现代化的重要途径和实施乡村振兴的重要内容（吴振方，2019）。

新型农业经营主体是发展土地规模经营的重要载体，我国正在大力培育各类新型农业经营主体。2012年中央一号文件提出"按照依法自愿有偿原则，引导土地承包经营权流转，发展多种形式的适度规模经营，促进农业生产经营模式创新"。2013年中央一号文件更是提出"鼓励和支持承包土地向专业大户、家庭农场、农民合作社流转，发展多种形式的适度规模经营"，"创造良好的政策和法律环境，采取奖励补助等多种办法，扶持联户经营、专业大户、家庭农场"，

"大力支持发展多种形式的新型农民合作组织","培育壮大龙头企业"。此后连续多年,中央都会提到规范农村土地承包,发展适度规模经营、培育新型农业经营主体等问题。

土地规模化经营离不开农业机械的参与,农业机械化实现了机械对人力的替代,是推动土地规模经营的重要动力,是实现农业现代化发展的必由之路。我国从中央到地方各级政府都十分重视农业机械化的发展,各级政府提供了大量的资金支持,成效十分明显,取得了举世瞩目的进步。农业机械投入仍然是新型农业经营主体的重要投入,农业机械价格较高,农机投入作为新型农业经营主体的重要投入,深刻地影响着其经济效益的实现。在农机购置补贴等政策的强力驱动下,专业大户和家庭农场往往将各类农业机械配置齐全,但是经营规模不足,存在农机资源浪费的现象。农机投入成本大、使用率低,影响了农业生产经营效益。进而提高了农业生产成本,影响了农业的增收增效。

基于农业机械购置成本的影响,从农机配置的角度考虑,一定农机配置的情形下,最理想的经营规模是多大?一定土地经营规模背景下,如何配置农业机械才能产生足够的规模经济效益?影响着新型农业经营主体经济效益的实现,这些问题值得研究,研究成果有助于提升农机配置效率与效果,也是农机化高质量发展的需要。

6.1 文献的简单回顾

6.1.1 规模经营的意义

关于适度规模经营的意义,具有不同的解释。有一些外国学者认为农业生产率和规模经营是一种反比关系。Roumasset(1995)的研究发现,在农业发展过程中,俄罗斯、印度等国家实行土地规模经营并没有带来农业生产力的提高,相反二者呈现反比关系。Allen(1998)对巴西、印度、巴基斯坦等国家的100个家庭进行了调查分析,结果显示农业生产率和农业规模呈负相关关系。还有一部分学者认为,经营规模与经营效率之间不存在关系或关系不显著。Seckler和Young(1978)认为,它们之间的关系不显著。罗伊·普罗斯特曼(1997)认为农业生产的规模效应十分有限，除非在特定情况下会产生规模效益，否则，农业上的规模效益其实是不存在的。Delord 等（2015）对法国葡萄园的规模效应进行了研究，基于 2005~2007 年的调查数据，他们认为葡萄园规模对于农业经营的状况几乎没有影响。

国内学者对于农业规模效应的研究结论则主要分为"质疑土地规模经营""推动适度规模经营"两派。质疑土地规模经营的学者占少数。如陈健认为，规模经济效应在农业生产领域中表现不明显，并且农业的规模经营在推动上也较难（陈健，1988）。任治君分析了法国 4 种不同规模的农场后认为，土地经营规模越大，其生产效率越低（任治君，1995）。蔡基宏认为农地规模与其出产率呈一种反向关系（蔡基宏，2005），刘凤芹则认为，小块的土地经营并没有排斥农业机械化，农业生产经营效率与土地规模大小无关（刘凤芹，2006）。

也有一些学者认为，农业生产经营规模和农业生产效率之间存在一些其他的相关关系。Helmberger 和 Hoos 认为，农场规模与农业生产效率呈现倒"U"形关系，即农业生产效率随着规模的增加先上升，而后下降（Helmberger and Hoos，1962）。Herdt 和 Mandac 对孟加拉国的家庭农场进行研究，认为农业用地 0.47 公顷是最好的尺寸（Herdt and Mandac，1981）。Genicot 研究认为，农场的经营规模应当适度，以实现单位面积产量最高（Genicot，1981）。

更多学者认为农业生产力和农业规模呈正相关关系。Enke 对秘鲁、孟加拉国和泰国等国农场的研究发现，农业生产力和农场规模呈正相关关系（Enke，1945）。Deolalikar 认为，美国大规模农场的效率很高，3 个人可以经营一个超过 1200 公顷的农场，其年产值可以达到 200 万美元（Deolalikar，1981）。Calus 等指出，在西欧，农业规模经济的存在会导致农田规模的增加（Calus et al.，2010）。Ainmbi 认为在一个较高的农业技术水平上，农业生产力和农场规模呈正相关关系（Ainmbi，2000）。

6.1.2 经营规模的适度性

国内大多数学者认为适度规模经营是有效率的。但多大经营规模合适，学术界具有不同的结论。钱贵霞和李宁辉（2006）调查了 10 个省 2349 户各类农业经营者，以土地、资本和劳动力作为投入要素，以粮食作物的收入作为产出要素，运用柯布—道格拉斯生产函数和规模生产经营决策函数，得到粮食主产区户均最优耕地面积为 4.74 公顷。张忠明（2008）以吉林省 722 个农户作为研究样本，以资金（直接投入、间接投入）、劳动力、土地作为投入要素，以种粮收益和粮食产量作为产出要素，运用数据包络分析（DEA）中的 BCC 模型对经营规模进行测算，认为 5.3~6 公顷是农户最优经营规模。刘维佳（2009）以劳均耕地面积、劳动力数量等作为投入变量，以粮食产量等作为产出变量，运用 DEA 模型对辽宁省 72 个家庭农场进行了规模效率分析，结果表明，规模为 66.67~200 公顷时，家庭农场处于农机应用的高级阶段，且 DEA 有效的最大面积为 133.33 公顷。规模低于 6.67 公顷的家庭农场处于传统农业阶段，农业科技含量低，生产力水平不高；规模介于 6.67~66.67 公顷时家庭农场处于农机应用的初级阶段，农业生产具有一定的科学性；而当农场规模超过 200 公顷时，农场在 CCR 和 BCC 模型下均为 DEA 无效，农场经营效益处于规模递减阶段。王桂彩（2015）以家庭劳动力、雇佣劳动力、固定资本、可变资本和农地投入作为 5 个投入变量，以农业产值作为产出变量，利用农业生产函数估算得上海市农地适度规模经营的规模值应为 628 亩。罗丹等（2017）采用 C-D 生产函数，依据对 3063 个种粮户问卷调查，认为农户种植适度规模在 10~13.33 公顷。赵金国等（2017）运用 DEA 方法，基于综合技术效率最优原则，计算家庭农场粮食生产适度规模为 10~16.67 公顷。

也有学者从农户收入角度研究土地经营规模问题。罗艳和王青（2012）认为规模经营是农业现代化的发展道路，而适度规模的家庭农场是可行的，并以农民收入增加为目标，运用对数函数模型对安徽省金安区的家庭农场规模进行了估算，结果显示，农场的合理规模为 8.4 公顷。黄新建等（2013）认为土地规模经营有一个下界规模和一个上界规模，其中下界规模应使农业经营者获得与外出务工相等的收入，而上界规模则不应导致规模报酬递减，并以江西省水稻种植为例，估算出家庭农场的合理经营规模为 70~150 亩，即 4.67~10 公顷。陈海霞等（2014）基于粮食生产经营的特点，从农业劳动力、耕地资源、农民收入期望和家庭投资能力等角度，估算了江苏省粮食生产型家庭农场的运营规模，认为若要求经营者平均收入达到江苏省城镇居民的平均收入，2020 年江苏省粮食生产型家庭农场的经营规模应达到 3.55 公顷。张成玉（2015）基于收入均等原则，以城镇在岗职工人均工资性收入为参照标准，并根据收入动态性原则，推算 2023 年河南省每个劳动力经营适度规模为 7.33 公顷。

另外一些学者以其他视角或其他方法研究了农业的经营规模问题。苏昕等（2014）认为，农业现代化要走集约化、规模化、专业化的道路，适度规模的家庭农场是切实可行的，并基于资源禀赋视角，推算出到 2030 年，我国劳均耕作面积将达到 0.67 公顷，而届时家庭农场的平均规模将达到 26.7 公顷。徐秀英（2013）根据人均年工作量和家庭人口数量推算，认为我国南方的粮食种植型家庭农场的规模范围应在 6.67~33.33 公顷。郭熙保等（2015）认为，家庭农场是世界农业发展史上最具有活力和效率的生产模式，并运用经济学均衡理论对发达国家家庭农场经营规模的影响因素进行了考证，结果表明，技术进步、经济发展水平、劳动资本价格比和制造业农业工资比是影响家庭农场规模的主要因素，最后以美国 1970~2010 年的数据为例，得出后工业化时代，农场规模将会稳定在 400 英亩即 160 公顷左右。熊波和董建军（2009）通过盈亏平衡分析方法，对某型号的青贮收获机进行了经营规模的估算，求得盈亏作业平衡点为 1367 亩（约 91.13 公顷）。朱启臻等（2014）认为，在未来的农业中，专业大户、家庭农场和农民合作社将成为国家重点支持的规模经营模式，并认为农业生产经营也将遵循规模报酬递增、规模报酬不变再到规模报酬递减的规律，并通过调研粗略估算出家庭农场的经营面积上限为 900~1000 亩，即 60~67 公顷。辛良杰（2020）依据农户打工收入相当原则，测算粮食种植生产类家庭农场适度规模为 13~14 公顷。

基于不同的原则和标准就会形成不同的结论，已有研究基于不同的原则和标准，形成的不同区域、不同农作物等方面的适度规模结论有 20 多种，小的不到 10 公顷，大的达到 200 公顷。但对于农民而言，这些研究成果的理论意义大于实际意义。农民往往更关注投入成本和收益，并不关注经济学家非常看重的技术效率或劳动生产率之类的指标（何秀荣，2016；孔祥智等，2017）。另外，收入均衡原则是基于期望理论和公平理论的激励性规模，是激励农村能人从事农业生产的理论规模，具有引导性作用，以之作为农业生产的适度规模，值得商榷。而依据调查数据，通过计算技术效率确定最佳规模，因为调查对象的生产资料和机械配置并不是最优状态的，如与国外农业生产相比，我国亩均农机装备总动力已经高于国外发达国家很多倍，因此，基于规模和成本投入需要优化状态的数据的统计分析，其结果并不科学。而基于社会因素考察形成的规模，也属外生变量影响，一旦相关因素发生变化，最佳规模也会发生变化，使农民在最佳规模选择时无所适从。

部分学者认识到农地经营规模的确定应该基于生产者的角度进行，提出要在微观上研究规模问题，尊重农民的意愿（倪国华和蔡昉，2015），并基于微观数据分析，构建了农地经营规模决策图谱，系统而又全面地提供了规模决策方案，形式值得借鉴。但基于农业生产本身，揭示成本效益变化规律，探讨农地种植经营规模的研究比较缺乏。事实上，在我国目前农业生产规模范围内，农业机械配置对农业生产及其成本与效益影响很大，农业机械增加导致的服务面积和成本的增加具有阶梯性递增特征，并导致盈亏平衡状态发生变化。田伟等（2016）注意到了这一现象，认为一国农场的适度规模与农业机械化程度有关，简单采用数学模型来判断适度规模"最优值"的方法值得商榷。吉媛（2019）认为，在一定规模下，规模和产出两者之间呈非线性关系。这些成果间接说明，农业机械配置会导致成本的不规则变动，使土地盈亏平衡点发生变化，进而影响经营规模的确定。因此，有必要从农业机械配置的影响角度，探讨规模与产出的规律及其影响因素，并基于农业生产成本效益分析，对农地经营规模决策图谱进行丰富和补充。本章将分析农机配置带来的农业生产的成本收益变动，构建基于盈亏平衡分析的农地经营规模决策图谱，供经营规模决策时参考。同时，基于全程机械化角度，研究适度规模。解决农机配置与经营规模确定实现经济效益的问题，满足农业生产经营规模决策需要，推动农机化高质量发展。

6.2 农机配置与经营规模选择

鉴于粮食生产的地位及其农机配置对成本的影响，本章仍以粮食生产为例，探讨农机配置与经营规模之间的关系。

6.2.1 理论基础与研究方法选择

粮食生产经营规模确定与农机配置密切相关（谢冬梅，2021）。小规模土地经营主要是人工生产，家庭往往通过劳动力相互合作与交换的方式，弥补某些生产环节家庭劳动力不足问题。随着经营规模的扩大，机械替代人工具有了现实需求。对粮食生产者而言，选择农业机械代替人工受三个方面因素影响。一是农业劳动力的数量和质量。如插秧环节，如果不能在插秧的最佳农时内及时找到满足插秧作业所需要的劳动力，生产者将倾向于选择机械代替人工。二是农业劳动力使用成本效益和农业机械使用成本效益。如果农业机械使用可以获得更好的收益，粮食生产者会选择使用机械进行生产。三是农业机械的质量和可用性。如果农业机械操作困难，质量不能满足农业生产需要，会影响粮食生产者对机械的选择。随着大量农业优质劳动力的转移，农业劳动力使用成本的上升，以及粮食规模化生产的需要，农业机械化生产成为了现实需要。

机械对人工的替代有两种基本形式，并与粮食生产环节有关。在配置农业机械的过程中，粮食生产经营者不仅会进行人工和机械的博弈，也会进行自我经营和外包服务两种形式的博弈与选择，其农机购置与投入行为表现为不采用农机、购买服务、购买农机（潘经韬，2019）。根据对江苏的调查，80%的农户只在一个环节购买了农机，15%的农户在两个环节购买了农机，5%的农户在三个环节购买了农机（刘博，2012）。一般地，只有在经营规模达到一定程度后，生产者会推动所有生产环节的机械化，即全程机械化。

在全程机械化的情况下，不同生产环节需要配置不同的农业机械。每个生产环节农业机械配置涉及数量确定和型号选择。因为农作物的生长具有季节性，并与气候密切相关，如播种时间、植保时间和收割时间都存在季节性的时间要求。播种不及时，错过幼苗生长需要的气候，影响农作物的生长；收割不及时，恶劣的气候变化将影响产量和农产品品质，各个生产环节都具有抢农时的特征。因此，农机配置需要合理确定数量和型号，以满足抢农时的需要，是成本控制与农时控制两者的均衡（赵钦羿，2017）。经营规模的确定与各生产环节配置的机械所能服务的规模有关，粮食生产者会以其中的最低规模为依据，确定自己的经营规模，以保证农业生产全程机械化的实现。

随着经营规模不断扩大，农机配置具有顺序循环配置特征，一是生产环节之间的配置顺序，即农机配置将在不同生产环节之间，总是增加服务能力最低的生产环节的机械。二是农机型号选择顺序，即随着规模的增加，一般是按照小型、中型、大型的机械型号配置，保证规模与机械的协调及其效益的实现。如果越级配置型号会导致成本增加和机械闲置，影响收益。在一定经营规模范围内，需要的小型机械总数形成的成本大于单位中型机械成本，且效率呈现下降的状态，生产者就会选择中型农业机械。同样地，需要的中型机械总数形成的成本大于单位大型机械成本，且效率呈现下降的状态，生产者就会选择大型农业机械。不同型号农机价格不同，形成的成本也不一样，对效益的影响也不同，合理确定数量和选择型号是保障粮食生产效益的需要。

农业机械是以满足不同生产环节需要配置形成的机械组合服务粮食生产的，一个农机配置组合服务一个土地经营规模区间。随着经营规模的不断增加，粮食生产者按照顺序循环特征进行农业机械配置，每次机械增加都会形成不同的农业机械组合和新的服务规模区间，单位农业机械的增加形成的服务规模呈区间递增特征。由于单位农机购置成本较高，不同的农机配置组合形成的成本呈区间阶梯型递增特征，利润状态随机械配置而发生变化，呈现不同的盈亏平衡状态。在某个农机配置组合及其所服务的规模区间内，可进行盈亏平衡分析，不同农机配置组合及其对应的规模区间，盈亏平衡状态不同，可以盈利的规模也不一样，进行盈亏平衡分析，对于经营规模确定和农业机械配置具有指导意义。

6.2.2 基本原理与变量分析

6.2.2.1 盈亏平衡分析基本原理

盈亏平衡分析是基于总成本和总收益分析，进行盈亏平衡点计算。这一方法曾被运用于不同生产技术应用效益比较（张丽，2021）、不同企业产品生产效益比较（李俊斌，2017）。在农业领域也有运用，曾被应用于农业生产租赁与购买决策分析（扬子等，2019）、水稻生产效益的盈亏平衡点计算和不同区域农户盈利水平分析（郑琼婷等，2022），以及红枣种植业的投入产出平衡计算和红枣产业生产决策分析（殷海善等，2019）。应用于粮食生产经营规模确定，就是计算粮食生产盈亏平衡时临界规模，进而确定适度规模和最佳规模。

盈亏平衡分析运用的总公式是利润（B）= 总收益（TR）- 总成本（TC），其中，总成本包括固定成本（FC）和变动成本（VC）。固定成本是指不随生产规模变动而变动的成本，可变成本是随着生产规模变动而变动的成本。在一定条件下，盈亏平衡时的土地经营规模为 S^*，大于这一规模即处于盈利状态，小于这一规模则处于亏损状态，如图 6-1 所示。

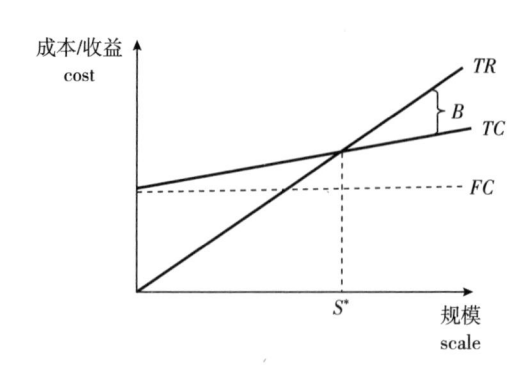

图 6-1 粮食种植盈亏平衡基本原理

6.2.2.2 成本收益界定

粮食生产需要土地、种子、化肥、劳动力等要素投入，涉及成本较多。标准不同，分类也不一样。有学者将水稻生产成本分为固定资本、流动资本、化肥支出、农药支出、种子支出（杨天和，2006），或将农业生产成本分为土地成本、化肥成本、种子成本、机械成本和其他成本（王亚辉等，2019）。根据粮食生产实际和研究需要，本书将成本分为生产资料成本、土地成本、生产雇工成本、农机购置成本、生产辅助成本、农机维护与运营成本、农业机械保险费用等，分别与土地面积、人力资源数量和农业机械配置数量有关，具体成本类别、内容及计算方法如表6-1所示。

表6-1 粮食生产成本收益分析表

项目名称	变量	具体内容	计算公式
生产资料成本	C_{goods}	种子、化肥、农药等购置费用总和	$K_{goods} \times S$
土地成本	C_{land}	土地流转租金或自营地折租总和	$K_{land} \times S$
生产辅助成本	C_{assist}	管理费、电费、水费、工具材料费等	$K_{assist} \times S$
农机维护与运营成本	C_{maint}	修理维护费、燃料动力费等	$K_{maint} \times S$
雇工成本	C_{HR1}	雇佣人员工资总和	$W_1 \times N_{labor1}$
管理人员薪酬成本	C_{HR0}	家庭或高级管理人员薪酬总和	$W_0 \times N_{labor0}$
农机购置成本	C_{m0}	农业机械购置费用总和	$\sum_{i=1}^{\beta} P_i \times N_i$
农业机械保险成本	C_{ins}	各类农业机械保险费总和	$\sum_{i=1}^{\beta} \gamma_i \times N_i$
土地总收入	TR	农产品总销售收入	$Q \times P_r \times S$

粮食生产成本中的生产资料成本（C_{goods}）、土地成本（C_{land}）、生产辅助成本（C_{assist}）、农机维护与运营成本（C_{maint}）与土地面积（S）相关，用 k_{goods}、k_{land}、k_{assist}、k_{maint} 分别表示各自的单位面积成本系数。雇工成本（C_{HR1}）由雇工人员数量（N_{labor1}）和人均工资（W_1）决定，管理人员薪酬成本（C_{HR0}）由人员数量（N_{labor0}）和人均薪酬（W_0）决定。农机购置成本（C_{m0}）由购买的农机数量（N_i）和相应的价格

(Pi)确定；粮食生产涉及耕整地、播种、灌溉、施肥、植保、收割等多个生产环节，农机购置成本（C_{m0}）由β个生产环节的机械价格与数量的代数和决定。根据目前相关政策，农业机械保险成本（C_{ins}）主要是按每台机械收取保险费用（γ_i），因此，农机保险成本（C_{ins}）由每台机械的保险费用和机械数量乘积的代数和决定。

总收入（TR）是家庭农场经营一定规模土地获得的总收入，体现为农产品的销售收入，由亩均产量（Q）、面积（S）和农产品价格（Pr）决定，是三者的积。

6.2.2.3 盈亏平衡形态分析

农业机械的配置会引起成本收益的较大变化，有学者认为，如果要购入从耕到收每个环节的机械，最少也要几十万元，投入大型农机的收益期很可能要超过流转期，甚至会降低家庭农场效率（胡凌啸，2018），其科学合理配置十分重要。由农业机械配置规律可知，一个农业机械配置组合服务于一个区间规模，在这个区间规模内，粮食生产的农机配置组合购置成本、保险费用、家庭管理人员薪酬和融资成本，不随生产规模变动而变动，具有固定成本特征；生产资料成本、土地租金、生产辅助成本、雇工成本、农机运营费用随经营规模的变化而变化，是粮食生产的可变成本。可以运用盈亏平衡分析方法计算区间盈亏平衡规模，进而确定区间适度规模。

不同的农机配置组合服务于不同的经营规模区间。随着规模的增加，每一次机械增加形成的成本增加为Z，不同的农机配置组合形成的成本呈阶梯型递增特征；每次机械增加都会形成新的服务规模区间，由$[S_{uj},\ S_{u(j+1)}]$到$[S_{u(j+1)},\ S_{u(j+2)}]$，如图6-2所示。盈亏平衡状态随着机械配置而发生变化，呈现不同的盈亏平衡状态。如果农机购置形成的成本增加，导致利润B_0小于0，并在购买农机后形成的农机组合所能承载的最大服务规模处，利润B_1仍然小于0，则总成本线始终处于总收益线的上方，这一成本收益状态界定为形态Ⅰ，表明农机购置成本增加形成的亏损状态，没有通过规模增加回复到盈利状态，始终处于亏损状态；如果在购买农机后形成的农机组合所能承载的最大服务规模处，利润B_1大于0，则存在盈亏平衡点S^*，这一盈亏平衡状态界定为形态Ⅱ。

如果农机购置导致成本增加，但没有出现B_0小于0的情况，在最大区间规模处也没有出现利润B_1小于0的情况，则总成本始终小于总收益，总成本线位于总收益线以下，这一成本收益状态界定为形态Ⅲ，表明农机成本的增加并没有

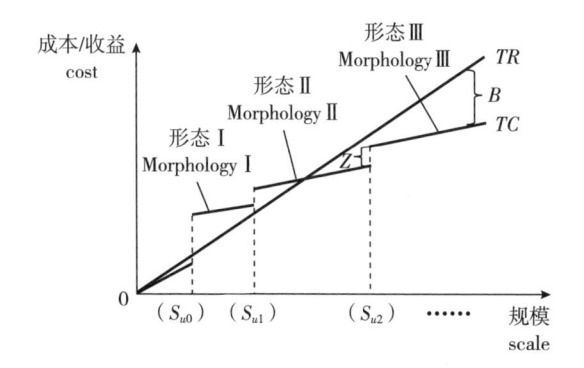

图 6-2 不同规模区间盈亏平衡形态

改变盈亏平衡状态。随着粮食生产规模的进一步扩大，农业机械购置成本相对于总收益与总成本之差占比很小，农业机械的购置成本增加，都不再改变盈亏平衡状态。总成本线虽然仍然呈现阶梯型状态，但总是位于总收益线的下方。

基于盈亏平衡分析可知，当农机配置适应粮食经营规模需要时，或者依据经营规模选择合适的农机配置时，才能保证效益的实现。在图中就体现为总成本线在总收益线下方的区间规模，如图 6-2 中形态 Ⅱ 的 $[S^*, S_{u(j+1)}]$ 和形态 Ⅲ 的区间。

6.2.3 模型构建

6.2.3.1 模型构建

根据农机配置和经营规模之间的关系分析可知，一个农机配置组合可以服务一个区间规模，不同经营规模因配置农业机械不同，盈亏平衡呈现三种形态，如图 6-2 所示。形态 Ⅱ 存在盈亏平衡点，因此，以一个区间规模为研究对象，构建形态 Ⅱ 的盈亏平衡模型。

固定成本为：

$$FC = C_{m0} + C_{ins} + C_{HR0} + I \tag{6-1}$$

式中：C_{m0} 为农业机械装备成本；C_{ins} 为农业机械保险费用；C_{HR0} 为家庭管理人员薪酬；I 为融资成本。

变动成本为：

$$VC = (k_{goods} + k_{land} + k_{assist} + k_{maint} + k_{HR1}) \times S = C_v \times S \tag{6-2}$$

总成本为：

$$TC = FC + VC = FC + C_v \times S \tag{6-3}$$

总收益为：

$$TR = Q \times p_r \times S \tag{6-4}$$

式中：Q 为单位面积产量；p_r 为单位产品销售价格。

利润计算公式为：

$$B = (Q \times p_r - C_v) \times S - FC \tag{6-5}$$

依据 $TR = TC$，可得出区间规模内粮食生产的盈亏平衡规模公式如下：

$$S^* = \frac{FC}{Q \times p_r - C_v} = \frac{C_{m0} + C_{ins} + C_{HR0} + I}{Q \times p_r - (k_{goods} + k_{land} + k_{assist} + k_{meintenance} + k_{HR1})} \tag{6-6}$$

适度规模区间为：$D = [S^*, S_{u(j+1)}]$

盈利区间规模占比为：$\alpha = \dfrac{(S_{v(j+1)} - S^s)}{(S_{v(j+1)} - S_{vij})}$ (6-7)

6.2.3.2 影响因素分析

粮食生产的盈亏平衡受内外部因素影响，包括粮食产品价格和产量、单位变动成本和农机购置补贴、农业机械使用率等影响因素。

（1）农产品价格和产量的影响。粮食产品价格和产量对粮食生产总收益具有直接影响，进而影响盈亏平衡规模。价格和产量同时增加，则总收入增加显著，总收益线的斜率增加，以原点向左上方旋转移动，如图 6-3 所示，由 TR 变为 TR_1，可能会改变形态Ⅰ和形态Ⅲ的利润状态，或改变形态Ⅱ的盈亏平衡点规模，每个盈亏平衡点的规模变小。价格和产量同时减少，则变化相反，粮食生产在更多的时候处于亏损状态，需要扩大规模才能盈利。不同时增减则以两者的积为变化依据，增产不增收的状况出现就是因为产量增加而价格下降过多。

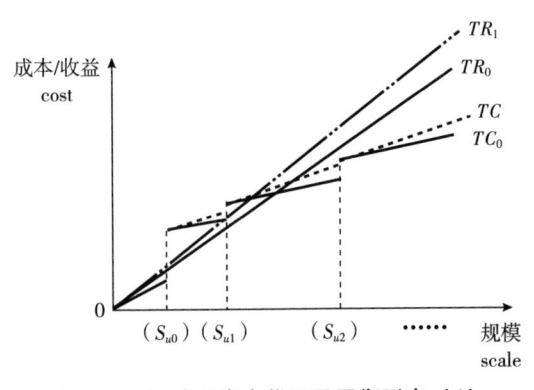

图 6-3 影响因素变化盈亏平衡形态（1）

其中，利润对产量和价格的敏感度分别为：

$$\frac{dB}{dp_r}=Q\times S \tag{6-8}$$

$$\frac{dB}{dQ}=p_r\times S \tag{6-9}$$

形态Ⅱ的盈亏平衡规模对价格和产量的敏感度为：

$$\frac{dS^*}{dp_r}=\left(\frac{FC-C_{m0}}{Q\times p_r-C_v}\right)'=\frac{-Q\times(FC-C_{m0})}{(Q\times p_r-C_v)^2} \tag{6-10}$$

$$\frac{dS^*}{dQ}=\frac{-p_r\times(FC-C_{m0})}{(Q\times p_r-C_v)^2} \tag{6-11}$$

敏感度计算表明，利润对价格的敏感度为产量与规模的积，利润对产量的敏感度为价格和规模的积。形态Ⅱ的盈亏平衡规模与产量和价格呈负相关。当产量和价格越高时，盈亏平衡点规模也就越小，盈利规模区间占比α越大，适度规模区间D越大。

（2）单位变动成本的影响。影响单位变动成本变化的因素主要包括以下几个方面：一是农业劳动力素质和熟练程度的提升，同样地，粮食生产任务需要的劳动力减少，导致单位面积的雇工成本降低；二是粮食生产技术的创新，使农药、化肥等的使用量下降，导致单位面积生产资料成本降低；三是单位面积土地租金的增加，会增加单位变动成本；四是农机装备配置的型号发生变化，农机燃料动力成本和维修成本会产生变化，也会影响单位面积变动成本。单位面积变动成本的降低，会增加盈利的机会或增加盈利规模区间。

单位面积变动成本体现为变动成本线的斜率，在单位面积变动成本不变的情况下，不同区间的成本线会始终保持平行。单位面积变动成本变小，则变动成本线斜率变小，如图6-3所示，各区间的TC_0变为TC_1，则形态Ⅱ的盈亏平衡规模变小，盈利区间占比α变大；形态Ⅰ的盈亏平衡状态会发生变化，并受区间固定成本和区间规模的影响；形态Ⅲ的盈亏平衡状态不会改变。如果单位变动成本增加，则形态Ⅰ的形态不会改变；形态Ⅲ的盈亏平衡状态受单位面积变动成本的增加幅度影响；形态Ⅱ的盈亏平衡规模变大，盈利区间占比α变小。

形态Ⅱ的盈亏平衡规模对单位变动成本的敏感度计算公式如下：

$$\frac{dS^*}{dC_v}=\frac{FC-C_{m0}}{(Q\times p_r-C_v)^2} \tag{6-12}$$

利润对单位变动成本的敏感度为:

$$\frac{dB}{dc_v}=S \tag{6-13}$$

敏感度计算显示,形态Ⅱ的盈亏平衡规模对单位面积变动成本的敏感度为正值,表示随着单位面积变动成本的增加,盈亏平衡规模会增加,盈利规模区间占比 α 变小,需要更大规模才能达到盈利状态。利润对单位面积变动成本的敏感度为对应的经营规模面积 S。

(3) 补贴的影响。自 2004 年国家实施农机购置补贴政策以来,极大地推动了农机化发展(陈星宇,2019)。农机购置补贴使农业生产者购买同样农机的时候,减少了购置支付,体现为农机价格的下降或农户收益的增加。在其他因素不变的情况下,农机购置补贴体现为成本线平行下移,TC_0 变为 TC_2,如图 6-4 所示。形态Ⅰ的亏损降低,可能出现盈利状态;形态Ⅲ的盈利增加更多,形态Ⅱ的区间盈亏平衡点左移,粮食生产者可以在更小的规模获得盈利,在这一农机组合可服务的规模区间内盈利区间占比 α 增加。

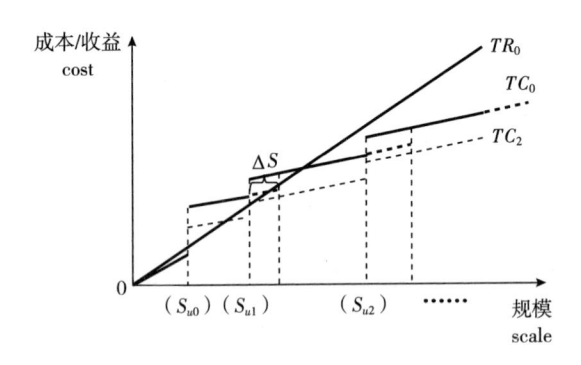

图 6-4 影响因素变化盈亏平衡形态(2)

考虑农机购置补贴,盈亏平衡点计算公式为:

$$S^*=\frac{FC}{Q\times p_r-C_v}=\frac{(1-\mu)C_{m0}+C_{ins}+C_{Hm0}+I}{Q\times p_r-(k_{goods}+k_{land}+k_{assist}+k_{maint}+k_{HR})}=\frac{FC-\mu C_{m0}}{Q\times p_r-C_v} \tag{6-14}$$

式中:μ——农机购置补贴占价格之比,$0\leqslant\mu\leqslant100\%$。

形态Ⅱ的盈亏平衡规模对补贴的敏感度表现为:

$$\frac{dS^*}{d\mu}=-\frac{C_{m0}}{Q\times p_r-C_v} \tag{6-15}$$

利润对补贴的敏感度为：

$$\frac{dB}{d\mu} = C_{m0} \tag{6-16}$$

敏感度计算表明，形态Ⅱ的盈亏平衡规模与农机购置补贴呈反向关系，μ 越大，盈亏平衡规模 S^* 越小，则盈利规模区间占比 α 越大，适度规模区间 D 也越大。利润对补贴的敏感度为正值，表明两者呈正向关系，敏感度直接由农机购置成本决定。

（4）农机使用率的影响。农机使用率（θ）为农机实际使用天数（T_i）与理论使用天数（T_0）之比。农机使用率将影响每台机械最大服务面积，如果某个机械每天的作业量为 S_i 亩，农机实际使用天数为 T_i 天，则农机最大服务面积是 $T_i \times S_i$。农机使用率越高，服务的天数越多，单位农机可以服务的面积越大。则任一农机组合可以服务的区间规模增加，如图 6-4（2）所示。其中形态Ⅰ可能会产生盈利区间，形态Ⅱ的盈利区间延伸，盈亏平衡点 S^* 不变，盈利区间占比 α 增加，形态Ⅲ的盈利状态不会改变。使用率的增加会改变利润 B，利润改变计算公式如下：

$$\Delta B = (Q \times P_r - C_v) \times \Delta S \tag{6-17}$$

式中：ΔS 为农机使用率增加带来的规模增加。在一定农机配置组合条件下，提高农机使用率可以达到降本增效的效果。

另外，如果基于提高农机使用率而降低农机数量配置，同样的规模区间需配农机数量变少，进而同样规模下的农机配置成本降低，则会影响同样区间规模下的固定成本，进而影响盈亏平衡规模 S^*。即 θ 的增大，每台农机的实际使用天数越多，则某环节所需农机数量 N_i 变少，相同规模情况下，农机购置总成本降低，总收益增加。

6.2.4 样本选择与数据来源

6.2.4.1 样本与研究对象选择

研究选择江苏省常州市金坛县为样本区域，该区域规模化和机械化程度比较高，粮食生产家庭农场面临着规模选择的现实问题。由于不同区域的土地租金成本和劳动力成本不同，选择一个县进行样本研究，具有现实意义（许彩华，2022）。

研究以稻麦轮作为研究对象。由于水稻和小麦生产环节略有不同，部分环节使用机械不完全一样。为避免重复计算，且兼顾成本效益分析的全面性，研究主要对生产环节比较复杂的水稻进行具体的成本效益分析，以小麦生产净收益作为土地额外收益，参与总收益计算。

6.2.4.2 数据来源

研究需要的数据来源于省市农机部门统计数据、地方年鉴和对家庭农场的调查。稻麦生产农机购置成本按江苏省农机购置补贴目录中价格为依据进行计算，并将农业机械分为大型、中型、小型三种型号（刘守祥，2008）。型号确定依据三个基本原则：一是农民购买相对较多的机型；二是价格分布在相应的区间；三是单位时间农机作业面积。其中，单位时间农机作业面积由农机的作业幅宽、作业速度决定。农机型号、价格及其单位时间作业面积如表6-2所示。金坛县农机保险按定额方式缴纳，主要涉及拖拉机、联合收割机等主要农业机械，本章也按实际定额进行计算。金坛县贷款购置农机比较少，因此，不考虑融资成本。

表6-2 农机型号、价格和每天作业服务面积

品目	类型	型号	价格（元）	单位作业面积/（公顷/小时）
拖拉机	大型	CFH2004	214867	根据配套作业装备计算
	中型	LY1404	152817	
	小型	DF1004-2	101242	
旋耕机	大型	1JS-400	18471	1.33
	中型	1GSZ-280	9860	0.87
	小型	1GKN-230	6450	0.67
插秧机	大型	2ZGQ-8D5（SPV-8C25）	123935	0.47
	中型	2ZGQ-6D1（SPV-6CMD）	88573	0.27
	小型	2ZS-6（SPW-68C）	21780	0.2
植保机	大型	3WP-500A（JKB18C-DP5YM）	135182	2.67
	中型	3WPZ-700L	74028	
	小型	3WP-700B	59944	
收割机	大型	4LBZ-145G（PRO588I-G）	220515	0.4
	中型	4LB-150AA	138496	0.33
	小型	4LZ-5.0E	100047	0.27
烘干机	大型	5HXRG-120B	380073	0.1
	中型	NEWPRO-120H	133080	0.08
	小型	5HXG-120	85427	0.07

家庭管理人员薪酬按当地城镇居民人均收入确定；粮食生产雇工成本按当地农村人均可支配收入测算。由于不同地块的土地租金不同，土地租金成本取金坛县土地租金最高值和最低值的中间值。生产资料成本、生产辅助成本和农机维护保养成本由六家典型家庭农场调查获得。

收益计算涉及产量和农产品价格。水稻产量采用被调查对象的平均产量，粮食产品价格取近几年的市场价格平均值，小麦则按照被调查主体的平均每亩净收益计入总收益。为方便计算，农机购置补贴折算成价格占比，数据整理如表 6-3 所示。

表 6-3　水稻生产成本效益和小麦收益计算参数标准

项目内容	计算标准	项目内容	计算标准（yuan·hm^{-2}）
水稻亩产量	9375 kg/hm^2	生产资料成本	4050
单位售价	2.8 yuan/kg	土地租金	12000
城镇居民人均收入	57097 yuan	生产辅助成本	1950
农村人均收入	30518 yuan	人工成本	2000
保险费	150 yuan/unit/year	农机维护、保养成本	1050
家庭管理人员数量	2	小麦净收益	3000

6.2.5　计算结果与分析

6.2.5.1　计算原则

农机购置成本按照一次支付、多年分摊的计算方法，根据《中华人民共和国企业所得税法实施条例》中关于农业生产工具折旧规定，农机购置成本以 10 年作为计算期进行分摊，并对不同分摊年限的影响进行讨论和分析。

由于机械故障、人为失误、地块细碎等实际原因，机械的实际作业效率无法达到理论值，综合理论及实际调研，农机作业效率取值 0.9。作业速度和宽度由机械本身决定。

农业机械作业时间是每天工作时间与工作天数的积，每天工作时间按 10 小时进行计算，烘干机按照每天工作 20 小时进行计算。工作天数往往受到农时的限制，根据对江苏金坛的调查，出于抢农时的需要，耕整地和植保作业一般作业 7 天左右，插秧、收割作业、烘干作业一般为 10 天左右，本章以此时间进行计算，并进一步讨论其他作业时间对盈亏平衡的影响。基于金坛家庭农场调查，家庭管理人员按照 2 人计算。

6.2.5.2 计算结果

依据获得的基础数据，编制符合农机顺序循环配置规律的农机购买数量和型号，并通过MATLAB进行分段函数的计算，得出不同规模和不同农机配置的盈亏平衡状态和盈利区间规模如表6-4所示。计算结果显示，在全程机械化的情况下，小于18hm²的经营规模无盈利区间，始终处于亏损状态；在18~42hm²规模，共有4个盈亏平衡点，存在不同的盈利区间，4个区间中的盈利部分占比分别为23%、77%、63%、44%；大于42hm²后，始终处于盈利状态。

表6-4 盈亏平衡区间表

$[S_{uj}, S_{uj+1}]$区间/hm²	盈亏平衡点 S^* /hm²	$[S^*, S_{uj+1}]$盈利区间/hm²	盈利区间占比 α/%
~18	无	无	
18~24	22.6	22.6~24	23%
24~30	25.33	25.33~30	77%
30~36	32.2	32.2~36	63%
36~42	39.33	39.33~42	44%
42~		42~	

6.2.5.3 影响因素分析

（1）产量和价格的影响。根据对金坛数据的计算，其他因素不变的情况下，规模较小时配置农机，需要较高的产量才能实现盈利，如表6-5所示，在18~24hm²规模，产量达到10031.85kg/hm²时；在36~42hm²规模，产量为9612.6kg/hm²时，才能实现各自区间所有规模上的生产盈利。同样地，规模比较小的时候，只有在粮食价格比较高的情况下，才能实现各自区间内所有规模的生产盈利。根据计算，在18~24hm²规模，价格为3.00元/kg时；在36~42hm²规模，价格为2.87元/kg时，两个区间内所有规模上的生产都可以盈利。

表6-5 影响因素区间表

$[S_{uj}, S_{uj+1}]$区间/hm²	产量（kg·hm⁻²）	价格（yuan·kg⁻¹）	补贴占比（%）	单位变动成本 φ（yuan·hm⁻²）
~18				
18~24	10031.85	3.00	68.67	22470.68

续表

$[S_{uj}, S_{uj+1}]$ 区间/hm²	产量 (kg·hm⁻²)	价格 (yuan·kg⁻¹)	补贴占比（%）	单位变动成本 φ (yuan·hm⁻²)
24~30	9517.65	2.84	14.15	23170.36
30~36	9562.95	2.86	13.48	22811.46
36~42	9612.6	2.87	14.21	22508.25
42~	9304.2~	2.78~	不用补贴	

（2）单位变动成本的影响。单位变动成本的变化，不会改变区间规模内已经购置农业机械形成的固定成本，会影响总成本线的斜率。不同区间的单位成本变动对区间盈亏平衡影响不同。在 18~24hm² 规模时，单位变动成本大于 22470.68 元/hm² 时；在 36~42hm² 规模时，单位变动成本大于 22508.25 元/hm² 时，没有盈亏平衡点，全部为非盈利区间。

（3）农机购置补贴的影响。计算结果显示，不同规模的不同农机配置，农机购置补贴的影响程度不同。在 18~24hm² 区间，当补贴占农机购置成本比例达到 68.67% 时；在 36~42hm² 区间，当补贴占农机购置成本的 14.21% 时，可以实现各自区间内所有规模上的生产盈利。处于 42hm² 以上的规模，没有农机购置补贴也会实现盈利，表明农机购置成本不再影响盈亏平衡状态。

（4）农机使用率的影响。农机使用率越高，越可以在更小的规模上盈利。如果每个生产环节农业机械作业时间为 7 天，则小于 58.8hm² 规模区间内，没有盈亏平衡点，全部是非盈利区间；在 58.8~75.6hm² 区间，共有 60.5hm² 和 65.8hm² 2 个盈亏平衡点；大于 75.6hm² 的规模，全部为盈利状态。如果农业机械的作业时间为 9 天，则小于 21.6hm² 的生产规模区间内，没有盈亏平衡点，全部为非盈利区间；在 21.6~43.2hm² 区间，共有 25.3hm²、32.2hm²、39.3hm² 3 个盈亏平衡点；大于 43.2hm² 规模区间内，全部为盈利状态。农业机械使用率越高，盈利区间越多。

（5）农业机械购置成本的分摊期对盈亏平衡计算结果的影响。如果分摊期为 9 年，在 18~48hm² 区间共有 5 个盈亏平衡点，48hm² 以上的规模，没有补贴也会实现盈利。若分摊期为 8 年，在 24~60hm² 区间共有 4 个盈亏平衡点，当达到 60hm² 以上的规模，没有补贴也会实现盈利。当分摊期为 7 年时，共有 2 个盈亏平衡点，当达到 90hm² 以上的规模，没有补贴也会实现盈利。如果分摊期为 6

年，当规模在198hm² 以上时，没有补贴也会实现盈利。如果分摊期为5年，则所有规模上都不能实现盈利。表明家庭农场短期全部收回农机投资的难度较大，需要补贴的支持。

6.2.6 结论与思考

6.2.6.1 基本结论

根据农业机械配置与经营规模之间的关系分析，以及对金坛的案例计算可知，粮食生产经营规模确定与农机配置密切相关。在全程机械化的情况下，不同生产环节需要配置不同的农业机械，随着经营规模的扩大，农机配置具有顺序循环配置特征，农业机械是以满足不同生产环节需要配置形成的机械组合服务粮食生产的，一个农机配置组合服务于一个规模区间，在这一区间内可以进行盈亏平衡分析。

在不同的农机组合服务的不同规模区间之间，农机配置形成的成本增加呈现阶梯型递增特征，呈现不同的盈亏平衡形态。粮食产品价格和产量、农机购置补贴、单位面积变动成本和农机装备使用率影响盈亏平衡状态，且不同规模区间、不同农机配置组合情况下，影响不同。粮食生产适度规模呈现区间规模特征，不同农机配置服务的不同区间规模的盈利区间占比不同，经营规模应该选择在盈利区间，农业机械应该基于经营规模进行配置，才能保证盈利目标实现。

6.2.6.2 科学配置农机和确定经营规模的思考

政府要完善补贴政策，粮食生产者要合理配置农业机械，才能更好获得粮食生产盈利。

（1）要完善农机购置补贴政策，调控粮食价格，并将多种政策进行组合，确保政策效果。农机购置补贴政策要关注机械选型导向，鼓励农民合理选择农业机械型号；要针对不同规模和不同生产环节机械，以及不同型号机械，科学合理地确定农机补贴的比例和额度，确保农业生产的基本利润实现。鉴于农业生产总收益对价格的高度敏感性，政府要在稳定农产品价格方面发挥作用，控制农产品市场供求，保障农产品价格稳定在合理的范围内。推动农机购置补贴和粮食产品价格扶持政策的综合运用。

（2）要构建土地流转机制，推动土地规模的增加，依据经营规模推动农业机械扶持政策，将规模化和机械化有机结合起来。要实施制度和政策创新，为土地流转创造条件，提升土地流转的灵活性和便利性，为规模化生产和规模调整创造条件，确保不同农机装备配置经营规模位于盈利区间。要持续实施从业人员培训，提高农业劳动力的综合素质和能力，提高劳动生产率，增加盈利规模区间，获得更大利润。同时要规范土地租金成本，降低总成本，提高总收益。

（3）农业生产者要依据经营规模科学合理配置农业机械，提高农机使用率。根据已有机械合理确定生产规模，确保经营规模在盈利区间。要创新农业机械组织形式和服务形式，推动农业机械的区域合作与调度，提升农业机械的使用率，降低农机总购置成本，提高总收益。要遵循农业机械顺序循环配置规律，依据经营规模，按小型、中型、大型顺序进行农机配置决策，减少越级配置农机的现象，扩大盈利规模区间。

（4）创新农业机械装备制造技术，生产价低质量高的农机装备。在目前的农村土地经营规模情况下，需要生产制造一些小型适用型机械装备，以满足18hm^{2}左右的经营规模需要。大型的农业机械装备应该适用于超过42hm^{2}以上的经营规模。将农机实现粮食生产盈利和经营规模确定结合起来，真正实现粮食生产的盈利，对粮食生产者形成动力。

6.3 基于农机选配的最佳经营规模确定

从盈亏平衡角度看，不同的农机配置应该对应着不同的经营规模，这一分析主要是从总投入与产出角度进行的分析，虽然注意到了不同机械的作业量，尽量保证不同生产环节之间的作业量的协调，但并没有把农业机械的使用率作为重要变量。现实中也确实存在着在农作物机械化生产经营过程中，各环节农业机械的作业能力达不到均衡，造成部分环节农机使用率不高，农机资源浪费的现象。有必要进一步研究农机均衡配置问题，帮助农业经营主体科学合理地配置农业机械，防止因部分农机投入过多、部分农机投入不足而出现农机资源浪费和配置不足的情况。

研究将运用生产线平衡理论和线性规划方法，进行生产环节的农业机械平衡设计，以及不同生产环节的机械配置。研究将仍然选择粮食生产中的稻麦生产，并在金筱杰（2017）的数据计算分析基础上进行研究。这一对象的研究有现实需要，党的二十大报告明确提出要把饭碗端在自己手中，并提出让农民有积极性并获得收益，研究符合国家战略需要。

6.3.1 基本理论与方法选择

6.3.1.1 农业生产环节与作业流程

在小麦的生产过程中，首先是水稻的秸秆还田，由1台拖拉机（动力机械）配套1台秸秆还田机（非动力机械）组成秸秆还田机组；耕整地由1台拖拉机和1台旋耕机组成耕地机组；播种是由1台拖拉机和1台播种机组成播种机组；为简化计算，灌溉和植保等环节暂时不考虑；小麦的收获过程由联合收割机完成；收获的小麦由农用运输车辆进行运输；最后由烘干机将小麦烘干。水稻的生产过程中，小麦收获和烘干以后，对小麦秸秆进行还田处理，由1台拖拉机配套1台秸秆还田机完成作业；由1台拖拉机配套1台旋耕机完成耕整工作；由高速插秧机或者手扶插秧机（动力机械）完成水稻秧苗的插秧作业；水稻成熟以后，由联合收割机完成稻谷的收获工作；最后由烘干机将稻谷烘干。这样就完成了稻麦一年的轮作生产，如图6-5所示。

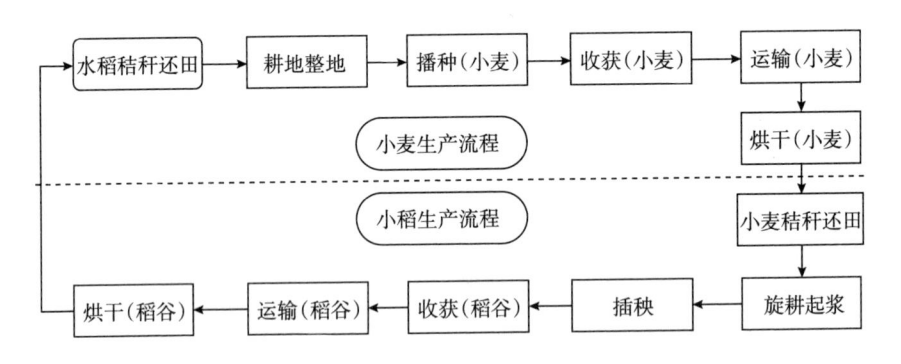

图6-5 小麦水稻轮作生产工艺流程

在这样一个循环作业过程中，需要使用到的农机具有拖拉机、秸秆还田机、旋耕机、播种机、插秧机、联合收割机、农用运输车辆和粮食烘干机8种主要农业机械。

6.3.1.2 方法选择

（1）生产线平衡理论。生产线平衡是指在生产过程中，对涉及的全部工序的作业能力进行优化，调整作业负荷，以使各环节作业时间尽可能有相近的技术手段与方法（高广章，2004）。在制造业中，生产作业往往采用多工序流水化生产线，分工明确。然而，在现实情况下，各工序的作业能力可能不完全一致，导致不同环节作业负荷出现不均衡的情况,即会出现有些工序作业能力弱,成为生产线的"瓶颈"(Bottleneck)。"瓶颈"工序的存在影响了其他工序作业能力的发挥,导致整条生产线作业能力的下降。而"瓶颈"工序以外的工序,会产生空闲时间,造成作业能力的浪费。实现生产线平衡的目的是消除或减少各环节作业间不平衡所导致的效率损失以及资源浪费。在农业机械化生产流程中,部分作业环节也面临类似于制造业生产中的生产线平衡问题,一方面农机装备水平高,另一方面作业水平相对低下,存在着农机资源浪费的问题。为解决作业协调问题,研究将运用生产线平衡的理论和方法,进行生产环节作业平衡分析与优化。

(2)线性规划方法。线性规划(Linear Programming)是数学和运筹学中一个重要的分支,是辅助人们进行科学管理的一种数学方法。随着管理学的发展,线性规划理论在企业管理和资源配置等方面发挥着日益强大的作用。在人力、财力、设备等各项资源有限的情况下,利用线性规划方法得出最佳方案来获得最佳效用(闵欣,2013)。实际应用中,通过对实际数据的分析处理,然后建立数学模型,并在各种资源的约束条件下求得最佳结果。研究涉及土地经营规模与农机配置的最佳选择问题,运用线性规划可以解决土地规模及其每台机械作业量约束条件下的机械数量配置问题。

6.3.2 农业机械选型

农业机械的种类繁多,每个生产环节具有不同型号的机械可以选用,不同型号的机械作业能力与水平不同,不同机械选择会影响配置效率。因此,为保证研究的科学性和合理性,需要依据一定原则和方法进行机械选型,并依据选择的机械类型进行配置优化分析。

6.3.2.1 选型原则

可按照适应性原则、经济性原则(刘守祥,2008)、先进性原则和通用性原则(杨晓艳,2014)来进行农业机械的选型。

(1)适应性原则。农机的选型配备应按照水稻和小麦以及区域土壤的具体物理特征,选取适合水稻和小麦的农业机具,使农机作业更加具有针对性,避免出现农机因不适应作业对象而产生作业效率降低的问题。

(2)经济性原则。农机的购置成本巨大,因此农机选型不能一味追求高性能、大马力,应根据农事作业条件、作业强度合理选型,避免农机动力的浪费。

(3)通用性原则。在农业机械的选型过程中,还应考虑农机具搭配的通用性。农机具的通用性高，可以在搭配作业和维修时节省较大资金。例如 1 台拖拉机可以与不同种类的其他非动力农业机具进行搭配，避免重复投资。

6.3.2.2 选型的方法

农业机械选型依据现实情况，采用两种方法进行选型。

（1）经验法。主要依据农户以前的购机经验来选型。优点是简单方便，尤其是个人购买农机时，其需要的型号自己最了解。缺点是在集体购机时，具有片面性。

（2）专家调查法。充分利用专家丰富的专业知识和准确的判断力，以及理论与实践分析能力和相关研究成果，征求多位专家的意见，选择农机型号。

6.3.2.3 选型结果

根据稻麦轮作的实际生产作业流程及其现实特点，结合专家的意见，以多地实际使用的调研数据，选取拖拉机、秸秆还田机、旋耕机、播种机、插秧机、联合收割机、农用运输车辆和粮食烘干机 8 种主要农业机械，如表 6-6 所示。各种农机都提供了大型、中型两种型号以供备选。方案一中列举的均为大型农业机械，购置全套大型农机设备共需 694700 元，其中农机购置补贴 131060 元，合计自费 563640 元。方案二中列举的均为中型机械。方案二中，购置全套中型农机设备共需 438360 元，可获得补贴 71100 元，合计自费 367260 元。

表 6-6 稻麦轮作主要使用的农机一览表

方案	使用的机器类型				
	名称	型号	单价（元）	补贴（元）	作业效率
方案一（大型）	拖拉机	东方红 LY1004	124170	33200	100 马力
	秸秆还田机	开元刀神 1JH-185	7900	1620	0.5~126
	旋耕机	豪丰 1GQN-250	7640	2300	0.60~0.93
	播种机	豪丰 2BMSF12/6	12490	4000	0.6~0.73
	插秧机	久保田 2ZGQ-8B	168000	41600	0.2~0.6
	联合收割机	久保田 988	180000	19000	稻 0.3~0.5/麦 0.4~0.64
	运输车	福田 BJ1049V9PDA	60000	0	1950kg
	粮食烘干机	山本 NCD-80BC	134500	29340	每天 12 吨麦/10 吨稻
	小计		694700	131060	
	合计		563640		

续表

方案	使用的机器类型				
方案二（中型）	拖拉机	雷沃欧豹 M754-D	101200	26000	75 马力
	秸秆还田机	东方红 1JH-165	7000	1600	0.5~0.76
	旋耕机	豪丰 1GQN-200	5990	1700	0.47~0.86
	播种机	豪丰 2BMSF10/5	11980	2300	0.47~0.60
	插秧机	久保田 2ZS6	20590	7500	0.1~0.21
	联合收割机	久保田 688	127600	17100	稻 0.2~0.4/麦 0.2~0.53
	运输车	长安 SC1025DF4	42000	0	1000kg
	粮食烘干机	山本 NCD-80BC	122000	14900	每天 10 吨麦/8 吨稻
	小计		438360	71100	
	合计		367260		

方案一中，大型农机设备包括 100 马力的东方红 LY1004 拖拉机；工作幅宽 1.85 米的开元刀神 1JH-185 秸秆还田机、工作幅宽 2.5 米的豪丰 1GQN-250 旋耕机、工作幅宽 2.2 米的豪丰 2BMSF12/6 播种机、工作幅宽 2.4 米的久保田 2ZGQ-8B 高速插秧机、98 马力的久保田 PRO988 联合收割机、载荷 1950kg 的福田 BJ1049V9PDA-AA 农用运输车、山本 NCD-100BC 粮食烘干机。

方案二中，中型农机设备包括 75 马力的雷沃欧豹 M754-D 拖拉机；工作幅宽 1.65 米的东方红 1JH-165 秸秆还田机、工作幅宽 2 米的豪丰 1GQN-200 旋耕机、工作幅宽 1.8 米的豪丰 2BMSF10/5 播种机、工作幅宽 1.8 米的久保田 2ZS6 手扶式插秧机、68 马力的久保田 PRO688 联合收割机、载荷 1000kg 的长安 SC1025DF4 农用运输车、山本 NCD-80BC 粮食烘干机。

6.3.3 农机作业能力计算

根据稻麦轮作实际生产作业流程，各作业机组每小时工作量的计算公式可由下式表达：

$$W_h = \frac{1}{10} B_t v_t e \tag{6-18}$$

式中：B_t 为作业机械的理论幅宽（单位 m）；v_t 为作业机组作业的理论速度（单位 km/h）；e 为作业机组的田间作业效率。

在实际情况下，机组的幅宽、速度的利用率难以达到理论值水平，所以 e 通常小于1，其具体数值要视作业环境和作业项目而定，在地块面积大、地块形状平整、作业环境良好时，一般耕整地（秸秆还田）、收获作业时 e 为 $0.8 \sim 0.9$，播种作业时 e 为 $0.7 \sim 0.75$。

根据各作业机器的理论参数和水稻小麦轮作区的实际调查数据，结合上述计算公式，对各部分作业机组的工作效率进行分析。

6.3.3.1 秸秆还田机组

一套秸秆还田机组由1台拖拉机搭配1台秸秆还田机组成，其工作效率由秸秆还田机决定，根据实际调研情况，e 取 0.7。

在方案一（大型机具配置）中，一般作业前进速度为 $5 \sim 10 \mathrm{km/h}$，调研地区地块较小，平均按 $5\mathrm{km/h}$ 计算，则此套秸秆还田机组每小时的工作量可达：

$$W_{h\text{秸秆还田}(\text{大})} = \frac{1}{10} \times 1.85 \times 5 \times 0.7 = 0.6475 \mathrm{hm}^2/\mathrm{h}$$

在方案二（中型机具配置）中，一般作业前进速度为 $4 \sim 10 \mathrm{km/h}$，调研地区地块较小，平均按 $4\mathrm{km/h}$ 计算，则此套秸秆还田机组每小时的工作量可达：

$$W_{h\text{秸秆还田}(\text{中})} = \frac{1}{10} \times 1.65 \times 4 \times 0.7 = 0.462 \mathrm{hm}^2/\mathrm{h}$$

6.3.3.2 耕地机组

一套耕地机组由1台拖拉机搭配1台旋耕机组成，其工作效率由旋耕机确定，根据在调研的实际情况，e 取 0.8。

在方案一（大型机具配置）中，作业前进速度为 $3 \sim 4.5 \mathrm{km/h}$，根据调研地区情况，按 $3\mathrm{km/h}$ 计算，则此套耕地机组每小时的工作量为：

$$W_{h\text{耕地}(\text{大})} = \frac{1}{10} \times 2.5 \times 3 \times 0.8 = 0.6 \mathrm{hm}^2/\mathrm{h}$$

在方案二（中型机具配置）中，作业前进速度同样按 $3\mathrm{km/h}$ 计算。此套耕地机组每小时的工作量为：

$$W_{h\text{耕地}(\text{中})} = \frac{1}{10} \times 2.0 \times 3 \times 0.8 = 0.48 \mathrm{hm}^2/\mathrm{h}$$

6.3.3.3 播种机组

一套播种机组由1台拖拉机配套1台播种机组成，其工作效率由播种机确定，根据调研的实际情况，播种作业 e 取 0.8。

在方案一（大型农机配置）中，豪丰2BMSF12/6播种机作业幅宽2.2米，一次可播种小麦12行，作业速度一般为 $3.5 \sim 5 \mathrm{km/h}$，此处选择 $3.5\mathrm{km/h}$，则此套播种机组每小时的工作量达：

$$W_{h播种(大)} = \frac{1}{10} \times 2.2 \times 3.5 \times 0.8 = 0.616 \text{hm}^2/\text{h}$$

在方案二（中型农机配置）中，豪丰 2BMSF10/5 播种机作业幅宽 1.8 米，一次可播种小麦 10 行，作业速度同样选择 3.5km/h，则此套播种机组每小时的工作量达：

$$W_{h播种(中)} = \frac{1}{10} \times 1.8 \times 3.5 \times 0.8 = 0.504 \text{hm}^2/\text{h}$$

6.3.3.4 水稻插秧机组

水稻插秧机组由 1 台水稻插秧机单独组成，根据调研的实际情况，水稻插秧作业 e 取 0.6。

在方案一（大型农机配置）中，由 21 马力的久保田 2ZGQ-8B 乘坐式高速插秧机担任插秧任务，插秧部工作行数为 8 行，行距为 0.3 米，工作幅宽达到 2.4 米，作业速度选择 2km/h，则 1 套大型水稻插秧机组每小时的工作量达：

$$W_{h插秧(大)} = \frac{1}{10} \times 2.4 \times 2 \times 0.6 = 0.288 \text{hm}^2/\text{h}$$

在方案二（中型农机配置）中，由 5.5 马力的久保田 2ZS-6 手扶插秧机担任插秧任务，插秧部工作行数为 6 行，行距为 0.3 米，工作幅宽为 1.8 米，作业速度选择 1.5km/h，则 1 套中型水稻插秧机每小时的工作量为：

$$W_{h插秧(中)} = \frac{1}{10} \times 1.8 \times 1.5 \times 0.6 = 0.162 \text{hm}^2/\text{h}$$

6.3.3.5 收获机组

收获机组由 1 台联合收割机完成，根据实际调研情况，收获作业 e 取 0.8。

在方案一（大型农机配置）中，由一台 98 马力的久保田 4LZ-4（PRO988Q）全喂入联合收割机承担收割任务，割台宽度为 2.3 米，理论标准作业速度为 0~4.86km/h，实际平均速度为收割小麦时 4km/h、收割水稻时 2.5km/h，则大型收获机组每小时的收割能力为：

$$W_{h收获(大)(麦)} = \frac{1}{10} \times 2.3 \times 4 \times 0.8 = 0.736 \text{hm}^2/\text{h}$$

$$W_{h收获(大)(稻)} = \frac{1}{10} \times 2.3 \times 2.5 \times 0.8 = 0.46 \text{hm}^2/\text{h}$$

在方案二（中型农机配置）中，由一台 68 马力的久保田 4LZ-2.5

（PRO688Q）全喂入联合收割机承担收割任务，割台宽度为2米，理论标准作业速度为0~4.93km/h，实际平均作业速度为收割小麦时3.5km/h、收割水稻时2.3km/h，则中型收获机组每小时的收割能力为：

$$W_{h收获(中)(麦)} = \frac{1}{10} \times 2 \times 2.8 \times 0.8 = 0.448 \text{hm}^2/\text{h}$$

$$W_{h收获(中)(稻)} = \frac{1}{10} \times 2 \times 2.3 \times 0.8 = 0.368 \text{hm}^2/\text{h}$$

6.3.3.6 运输车辆

运输车辆主要承担将粮食从联合收割机作业处运输至粮仓或烘干中心的任务。按农场距粮仓（烘干中心）3km，车辆速度为60km/h，并按装粮时间为10分钟、卸粮时间为2分钟计算，车辆来回一次的时间约为18分钟。

在方案一（大型农机配置）中，运输车辆型号为福田BJ1049V9PDA-AA，载重能力为1950kg。则该型号运输车每小时可运输6500kg粮食。按小麦单产5372kg/公顷、水稻单产8417kg/公顷（见表6-1）换算，该型号运输车辆每小时工作面积为：

$$W_{h运输(大)(麦)} = \frac{6500\text{kg/h}}{5372/\text{hm2}} = 1.21 \text{hm}^2/\text{h}$$

$$W_{h运输(大)(稻)} = \frac{6500\text{kg/h}}{8417/\text{hm2}} = 0.77 \text{hm}^2/\text{h}$$

在方案二（中型农机配置）中，运输车辆型号为长安SC1025DF4，载重能力为1000kg。则该型号运输车每小时可运输3333kg粮食。按小麦和水稻的单产进行换算可得该型号运输车辆每小时的工作面积为：

$$W_{h运输(中)(麦)} = \frac{3333\text{kg/h}}{5372/\text{hm2}} = 0.62 \text{hm}^2/\text{h}$$

$$W_{h运输(中)(稻)} = \frac{3333\text{kg/h}}{8417/\text{hm2}} = 0.40 \text{hm}^2/\text{h}$$

6.3.3.7 烘干机

在方案一（大型农机配置）中，烘干机型号为山本NCD-100BC，该机型一次约可烘干水稻10吨或小麦12吨。在粮食作物含水量正常的情况下，每次烘干需要12~13小时，每天约可进行两次烘干作业，即每天可处理水稻20吨或小麦24吨，按水稻和小麦的单产换算，可求得该型号烘干机每小时的工作面积：

$$W_{h烘干(大)(麦)} = \frac{1}{24} \times \frac{24000\text{kg/h}}{5372/\text{hm2}} = 0.19 \text{hm}^2/\text{h}$$

$$W_{h烘干(大)(稻)} = \frac{1}{24} \times \frac{20000 \text{kg/h}}{8417/\text{hm}^2} = 0.1 \text{hm}^2/\text{h}$$

在方案二（中型农机配置）中，烘干机型号为山本 NCD-80BC，该机型单次约可烘干水稻8吨或小麦10吨，按每天两次烘干作业计算，每天可处理水稻16吨或小麦20吨。按水稻和小麦的单产换算，可求得该型号烘干机每小时的工作面积：

$$W_{h烘干(中)(麦)} = \frac{1}{24} \times \frac{20000 \text{kg/h}}{5372/\text{hm}^2} = 0.16 \text{hm}^2/\text{h}$$

$$W_{h烘干(中)(稻)} = \frac{1}{24} \times \frac{16000 \text{kg/h}}{8417/\text{hm}^2} = 0.08 \text{hm}^2/\text{h}$$

6.3.3.8　汇总

综上可整理得出表6-7。表6-7列出了两种不同农机配置方案下农业经营主体一季最大可承担的作业面积。

表6-7　两种方案下各机组单季作业面积

方案	作业机组	机组生产机组率%W_h	机组每日工作时间 h	日历天数 D	日历利用系数 E	一季可承担作业面积 $W_季$
方案一（大型）	秸秆还田机组	0.6475	10	6	0.8	31.08
	耕地机组	0.6	10	6	0.8	28.8
	播种机组	0.616	10	8	0.8	39.424
	插秧机	0.288	10	15	0.8	34.56
	联合收割机（麦）	0.736	10	10	0.8	58.88
	联合收割机（稻）	0.46	10	15	0.8	55.2
	运输车辆（麦）	1.21	10	10	0.8	96.8
	运输车辆（稻）	0.77	10	15	0.8	92.4
	烘干机（麦）	0.19	24	10	0.8	45.6
	烘干机（稻）	0.1	24	15	1	36
	最大作业面积					28.8
方案二（中型）	秸秆还田机组	0.462	10	6	0.8	22.176
	耕地机组	0.48	10	6	0.8	23.04
	播种机组	0.504	10	8	0.8	32.256
	插秧机	0.162	10	15	0.8	19.44
	联合收割机（麦）	0.56	10	10	0.8	44.8

续表

方案	作业机组	机组生产机组率%W_h	机组每日工作时间 h	日历天数 D	日历利用系数 E	一季可承担作业面积 $W_季$
方案二（中型）	联合收割机（稻）	0.368	10	15	0.8	44.16
	运输车辆（麦）	0.62	10	10	0.8	49.6
	运输车辆（稻）	0.4	10	15	0.8	48
	烘干机（麦）	0.16	24	10	1	38.4
	烘干机（稻）	0.08	24	15	1	28.8
	最大作业面积					19.44

其中，最后一列"一季可承担作业面积"由下式计算得出：

$$W_季 = W_h \times D \times E \times h \tag{6-19}$$

变量解释：W_h 为机组每小时能够经营的面积（单位：hm²/h）；h 为机组每天平均作业的时间（单位：h/d）；D 为作业日历天数（单位：d/季）；E 为日历利用系数。

表6-2显示了各环节大中型作业机组每季的作业能力。并且显示，在1整套大型农机配置下，新型农业主体单季最大经营面积 $Su_大$ 为28.8公顷；在1整套中型农机配置下，新型农业主体单季最大经营面积 $Su_中$ 为19.44公顷。可见，不论是利用大型农业机械还是中型农业机械，在稻麦轮作的生产流程中，各环节农机作业能力不均衡，导致"瓶颈"环节的产生。如在方案一（大型农机配置）中，"瓶颈"环节为耕地机组，由于耕地机组一季可耕地28.8亩，导致整套大型机组一季只能服务28.8亩耕地，尽管更多机组的服务能力有余。农机具不均衡配置将导致农机资源的浪费。

6.3.4 基于生产线平衡的部分环节农机均衡配置计算

小麦水稻轮作生产流程涉及秸秆还田、耕地（起浆）、播种（插秧）、收获、运输、烘干等环节。其中收获、运输、烘干三个环节关联性较强，一般同时进行，在联合收割机收割时，需要运输车及时就位，等待运输；运输车将粮食从农田运到仓库时，需要烘干机及时烘干，否则粮食无处堆垛，容易发霉。这三个环节三位一体，它们的协调运作，类似于工业生产中的生产线平衡问题；这三个环节总体可以归为粮食收获环节，收获作业能否协调有序，将直接影响到下一季作物的耕、播等作业能否及时开展，所以是粮食生产的关键环节。

利用 Witness 软件，对大型方案中粮食收获、运输、烘干三个环节的作业流程进行仿真，找出这三个环节作业机具配置的平衡点，其他机具再依次匹配，消除"瓶颈"工序，并在各机组均衡配置的条件下，找到新型农业主体最佳经营规模。这个经营规模类似工业生产领域的"单元生产"（Cell Production），在一个单元下，各环节农机的作业能力达到最佳的均衡状态。在水稻小麦轮作的机械化生产经营中水稻在经营收益占比更高，所以本章以水稻为例。

6.3.4.1 粮食生产特征描述

把粮食收获、运输、烘干三个环节的作业流程看成一个系统，则联合收割开始进入系统，烘干后离开系统，这个系统涉及一些作业流程的协调，可以看作一个离散事件，符合离散事件仿真的要求，可以运用 Witness 仿真软件进行系统仿真。粮食收获、运输和烘干环节的系统及其流程如图 6-6 所示。

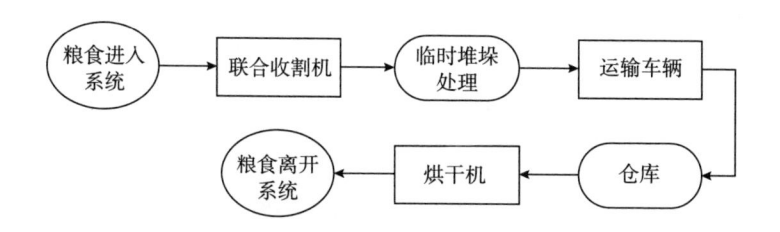

图 6-6 粮食收获、运输及烘干离散事件系统

由图 6-6 可知，作业流程是由联合收割机收割进入系统，根据对江苏省盐城市金湖县、南通市通州区等地的调研，获得研究需要的基础数据。大型作业机组下，联合收割机（久保田 988）收获水稻的作业平均效率为每小时 0.46 公顷，水稻单产 8417kg/公顷，1 台久保田 988 平均每小时可收割 3871.82kg 水稻。久保田 988 的谷粒处理部的粮仓容量为 1400L，按水稻密度 0.75kg/L 计算，久保田 988 粮仓每次约能够容纳 1050kg 的水稻，一次作业的平均时间间隔为 0.271 小时，或 16.5 分钟；作业批量为 1050kg。根据需要，收割后的粮食可以临时堆垛处理。运输车辆容量为 1950kg，按设置的参数，运输车辆来回一次的时间为 0.3 小时或 18 分钟。在粮食运输到烘干中心进行烘干之前，烘干中心可短时间堆放一定数量的粮食，烘干中心面积不可能很大，设置为 30 吨；在粮食烘干（离开系统）以后，粮食可较长时间存放仓库。烘干机每天可作业两次，每次约 12 小时，每次能够烘干水稻 10 吨。粮食离开系统的条件取决于烘干机作业的模式。

烘干机烘干完成以后，将粮食送出系统。

6.3.4.2 基于 Witness 的模型设计

（1）元素定义及元素可视化设计。系统中各元素定义如表 6-8 所示。Witness 软件是一套优秀的可视化建模与仿真工具，它可以将被仿真系统的可视实体以二维或三维的图形显示出来。在对本章所述离散系统进行仿真运行时，它可以显示水稻、收割机、运输车辆在系统中的运行或工作状况。所以为了更好地提高整体模型的可视化程度，在定义了元素的基础上，在 Witness 提供的 Layout Window 中对仿真模型中各类实体元素进行可视化的设计。

表 6-8 Witness 环境下的元素列表

元素名称	类型	数量	说明
P	Part	1	水稻，以较快速度进入 Buffer0 等待收割
Machine1	Machine	1	联合收割机，处理待收割的粮食
Buffer1	Buffer	1	临时堆垛处
Machine2	Machine	1	运输车，对水稻进行推拉操作
Buffer2	Buffer	1	仓库
Machine3	Machine	1	烘干机，将水稻送出系统
dailyshift	shift	1	逻辑元素，由 Machine 类型元素调用

（2）对相关元素的详细设计。元素详细设计是详细定义模型基本元素工作参数以及各元素之间的逻辑关系，如模型的系统结构、元素间的逻辑关系、程序的输入以及其他规则等。只有将元素进行详细设计，才能对粮食收获、运输及烘干环节实现仿真运行。部分关键元素的详细设计如下：

逻辑元素 Shift 的详细设计。联合收割机、运输车辆每天只工作 10 小时，与烘干机工作时间不一致，又由于收割机、运输车辆在室外工作，受到天气影响，按照表 6-8 所设的日历利用系数，平均每天的工作时间仅为 8 小时，因此需要调用 Shift（班次）来调节它们的工作时间，Shift 的参数设计如表 6-9 所示；烘干机不需要调用 Shift 元素。

表 6-9　对 Shift 的详细设计

Shift	Work Time（min）	Rest Time（min）
Daily Shift	480	960

Buffer 类实体的详细设计。临时堆垛处的容量与烘干中心的容量有所不同，设临时堆垛处的容量为 6000kg，烘干中心堆放的容量为 60000kg，如表 6-10 所示。

表 6-10　对 Buffer 类实体的详细设计

Butter 名称	Capacity（kg）
Butter1	6000
Butter2	60000

Machine 类实体元素的详细设计。Machine 类元素 Machine1、Machine2、Machine3 分别代表联合收割机、运输车辆和烘干机，是 P（粮食）在系统中运动的动力来源。这三个 Machine 都属于批处理机器（Batch），具体参数设置如表 6-11 所示。

表 6-11　Machine 类实体的详细设计

Machine 名称	Machine1	Machine2	Machine3
Type	Batch	Batch	Batch
Batch	1050	1950	10000
From	PullfromPoutofworld	Pull from buffer1	Pull from buffer2
Cycletime	Uniform（15, 18, 1）	Uniform（16, 20, 2）	Uniform（660, 780, 3）
To	Push to buffer1	Push to buffer2	Push to Ship
Shift	dailyshift	dailyshift	none

6.3.4.3　模型运行并分析

根据水稻的收割时长为 15 天，系统运行时间应设为 21600 分钟。受烘干机作业能力和烘干中心容量所限，仿真还没有运行结束烘干中心容量就已达上限，故首先仿真运行 3 天，即 4320 分钟。3 台 Machine 的运行结果如表 6-12 所示；2 个 Buffer 的状态如表 6-13 所示；P 的运行结果如表 6-14 所示。

表 6-12 3 台 Machine 的运行结果

Machine 名称	%空闲	%繁忙	%阻塞	操作数（次）
Machine 1	0	100	0	87
Machine 2	41.96	58.04	0	45
Machine 3	4.94	95.06	0	5

表 6-13 2 个 Buffer 的运行结果

Buffer 名称	当前库存量（kg）	入库总量（kg）	出库总量（kg）
Buffer 1	1650	91350	89700
Buffer 2	27750	87750	60000

表 6-14 P 的运行结果

P	当前数量（kg）	输入数量（kg）	发送总量（kg）
P	42400	92400	50000

由表 6-12 可知，Machine1 即联合收割机繁忙率为 100%，正在不断地将粮食拉入系统，Machine2 即运输车辆空闲率达 41.96%，处于较高水平。Machine3 即烘干机反而有一些空闲时间。由第 5 章的计算可知，即使一天 24 小时不间断工作，烘干机每天的作业能力仍然明显低于联合收割机和运输车辆。由于烘干机要等到烘干中心中至少有 10 吨水稻时才会工作，这至少需要处理批量为 1950kg 的运输车辆运输 6 个批次使仓库中共有 11700kg 的水稻，而水稻进入系统的速度为每批次 1050kg，则 11700kg 的水稻至少需要联合收割机工作 12 个批次，由于联合收割机每批次工作平均时间为 16.5 分钟，再加上运输车辆第 6 次运输的时间（18 分钟左右），故至少在系统刚开始运行的 216 分钟（3.6 小时）内，烘干机并未工作，这就导致了烘干机在系统中的繁忙程度并未达到 100%。结合表 6-8 中 Buffer2 的状态，仍有 27750kg 的水稻在仓库中储存，说明粮食烘干机来不及烘干。表 6-14 显示，已烘干的粮食只有 50000kg，尚有 42400kg 正在系统中运行。可知，该系统粮食处理效率较低。

6.3.4.4 模型改进与分析

（1）纯大型机组改进措施。根据机器效率的分析，在 Machine1 的繁忙率为 100%时，Machine2 的繁忙率仅为 58%，刚超过 Machine1 的一半，可认为 Machine2 的作业效率是 Machine1 的 2 倍；而粮食输入系统 92400kg，仍有大约 27750kg 还未开始进行烘干作业，另有 10000kg 正在作烘干处理，故 Machine3 的作业效率约为 Machine1 的 2/3。根据以上分析，将联合收割机数量提升至 2 台，将运输车辆维持在 1 台，将烘干机数量提升至 3 台，其他参数不变，再次进行仿真并分析。改进后 Machine、Buffer 和 P 的运行结果如表 6-15、表 6-16 和表 6-17 所示。

表 6-15 所有 Machine 的运行结果（第 1 次改进后）

Machine 名称	%空闲	%繁忙	%阻塞	操作数（次）
Machine 1（1）	0	85.96	14.04	374
Machine 1（2）	0	84.57	15.43	370
Machine 2	0.22	99.78	0	396
Machine 3（1）	14.39	85.61	0	26
Machine 3（2）	15.30	84.70	0	24
Machine 3（3）	13.01	86.99	0	25

表 6-16 所有 Buffer 的运行结果（第 1 次改进后）

Buffers 名称	当前库存量（kg）	入库总量（kg）	出库总量（kg）
Buffer1	6000	780150	774150
Buffer2	0	772200	772200

表 6-17 P 的运行结果（第 1 次改进后）

P	当前数量（kg）	输入数量（kg）	发送总量（kg）
P	32250	782250	750000

综合分析表 6-15、表 6-16 和表 6-17 可知，2 台 Machine1 和 3 台 Machine2 的繁忙率都介于 80%~90%，Machine2 的繁忙程度为 99.78%，并且导致了 2 台 Machine1 约 15%的阻塞率，说明 Machine2 在系统中成为瓶颈，直接影响了 Machine1 的作业效率，需要进一步改进。

（2）大中机型混合改进措施。久保田 688 的作业效率为每小时收割 0.368 公顷水稻，结合水稻单产，折合每小时 3097kg 水稻。改型联合收割机谷粒处理部粮仓容量为 1000L，合 750kg 水稻，则一次作业的平均时间间隔为：

750÷3097＝0.242（h）

久保田 688 作业的平均时长为 0.242 小时，即 14.5 分钟，单次作业批量为 750kg；长安 SC1025DF4，载重能力为 1000kg，单次作业为 18 分钟；山本 NCD-80BC 约每 720 分钟（12 小时）烘干 8000kg 水稻。经过多次尝试，三种作业机组在以下方案的仿真运行中可达到较好的平衡。逻辑元素 Daily Shift、Buffer 类实体元素 Buffer1、Buffer2 均保持不变，仅作业机组（Machine）做出配置变更，新作业机组详细设计如表 6-18 所示。

表 6-18 最佳配置下 Machine 的详细设计

Machine 名称	Machine4	Machine2	Machine3
Number	4	2	5
Type	Batch	Batch	Batch
Batch	750	1950	10000
From	Pull from P out of world	Pull from buffer1	Pull from buffer2
Cycle time	Uniform（13, 16, 4）	Uniform（16, 20, 2）	Uniform（660, 780, 3）
To	Push to buffer1	Push to buffer2	Push to Ship
Shift	dailyshift	dailyshift	none

其中，Machine4 代表中型联合收割机久保田 688。对该系统进行 21600 分钟（15 天）仿真，表 6-19、表 6-20 和表 6-21 分别表示各 Machine、Buffer 和 P 的运行状况。

表 6-19 最佳配置下所有 Machine 的运行结果

名称	%空闲	%繁忙	%阻塞	操作数（次）
Machine4（1）	0	99.89	0.11	495
Machine4（2）	0	99.91	0.09	495
Machine4（3）	0	99.98	0.02	496
Machine4（4）	0	100	0	495
Machine2（1）	4.15	95.41	0.44	381
Machine2（2）	4.30	94.90	0.80	378
Machine3（1）	0.52	99.48	0	29
Machine3（2）	0.63	99.37	0	29
Machine3（3）	3.03	96.97	0	28

续表

名称	%空闲	%繁忙	%阻塞	操作数（次）
Machine3（4）	1.75	98.25	0	29
Machine3（5）	3.52	96.48	0	28

表 6-20　最佳配置下所有 Buffer 的运行结果

Buffer 名称	当前库存量（kg）	入库总量（kg）	出库总量（kg）	最大库存量（kg）
Buffer1	1800	1485750	1483950	6000
Buffer2	50	1480050	1480000	600000

表 6-21　最佳配置下 P 的运行结果

P	当前数量（kg）	输入数量（kg）	发送总量（kg）	平均时间（min）
P	58750	1488750	1430000	1192.61

由表 6-19 可知，所有 Machine 的繁忙率均高于 94%，说明作业效率相当；结合表 6-19 和表 6-20 可知，由于三类 Machine 作业效率服从一定的分布，并不是每次作业都是一个固定的数值，导致临时堆垛处和烘干中心都出现过短暂的满仓，因而前面环节的 Machine 出现阻塞的情况，但是各类 Machine 出现阻塞的比率很低；由表 6-21 可知，粮食在系统中基本能够做到及时通过，滞留在系统中的粮食很少，这个结果说明机具已经均衡配置。

因此，在水稻的收割、运输和烘干环节中，使用 4 台久保田 688 联合收割机、2 辆福田 BJ1049V9PDA 运输车、5 台山本 NCD-100BC 烘干机是最佳配置。这三个环节作业的最大面积如表 6-22 所示。

表 6-22　关键作业环节最优配置下的最大服务面积

农机具名称	单台（套）机具最大服务面积（hm²）	数量（台）	总最大服务面积（hm²）
久保田 688 联合收割机	44.16	4	176.64
福田 BJ1049V9PDA 运输车	92.4	2	184.8
山本 NCD-100BC 烘干机	36	5	180

最大服务面积：176.64（hm²）

6.3.5 基于整数线性规划的其他环节农机配置计算

6.3.5.1 构建线性规划模型

在上述 3 个环节均衡的情况下，其他环节农机配置也要实现均衡。实现均衡配置的原则是其他农机具的作业能力以 176.64 公顷为参考标准，并且投资总额最低。由于秸秆还田机组、耕地机组和播种机组都会用到同一台拖拉机，若单独考虑某一环节的作业机组，可能造成顾此失彼的情况。如按表 6-1 和表 6-2 中的数据进行对比计算，选择 6 套大型作业机组即 6 台东方红 LY1004 大型拖拉机和 6 台开元刀神 1JH-185 秸秆还田机进行秸秆还田作业，其作业能力为 186.48 公顷，而投入总费用为 583500 元；选择 8 套中型作业机组即 8 台雷沃欧豹 M754-D 中型拖拉机进行秸秆还田作业，其作业能力为 177.408 公顷，而投入总费用为 644800 元。显然在秸秆还田作业中，6 台东方红 LY1004 大型拖拉机作业能力更强，并且经济上更具优势。然而用此 6 台拖拉机搭配旋耕机进行耕地作业时，却只能完成 172.8 公顷的作业面积，达不到 176.64 公顷的要求。因此，如何实现这些农机具的均衡配置，需要采用整数线性规划，对这些机组进行通盘考虑。

分别对各农机配置数量进行变量设定，则相互之间最佳配置数量可由以下函数求得：

$$C_{min} = 90970x_1 + 6280x_2 + 5340x_3 + 8490x_4 + 126400x_5 + 75200x_7 + 5400x_7 + 4290x_8 + 9680x_9 + 13090x_{10} \tag{6-20}$$

公式中各变量说明如下：

x_1：东方红 LY1004 大型拖拉机的数量；

x_2：开元刀神 1JH-185 大型秸秆还田机的数量；

x_3：豪丰 1GQN-250 大型旋耕机的数量；

x_4：豪丰 2BMSF12/6 大型播种机的数量；

x_5：久保田 2ZGQ-8B 乘坐式高速插秧机（大型）的数量；

x_6：雷沃欧豹 M754-D 中型拖拉机数量；

x_7：东方红 1JH-165 中型秸秆还田机的数量；

x_8：豪丰 1GQN-200 中型旋耕机的数量；

x_9：豪丰 2BMSF10/5 中型播种机的数量；

x_{10}：久保田 2ZS6 手扶式插秧机（中型）的数量。

各机组作业能力不低于 176.64 公顷，其中秸秆还田机组的作业能力由秸秆还田机决定，耕地机组的作业能力由旋耕机决定，播种机组的作业能力由播种机决定；由于大型秸秆还田机、大型旋耕机、大型播种机均由大型拖拉机所牵引，故它们的数量均不多于大型拖拉机的数量，同理，中型秸秆还田机、中型旋耕机、中型播种机的数量均不多于中型拖拉机的数量；机器数量为整数，约束条件为：

$$\begin{cases} 31.08x_2+22.176x_7 \geqslant 176.64 \\ 28.8x_3+23.04x_8 \geqslant 176.64 \\ 39.424x_4+32.256x_9 \geqslant 176.64 \\ 34.56x_5+19.44x_{10} \geqslant 176.64 \\ x_1 \geqslant x_2 \\ x_1 \geqslant x_3 \\ x_1 \geqslant x_4 \\ x_6 \geqslant x_7 \\ x_6 \geqslant x_9 \\ x_i \text{为非负整数}, i=1,2,\cdots,9 \end{cases} \quad (6\text{-}21)$$

约束条件（式6-21）中各项系数说明：1套大型秸秆还田机组一季可承担作业面积为31.08公顷，1套中型秸秆还田机组一季可承担作业面积22.176公顷；1套大型耕地机组一季可承担作业面积28.8公顷，1套中型耕地机组一季可承担作业面积23.04公顷；1套大型播种机组一季可承担作业面积39.424公顷，1套中型播种机组一季可承担作业面积32.256公顷。上述3套机组共用拖拉机，因此数量相等，等于拖拉机的数量。另外，1台高速插秧机单季作业面积为34.56公顷，1台手扶式插秧机单季作业19.44公顷。

6.3.5.2 模型计算

利用 MATLAB（R2014a）进行求解，得：

$x_1=3$，$x_2=3$，$x_3=3$，$x_4=3$，$x_5=0$，$x_6=4$，$x_7=4$，$x_8=4$，$x_9=2$、$x_{10}=10$。

即应购置3台东方红 LY1004 大型拖拉机，3台开元刀神 1JH-185 秸秆还田机，3台豪丰 1GQN-250 旋耕机，3台豪丰 2BMSF12/6 播种机；再购置4台雷沃欧豹 M754-D 中型拖拉机，4台东方红 1JH-165 秸秆还田机，4台豪丰 1GQN-200 旋耕机，2台豪丰 2BMSF10/5 播种机，10台久保田 2ZS6 手扶拖拉机。形成

3套大型秸秆还田机组、4套中型秸秆还田机组；3套大型耕地机组、4套中型耕地机组；3套大型播种机组，2套中型播种机组；10套中型插秧机组。

6.3.6 全程机械化作业最佳配置方案及其作业规模

根据计算结果，获得最佳规模方案，如表6-23所示。在优化后的经营规模情况下，农机配置选型应该是3套大型秸秆还田机组、4套中型秸秆还田机组，3套大型耕地机组、4套中型耕地机组，3套大型播种机组、2套中型播种机组，10套中型插秧机组，再加上4台久保田688联合收割机，2辆福田BJ1049V9PDA运输车，5台山本NCD-100BC烘干机。这一组合是最佳配置。

表6-23 最优服务面积下农机配置情况

农机具类型	农机具名称	数量（台）	单价（扣除补贴）（元）	总价（元）
拖拉机	东方红 LY1004	3	90970	272910
	雷沃欧豹 M754-D	4	75200	300800
秸秆还田机	开元刀神 1JH-185	3	6280	18840
	东方红 IJH-165	4	5400	21600
旋耕机	豪丰 1GQN-250	3	5340	16020
	豪丰 1GQN-200	4	4290	17160
播种机	豪丰 2BMSF12/6	3	8490	25470
	豪丰 2BMSF10/5	2	9680	19360
插秧机	久保田 2ZS6	10	13090	130900
联合收割机	久保田 688	4	110500	442000
运输车辆	福田 BJ1049V9PDA	2	60000	120000
粮食烘干机	山本 NCD-100BC	5	105160	525800
农机总投资				1910860

各组合可获得的服务面积结果如表6-24所示。其中，秸秆还田机组的总服务面积为181.944公顷；耕地机组的总服务面积为178.56公顷；播种机组的总服务面积为182.784公顷；插秧机的总服务面积为194.4公顷；联合收割机的总服务面积为176.64公顷；运输车辆的总服务面积为184.8公顷；烘干机的总服务面积为180公顷。农机配置达到较好的均衡，除插秧机外，各机组利用

率均超过 95%，该配置可服务 176.64 公顷耕地，合 2649.6 亩，农机总投入 1910860 元。

表 6-24 最优服务面积下的农机组作业能力

作业机组名称	涉及机组型号	数量（台）	服务面积（hm^2）	总服务面积（hm^2）	利用率（%）
秸秆还田机组	大型	3	31.08	181.944	97
	中型	4	22.176		
耕地机组	大型	3	28.8	178.56	99
	中型	4	23.04		
播种机组	大型	3	39.424	182.784	97
	中型	2	32.256		
插秧机	中型	10	19.44	194.4	91
联合收割机	中型	4	44.16	176.64	100
运输车辆	大型	2	92.4	184.8	96
粮食烘干机	大型	5	36	180	98

新型农业经营主体进行农机配置和经营规模选择，要依据农机配置和规模经营之间的关系，科学合理地确定农机型号和经营规模。一个农机组合可以服务一个土地规模区间，存在盈亏平衡点。一个农机配置组合只有在适度经营规模范围内，才能保证盈利，获得经济效益。如果从农机生产平衡角度看，需要进行农机型号组合，以保证不同生产环节农业机械的作业量的平衡，提升农机使用率。基于稻麦生产背景，一个完整单元的农机配置组合可以服务的面积是 176.64 公顷，在这一生产规模下，可以实现农机使用率最佳。

第 7 章 农机扶持政策变迁与创新

7.1 农机扶持政策演变与完善

党的二十大报告明确提出要以中国式现代化全面推进中华民族伟大复兴，而农业现代化是中国式现代化的重要组成部分（杨志良，2021），农业机械化又是农业现代化的重要支撑。回顾我国农业机械化发展的历程，可以发现，政府出台了多项扶持政策，包括农业机械购置补贴、农业保险补贴、农业机械作业补贴、贷款贴息等。在这些扶持政策的推动下，我国农业机械化程度不断提高，2021年农业机械化统计公报显示，我国农业机械总动力已达107768千瓦，农作物耕种收综合机械化率达到了72.03%。扶持政策对我国农业机械化发挥了巨大推动作用。

学术界对农业机械化扶持政策进行了大量研究，受政策范围和政策力度的影响，农业机械购置补贴政策的研究成果比较多。相关研究认为，农业机械购置补贴不仅可以提升农业机械保有量和农业机械化水平（王许沁等，2018）、促进农业机械作业服务市场发展（潘经韬和陈池波，2018；张恒和郭翔宇，2020）、推动农业机械作业市场服务供给总量增加（曹光乔等，2010），而且可以产生激励效应，带动农户购机投入，其中，补贴金额对农户农业机械购置投入金额的边际效应达到2.53（冷博峰等，2020）。另外，农业机械购置补贴政策还具有宏观政策效应、环境与社会效应、规模化与产出效应、农民增收效应，即农业机械购置补贴政策会通过替代效应、收入效应和乘数效应，推动农业生产要素组合优化，提升农业生产技术水平，提高劳动生产率、土地生产率、资源利用率，实现农业增产增效（李农和万祎，2010）；改变农户使用污染性投入要素和处理农业生产废弃物的方式（田晓晖等，2021），扩大粮食机械播种面积占比，并通过替代效应和收入效应促进劳动力转移（陈径天等，2018）；促进水稻、小麦等粮食种植面积的扩大（洪自同和郑金贵，2012），增加粮食产出，其中，粮食产出对农业机械化水平的弹性为1.28（周振和孔祥智，2019）；推动形成农业机械社会化服务，为农民增收创造条件（杨义武和林万龙，2021）。

其他扶持政策也有一些研究成果，缪建平（1998）很早就提出要强化基础设施建设、技术培训和项目等农业机械化扶持政策；刘宪和宋建武（2011）归纳总结了现实存在的农业机械购置补贴、农业机械作业补贴、中央财政专项、基本建设投资、税费减免、金融保险政策等多样化扶持政策；徐峰等（2022）试图从作业补贴、财税、金融、保险、项目等方面，以及政策支持内容、政策支持环节、政策支持方式三个维度，构建与新时期农业机械化发展相适应的政策体系。还有学者对金融扶持政策的影响进行了研究，认为数字普惠金融发展水平越高，越可能使农户由传统耕种方式转向半机械化、机械化的方式，促进农业机械化发展（闫桂权等，2022）。

近几年，学术界也发现了扶持政策的另一面，认为随着时间的推移，农户农业机械购买行为趋于理性化，农业机械购置补贴效率大幅降低（王文信等，2020），由边际贡献体现的农业机械购置补贴效率不断下降（王许沁等，2018），且由于农业机械跨区作业产生的空间溢出效应，导致区域农业机械化水平难以精确测算（陈杨和张宗毅，2019）。同时，由于农业机械作业市场需求缺乏弹性，补贴政策会导致部分原有同类农机户经营收入下降（曹光乔等，2010），也不利于农业机械制造企业的技术创新（周应恒等，2016）。在金融政策方面，正规借贷约束的长期存在会抑制农户从小规模到大规模经营的扩张，并对农业机械长期投资存在抑制效应（柳凌韵和周宏，2017）。这些研究表明，农业机械化扶持政策的创新存在现实需要。

综上所述，已有研究成果比较丰富，但还有一些不足与研究空间，主要体现在如下三个方面：一是对扶持政策的效应和影响研究比较多，扶持政策本身的研究成果偏少。二是静态视角研究成果较多，动态视角研究成果比较少，不同发展阶段的农机化扶持政策变迁逻辑研究相对不足。三是在乡村振兴、农业高质量发展的新时代，如何完善农业机械化扶持政策？如何改进策略？也还有研究空间。

本书将基于产业发展扶持政策的一般性理论,对农业机械化扶持政策进行梳理,厘清政策演进历程和演进逻辑,分析政策传导和响应机制,探讨在新的环境背景下,农业机械化扶持政策的改进策略,为制定农机化高质量发展的相关政策提供参考。

7.1.1 演进历程

农业机械化发展的扶持政策比较丰富,不同扶持政策是不同农业机械化发展阶段的针对性安排,体现了比较明显的演进历程。依据扶持政策的差异,可以将农业机械化扶持政策的演进历程分为以下四个阶段:

7.1.1.1 2004~2007年:政策制度逐步健全,农业机械购置补贴快速增长

2004年11月1日正式实施的《中华人民共和国农业机械化促进法》是我国制定农业机械化扶持政策的法律依据,该法在总则第三条明确规定:"采取财政支持和实施国家规定的税收优惠政策以及金融扶持等措施,逐步提高对农业机械化的资金投入。"原农业部和财政部开始制定相应的政策制度,在试行《农业机械购置补贴资金使用管理办法(试行)》(农财发〔2004〕6号)的基础上,制定了正式运行的《关于农业机械购置补贴专项资金使用管理暂行办法》(财农〔2005〕11号),对农业机械购置补贴的基本原则、补贴对象、补贴标准和补贴机具,以及补贴资金的申请、下达、发放、管理和监督等进行了明确规定,这一管理办法一直沿用至今。每年的中央一号文件也对农业机械化扶持政策提出了相应要求,并为农业机械化发展定调,其中,2007年中央一号文件还首次提出要积极发展农业机械化,走符合国情、各地实际的农业机械化发展道路。

这一时期是农业机械化扶持政策的起步阶段,扶持政策比较单一,主要是财政支农的农业机械购置补贴,全国补贴总额处于持续增长状态,如图7-1所示。2004年的农机购置补贴仅为0.7亿元,2005年增加到3亿元,2006年增加到6亿元,2007年达到了20亿元,年均增长220%。其他扶持政策有一些尝试,一是基于国家补贴资金的不足,鼓励地方资金扶持。2005年中央一号文件就提出,地方财政也要根据当地财力和农业发展实际安排一定的农业机械购置补贴资金。二是政策性保费补贴。2007年中央财政拿出10亿元在6个省进行农业政策性保险保费补贴试点,其中包括农业机械保险的保费补贴。

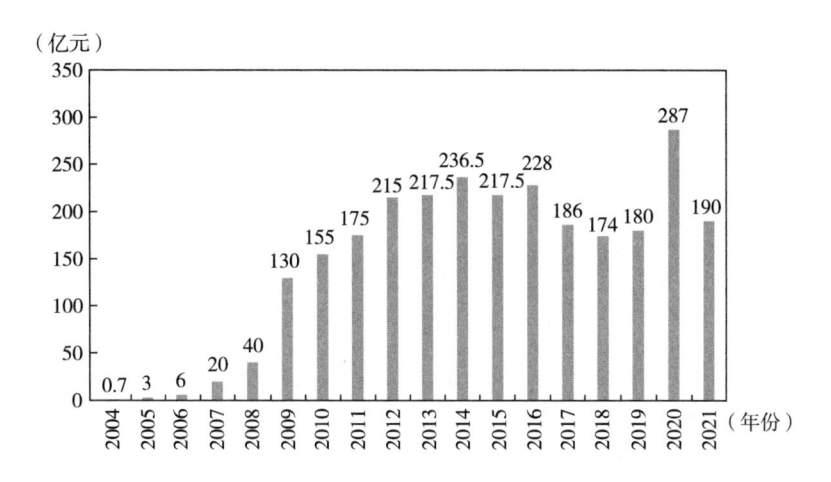

图 7-1　2004~2021 年全国农业机械购置补贴

7.1.1.2　2008~2011 年：完善监管机制，持续增加农业机械购置补贴，创新扶持政策

随着农业机械购置补贴的增加，部分政府部门管理人员在农业机械购置补贴目录企业选择、农业机械生产企业在产品进入目录后价格确定、农民对补贴购买的农业机械处置等方面存在寻租和违规现象。因此，原农业部和财政部相继出台了《农业部关于加快推进农机购置补贴廉政风险防控机制建设的意见》（农机发〔2011〕4号）、《财政部关于切实加强农机购置补贴政策实施监管工作的通知》（财农〔2011〕17号）以及《农业部办公厅关于深入推进农机购置补贴政策信息公开工作的通知》（农办机〔2011〕33号）等相关规定，对农业机械购置补贴政策的实施进行规范。

这一时期的全国农业机械购置补贴总额仍在持续增加，每年的中央一号文件都对农业机械化发展提出新的要求。其中，2009年补贴增加到130亿元，首次突破100亿元；2011年补贴达到175亿元，4年年均增长85.71%，年均增加45亿元。2008年中央一号文件提出，将农机具购置补贴覆盖到所有农业县，推进粮食作物生产全程机械化，稳步发展经济作物和养殖业机械化；2009年将先进适用、技术成熟、安全可靠、节能环保、服务到位的农机具纳入补贴目录，补贴范围覆盖全国所有农牧业县（场）；2010年把牧业、林业和抗旱、节水机械设备纳入补贴范围；2011年着力解决水稻机插和玉米、油菜、甘蔗、棉花机收等突出难题，大力发展设施农业、畜牧水产养殖等机械装备，探索农业全程机械化生产模式。在中央一号文件的推动下，农业机械化发展逐渐深入。

在这 4 年中，基于农机增长的巨大需求和国家补贴基金的不足，扶持政策创新步伐加快，2008 年福田雷沃公司和光大银行合作推出一项"商贷通"信用销售模式，2009 年推出"个贷通"，2011 年推出针对个人用户的"租赁通"业务。为解决农户购买农机具资金不足的问题，2009 年各地农机部门与金融机构配合，创新信贷方式，以重点支持、利率优惠、抵押贷款等方式，切实提高农户购机能力，原农业部下发了《关于开展农机作业补贴试点工作的通知》，在黑龙江省、山东省、浙江省分别开展深松整地、秸秆机械化还田、机械化插秧作业补贴制度试点及其研究，推动重点环节农业机械作业补贴政策的制定和实施。中国人民银行于 2010 年颁布了《农村信用社农户联保贷款管理指导意见》《农村信用社农户小额信用贷款管理暂行条例》，为农村信用社开展农业机械购置小额信用贷款提供了操作规范。同时，农用燃油供应保障机制逐渐完善，初步建立高能耗农业机械更新报废经济补偿制度。

7.1.1.3　2012~2016 年：补贴总额逐渐稳定，农业机械购置与应用进入双动力驱动时期

农业机械购置补贴稳定在 200 亿元以上，其中，2012 年补贴总额达到 215 亿元，首次突破 200 亿元；2014 年达到历史性高度，为 235.6 亿元。农业机械化发展的政策制度更加完善，发布了《关于进一步规范农机购置补贴产品经营行为的通知》（农办机〔2012〕19 号）和《关于进一步加强农机购置补贴政策实施监督管理工作的意见》（农机发〔2013〕2 号），进一步规范和监督农业机械产品经营行为和补贴工作。中央一号文件也提出落实税费优惠政策，加大信贷支持力度，支持农业机械工业技术改造，鼓励种养大户、农机大户、农机合作社购置大中型农机具，推动农业机械服务市场化和产业化，加强农业机械售后服务和农业机械安全监理，发展农业机械作业、维修、租赁等社会化服务，提高农业机械服务水平。2015 年 8 月原农业部印发《关于开展主要农作物生产全程机械化推进行动的意见》，标志着我国农业机械化由选择性机械化向全面机械化转型，以水稻、玉米、小麦、马铃薯、棉花、油菜、花生、大豆、甘蔗等主要农作物为重点，推进农业全面机械化。

这一阶段还出台了《农机报废更新补贴试点工作实施指导意见》（农办财〔2012〕133 号）和《关于开展农机深松整地作业补助试点工作的通知》（农办财〔2013〕98 号），持续推进以旧换新、作业补助、报废更新等补贴试点。2012

年 11 月发布的《农业保险条例》，明确了农机保险的政策性保险性质。同年，国有银行和商业银行开始介入农业机械信用销售。2013 年实施"全价购机，县级结算，直补到卡"的模式，金融工具开始大受欢迎，融资租赁获得推广。2014 年 8 月，原农业部出台了《关于推动金融支持和服务现代农业发展的通知》，鼓励各类融资租赁公司开展大型农业机械设备、设施的融资租赁服务，并对金融租赁公司开展农业机械租赁业务中的利息部分给予财政补助。2015 年互联网金融开始向农机行业渗透，农机 360 网络平台携手保险公司、浦发银行、融资租赁公司推动"互联网+农机保险服务""互联网+供应链融资服务""互联网+农机用户购机贷款服务"，农业机械购置与应用进入"政策驱动+自发性"双动力驱动时期。

7.1.1.4　2017 年至今：农机化发展面临新的环境，扶持政策创新成为现实需要

2017 年传统农业机械需求出现阶段性的饱和，绝大多数拖拉机、联合收获机品牌的销量遭遇腰斩，国家农业机械购置补贴总额有所回落，降为 186 亿元，其他年份也基本在 200 亿元以下。农业机械化发展面临转型升级，2018 年国务院发布了《关于加快推进农业机械化和农机装备产业转型升级的指导意见》（国发〔2018〕42 号）。2020 年 3 月发布的《农业机械报废更新补贴实施指导意见》，标志着报废更新补贴工作经过 8 年的试点进入了全面实施的新阶段，为农业机械化高质量发展创造了条件。这一时期还出台了购置行为规范的文件，包括《关于印发〈农业机械购置补贴产品违规经营行为处理办法（试行）〉的通知》（农办财〔2017〕26 号）和《关于进一步加强农机购置补贴政策监管强化纪律约束的通知》（农办机〔2019〕6 号）。

经过多年的快速发展，农业机械化面临新的环境和发展阶段。2017 年开始推进农业供给侧结构性改革，提出要加大对粮棉油糖和饲草料生产全程机械化所需机具的补贴力度；2018 年实施乡村振兴战略，提出推进农业机械装备产业转型升级；2019 年和 2020 年是全面建成小康社会的决胜期，提出加快大中型、智能化、复合型农业机械研发和应用；2021 年和 2022 年是全面推进乡村振兴和加快农业农村现代化时期，分别提出要开展农业机械作业补贴，优化农业机械购置补贴兑付方式，推进补贴机具有进有出、优机优补。

面对新的农业机械化发展形势，国家对扶持政策进行了一些探索。2017 年中央财政在农业生产发展资金中安排 20 亿元，用于深松作业补助。2019 年农业

农村部选择在四川省利用农业机械购置补贴资金开展农业机械化发展综合奖补试点，支出方向包括机具的购置补贴、作业补贴、贷款贴息、融资租赁承租补助等，这一综合奖补试点是农业机械购置补贴资金使用和管理的新的探索，从购买环节财政补贴逐步向作业环节补助、租用方式补助，以及金融扶持补助等方向转变，这些探索将有助于推动国家扶持政策更好地适应新时期农业机械化发展的需要。

7.1.2 变迁逻辑

扶持政策对我国农业机械化发展发挥了重要推动作用，对农业现代化影响深远，农业机械化发展扶持政策具有较清晰的变迁逻辑。

7.1.2.1 扶持目标：从农民增收、农业增效到农业机械工业及其农业机械化发展

起始于2004年的农业机械购置补贴，源于当年粮食主产区农民收入增长幅度低于全国平均水平，许多纯农户的收入持续徘徊甚至下降，城乡居民收入差距不断扩大。因此，当年的农业机械购置补贴政策目标比较单一，就是通过补贴实现部分农民的收入增加。随着补贴总额的增加以及其他扶持政策的提出，政策目标逐渐丰富，不仅包括农业增产增效和农民节本增收，还包括农业机械装备结构改善、农业技术装备水平提高和农机工业结构调整与技术进步等。2010年开始聚焦农业机械化本身的发展，当年是以主要农作物关键环节机械化为主要政策目标。随后的年份分别提出着力农业机械化质量与水平提升、促进农业机械化和农业机械工业又好又快发展；2015年提出了主要农作物生产全程机械化的政策目标；2018年则提出要促进农业机械化全程全面高质高效发展；2021年提出要加快提升农业机械化产业链现代化水平，农业机械化扶持政策目标不断深化。

7.1.2.2 扶持对象：随着农业经营主体和农机服务组织的变化而适应性调整

农业机械化扶持政策的对象选择也呈现阶段性特征，随农业经营主体和服务组织变化而进行着适应性调整。2004年农业机械购置补贴政策对象是农民个人和直接从事农业生产的农业机械服务组织；2005年增加农场职工；2009年补贴覆盖全国所有农牧业县，补贴对象的优选条件是农机大户、种粮大户、农民专业合作组织（包括农机专业化组织）等，其中，农机大户是首先优选。随着农业经营主体的变化，2010年农民专业合作组织成为首先优选。2015~2020年补贴

对象调整为直接从事农业生产的个人和农业生产经营组织，其中，农业生产经营组织包括农村集体经济组织、农民专业合作经济组织、农业企业和其他从事农业生产经营的组织，体现为农业生产者优先。政策对象的选择采用的是"重点制"，采取公开摇号等农民易于接受的方式进行确定。总体而言，农业机械购置补贴扶持政策实施以来，政策对象从个人到组织、从部分到全部、从农区到牧区、林区和垦区，以及从农民到牧民、渔民，从农民到农业生产者个人，从农机服务组织到农业生产经营组织等，不断地进行拓展和深化，推动农业机械化发展。其他扶持政策主要是补贴政策的补充，推动补贴政策的落实，部分满足非补贴购机者的需要。

7.1.2.3 扶持方式：补贴由从价到从量、差价到全价逐步完善

政策扶持方式最初是2004年直接发放5000元补贴资金到获补的种粮大户和50万元补贴资金到获补的县，体现的是现金直补扶持。2005~2008年按照不超过机具价格30%从价补贴方式进行补贴，2009年后改为从量定额补贴，即同一种类、同一档次农业机械在省域内实行统一的补贴标准，避免了从价补贴导致的农业机械生产企业在不同区域对同一机械定价不同的行为。农业机械购置补贴最初是中央资金按照差价补贴的方式进行补贴，购机时农民按扣除补贴金额后的机具差价款交款提货，这一补贴方式存在农民对补贴政策感知不强的缺陷。2012年开始选择部分市县实行全价购机后凭发票领取补贴试点，并提倡农业机械生产企业采取直销的方式直接配送农机产品，减少购机环节，实现供需对接，逐渐发挥市场力量。2014年，正式倡导"全价购机、定额补贴"方式。2015年以后，鼓励采取融资租赁、贴息贷款等形式，补贴政策则实行自主购机、定额补贴、先购后补的形式。

7.1.2.4 扶持标准：由相对稳定的单一国家标准到灵活多样的地方扶持补充

农业机械购置补贴标准原则上不超过30%，少数特殊农业机械提高定额进行补贴。2009年开始，各地在使用中央财政补贴资金的基础上，可以利用地方财政资金对本地重点推广的机具品种给予适当累加补贴。这一标准延续多年，直至2020年，补贴标准开始"有升有降"，并尝试多种扶持方式。一是提升部分重点补贴机具补贴额，补贴比例从30%提高到35%；二是逐步降低区域内保有量明显过多、技术相对落后的轮式拖拉机等机具品目的补贴额，并将部分低价值的机具退出补贴范围。在资金使用方面着力探索创新方式，组织开展农机购置综合补贴

试点,选择部分有条件、有意愿的省份探索创新补贴资金使用与管理方式,实施作业补贴、贷款贴息、融资租赁承租补助等补贴方式,提升农民购机用机能力。

7.1.2.5 扶持机具:种类不断增加,并依据区域农业特征进行适应性调整

政策扶持机具总体上呈现逐渐增加的趋势,少数年份出现调整性减少。2004~2007年补贴机具一直稳定在6大类,但具体机具品种不断增加;2008年增加到10大类37种机具;2009年对农机具进行了分类完善,补贴持续增加,机具也增加到12大类、38个小类、128个品目。2018年以后,补贴机具调整为15大类,小类和品目有少量调整。在补贴的机具中,2004年开始的最初几年倾向于粮食作物,主要补贴小麦、水稻、玉米、大豆等粮食作物作业机械。2008年开始补贴畜牧机械和林果水产特色机械等经济作物机械。2009年增加设施农业机械、农产品初加工机械等。2010年以后增加了农田基本建设机械和废弃物处理机械。从生产环节角度,补贴的机械从关键环节机械化逐渐实施全程机械化,特别是主要农作物全程机械化。2008年前主要是关键环节的机械补贴,2010年涉及各个生产环节,包括动力、耕、整、种植施肥、田间管理、收获和收获后机械。在补贴机具目录方面,2009年开始分为通用类和非通用类,通用类由原农业部引入竞争机制,组织专家统一筛选机具型号,制定《全国通用类农业机械购置补贴产品目录》;非通用类由各省(区、市)和兵团农业机械管理部门采用竞争机制和程序,统一组织开展省级选型工作,制定《省级非通用类农业机械购置补贴产品目录》,进行国家和地方分类扶持与补贴。

7.1.2.6 扶持原则:实施重点区域和机具倾斜,不断完善资金规模确定依据

扶持政策的实施具有一定的倾向性,每年的倾斜方向不完全相同,2004年是1000个种粮大户,2005年向优势农产品集中产区和重点作物关键环节倾斜,2008年增加向畜牧业和林果特色集中产区和农机服务组织倾斜,2009年向优势粮棉油主产区、奶牛主产省、农民专业合作服务组织倾斜。2010年后逐渐向地区倾斜,向粮棉油作物种植大县、农作物病虫害专业化防治创建县、国家现代农业示范区、保护性耕作示范县、农机化示范区县倾斜。资金规模确定依据不断完善,2009年前主要根据耕地面积、粮食产量、农机化综合水平、农民购买能力及地方政府积极性等县域差异在规定的额度范围内进行规模确定。2010年综合考虑重点作物关键环节机械化推进、农作物病虫害专业化统防统治、装备结构和区域布局调整需要,确定分省(区、市、兵团、农垦)资金控制规模。2011年

综合考虑乡村人口数、农业机械化发展重点确定资金规模。2015年开始综合考虑购机需求意向、绩效管理考核等因素和中央财政预算资金安排情况，进而确定补贴资金规模。

7.1.3 面临的新形势与存在的不足

农业机械化是为农业发展服务的，因此，农业机械化发展受农业发展的影响，同时还受购置与使用主体及其农机装备工业发展的影响，农业机械化发展面临着新的形势，存在需要通过创新才得以完善的不足。

7.1.3.1 农业机械化面临全面全程高质高效转型升级

2018年国务院发布的《关于加快推进农业机械化和农机装备产业转型升级的指导意见》（〔2018〕42号）文件明确指出，农业机械化要以农机农艺融合、机械化信息化融合，推动农机装备产业向高质量发展转型；要以农机服务模式与农业适度规模经营相适应、机械化生产与农田建设相适应为路径，推动农业机械化向全程全面高质高效升级，走出一条中国特色农业机械化发展道路，为实现农业农村现代化提供有力支撑。"十四五"农机化规划明确指出，我国农业生产已进入了以机械化为主导的新时期，要坚持政策扶持、市场主导，做大做强农业机械化产业群产业链。但我国部分经济作物和特色农作物的全程机械化程度不足，全面机械化程度还有提升空间。农业机械产业链还不够完善，农机试验鉴定、推广、购置、使用、报废等环节在政府部门及其补贴政策的推动下发展较好，农业机械研发、维修保障体系不够完善，机具存放还比较粗放；部分地区农机使用率不高，存在一定程度的超配现象；"宜机化"基础设施还不够完善，机耕路和机库建设还需加强，农业机械作业效率和机具使用寿命有待提升；数字化、智慧化和智能化等新的技术运用还不够充分，农机化发展的条件建设、服务模式等需要完善和创新。

7.1.3.2 新时代现代农业发展对农业机械产生了新的需求

2022年中央一号文件明确提出，要坚持中国人的饭碗任何时候都要牢牢端在自己手中，确保粮食播种面积稳定、产量保持在1.3万亿斤以上，主产区、主销区、产销平衡区要保面积、保产量，黄河流域要推进农业深度节水控水，黄淮海、西北、西南地区推广玉米大豆带状复合种植，东北地区开展粮豆轮作，这一基于气候和土壤等自然条件差异以及不同区域农业产业布局的国家粮食安全战略需要差异化的农业机械支撑（周振和孔祥智，2019）；农业高质量发展和农业供给侧结构性改革，需要精量播种、精准施药等农业机械支持农业精益生产；绿色兴农发展战略及《农业绿色发展技术导则（2018—2030）》中提出的耕地质量提升与保育、农业控水与雨养旱作、农业废弃物循环利用、畜禽水产品安全绿色生产、农产品加工、智慧型农业生产等绿色生产技术，需要农业绿色生产机械的支撑。但由于我国区域社会经济差别仍然存在，部分地区粮食生产效益及其农民种植积极性有待提升，绿色生产机械使用激励不足（张兆同等，2021）。扶持主要以补贴为主，政策体系还不够完善；扶持标准和方式还比较单一，区域性、差异化特征也不明显。定额补贴模式对农业机械生产企业创新产生了偏离效应和扭曲效应，农机装备制造企业创新不足（薛洲等，2021），农业机械生产企业生产什么产品往往与农民的实际生产需求关联性不强，某些生产环节一定程度上存在无机可用、无好机用的情况。现代农业发展迫切需要创新扶持政策，推动农业机械化转型升级。

7.1.3.3 不断丰富的农业经营主体需要更加精准选择扶持对象

自改革开放以来，大量农业剩余劳动力转移，单位面积农业从业人员不断减少，如图7-2所示，新型农业经营主体不断涌现，中办、国办印发了《关于加快构建政策体系培育新型农业经营主体的意见》，农业农村部编制了《新型农业经营主体和服务主体高质量发展规划（2020~2022年）》，提出了家庭农场和合作社的建设目标，农业经营主体呈现多元异质特征。2014年，中共中央办公厅、国务院印发了《关于引导农村土地经营权有序流转发展适度规模经营的意见》，鼓励农业经营主体通过转包、出租、转让、互换、入股等形式流入土地形成土地规模经营，并支持新型农业经营主体自建或联合建设集中育秧、仓储、烘干、晾晒、保鲜库、冷链运输、农机棚库、畜禽养殖等农业设施。而多元异质农业经营主体对农机购置和应用差异化明显，即不同农作物生产、不同经营规模、不同经营管理水平和不同经济收入的经营主体，其对扶持政策的响应不同，带动和示范作用也不一样，获得扶持政策支持后的作用也各不相同（颜玄洲等，2015）。已有补贴管理办法规定的"重点制"对象选择方法是申请补贴额度多于供给额度的次优选择之举，并不能保证农机能人或能力强的新型农业经营主体获得补贴，将影响农机作用发挥和农机使用效率。因此，需要完善扶持政策，精准选择扶持对象，保障农业机械化的效率，基于多元异质农业经营主体的差异化扶持政策是客观需要的。

(人/公顷)

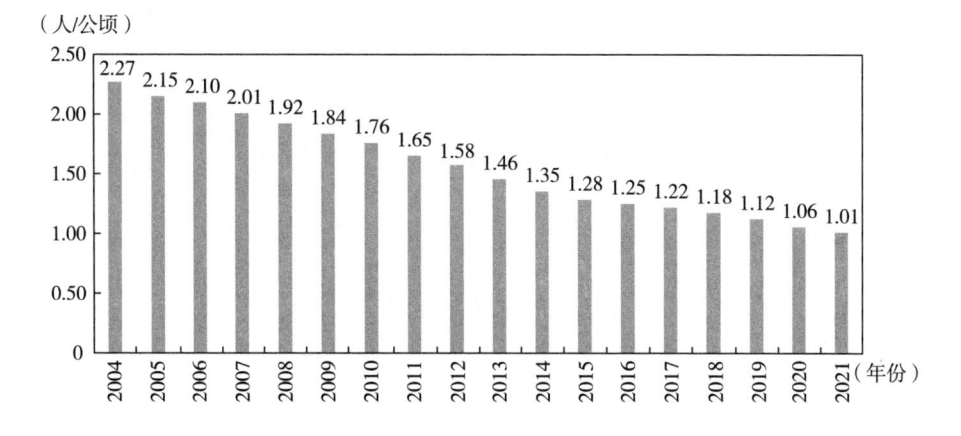

图7-2 2004~2021年单位面积农业从业人员

数据柱状图：2004年2.27，2005年2.15，2006年2.10，2007年2.01，2008年1.92，2009年1.84，2010年1.76，2011年1.65，2012年1.58，2013年1.46，2014年1.35，2015年1.28，2016年1.25，2017年1.22，2018年1.18，2019年1.12，2020年1.06，2021年1.01。

7.1.3.4 现实农村社会经济环境需要扶持政策的内容创新

随着我国社会经济的快速发展，农村社会经济环境也呈现一定程度的新特征。首先，区域农村经济仍然存在差别并呈现一定程度复杂性（谢玲红和魏国学，2022）。这一差别的存在会影响农业机械使用效率，对扶持政策需求也不一样，扶持政策需要更加灵活，针对性需要进一步提升（潘彪和田志宏，2018），如我国长三角与西部地区、江苏的苏南与苏北地区。经济发达地区的农业机械购买力比较强，扶持政策可以多样；经济欠发达地区农业经营主体缺少资金，仍然需要以补贴为主的扶持政策支持。其次，随着新型农业经营主体的经营规模和管理水平不断提升，扶持政策的响应程度也发生了变化。经营规模较大的农业经营主体对全程机械化有需求，包括烘干机械、废弃物处理机械等，而对于小规模生产主体，往往只需要某个生产环节的作业机械需求。最后，农业经营主体的购买力不断增强，亩均农业机械已经达到了较高水平，政府和市场两种力量运用存在优化空间。2004年制定的农业机械化促进法提出要通过财政、税收和金融手段促进农业机械化的发展，但基于我国农业农村实际，扶持政策主要是以补贴为主，虽有一些金融扶持，且产生了一定效果（钟真等，2018），但单独运用的比例不大。目前实施的作业补贴、保费补贴和金融贴息等探索性政策是由不同部门相对独立实施，在管理监督要求较高的情况下，执行成本和监督成本居高不下，扶持政策内容需要创新和完善。

7.1.4 改进策略

基于新的形势，农业机械化扶持政策应结合农业、农村、农民实际，依据高质量发展的一般理论和农业机械化发展的内涵及其政策变迁逻辑加以完善和改进。农业机械化发展扶持政策应采用以下改进策略，才能推动农业机械化高质量发展。

7.1.4.1 创新扶持政策，驱动农业机械化发展创新

首先，推动农业机械装备技术创新，提高农业机械装备的适用性和可靠性。即充分运用市场力量，实施农民与农业机械生产企业之间的直销模式，实现市场需求反馈，打通研发环节与市场需求的连接机制与渠道，推动农业机械装备创新；将农业生产者提出的新技术和新产品需求纳入补贴的预备目录，给予政策扶持，推动农业机械装备研发人员和研发机构进行农业机械技术装备的创新。其次，面对多元异质的农业经营主体，优先扶持懂技术善经营的个人和农业机械使用率高、作业服务量大、管理水平突出的组织，推动农业机械化服务的管理创新和组织创新，提升区域农业机械化服务质量和水平。最后，区域资金规模的确定要将农业机械使用绩效作为重要参考指标，推动农业机械服务模式创新，鼓励农业机械服务信息平台建设，优化地区农业机械资源配置，提升区域农业机械使用效率和效益。

7.1.4.2 精准选择扶持机械，推动农业机械化发展的协调与优化

扶持政策要推动农业机械装备在规模、结构等方面更加优化，与区域农业和农村发展更加协调。通过扶持政策激励区域农业经营主体科学、合理配置农业机械装备，推动机械化程度的适度提升，减少无效超配，提高农业机械装备使用率；不断强化农业机械装备结构上的协调，即农业机械装备配置和农业生产环节一致；保证农业机械装备配置和农产品类别相一致，提高农业机械装备种类的完备率，推动全程机械化。基于丰富的农产品类别和生产过程的复杂性，以及众多的农业机械化发展影响因素和区域农业产业结构差异，坚持区域差异化原则，为省市县发展区域特色产业提供支持。基于发达地区、欠发达地区和贫困地区的农民可支配收入、农业劳动力转移程度、土地经营的规模化程度、农业机械购买力和实际生产需求，以及平原地区和丘陵山区等不同特色区域对农业机械的需求，制定不同的扶持政策，满足区域农业产业发展的差异化需要。

7.1.4.3 完善扶持政策内容，提升农业机械化发展的质量与效率

坚持系统化原则完善扶持政策目标，在坚持公平原则的基础上，兼顾效率，对规模经营者和农业机械服务主体进行适度倾斜，发挥农业机械服务主体作用，带动和支撑农业发展；在确保粮食生产稳产保供的基础上，充分利用多样化的扶持政策，提高经济作物和特色农业机械化发展水平。在扶持政策对象选择方面，完善抽签方式，扶持有能力、带动效应强的经营主体，确保扶持政策效率。改进目录机具选择专家筛选方式，兼顾农民对机具的特殊需要，分层分类设计机具目录，提高机具的适用性和可靠性。适度放宽补贴标准范围，基于购机者的实际购置能力、经营规模、服务形式，以及产品价格进行扶持，提升农业机械化发展质量。

7.1.4.4 科学选择对象和机具，满足农业绿色发展需要

对绿色生产机械进行倾斜性扶持政策安排，淘汰损耗较高的机械，扶持节油高效机械，实现农民的降本增效；对绿色生产机械进行差别化扶持，对深耕深松、有机肥撒施等偏生态型机械，重点扶持并加大力度；对高效植保和精准施肥等能带来水、药、肥等节约的生态和经济并重的机械，适度倾斜性扶持；对于非粮食生产的传统农业机械进行一般性扶持。基于可持续发展的角度，对农业机械化发展所需的人才培养、宜机化条件改造、农业机械维护保养以及维修网点覆盖率、机库建设等给予适度扶持，提高农业机械使用寿命。

7.1.4.5 合理确定扶持标准，确保农业机械化发展效益实现

政策扶持要立足于推动农业生产者科学选择农业机械型号，避免产生逆向效应，即扶持政策推动了部分生产者购买农业机械，农业机械购置增加了成本，而土地收益与土地规模密切相关，增加的成本在规模不高的情况下，难以消化增加的成本，导致农民增收的目标不能实现，甚至处于亏损状态。对于经营规模较小的主体，扶持政策应该鼓励农业机械服务组织提供作业服务，而对于经营规模较大的地区，则鼓励农业经营主体自身从事农业机械购置与使用。对于生态型农业机械，适当提高补贴标准及其金融政策扶持，提升农业生产者使用生态型机械的效益实现机会，增加农业生产者使用生态型农业机械的意愿和能力。

7.1.4.6 完善政策扶持方式，提升扶持政策的有效性

处理好政府与市场两者的力量，充分发挥财政力量的导向作用，同时利用好市场力量，实现两者力量的相互补充和协调。在发挥财政政策效应的同时，兼顾与金融扶持政策的协调，创新担保、抵押、租赁、信贷等不同方式，满足不同新

型农业经营主体对农业机械购置的需要。推动购置补贴、作业补贴、保险补贴、贴息补贴等扶持政策之间的协调，形成激励相容，发挥扶持政策的导向和引领作用，降低执行和监督成本，提升扶持政策效率；强化扶持政策与循环农业补贴、高标准农田建设、农业示范园区以及农业现代化先行区等扶持政策的协调，减少重复扶持与多头管理导致的超配，系统化考虑扶持政策，提升扶持政策有效性。

7.2 农机购置补贴政策传导机制及其有效性分析

农机化发展的扶持政策比较丰富，但核心是农机购置补贴政策，农机购置补贴政策在农机化发展进程中发挥了最大作用。其作用主要是通过政策传导和响应机制发挥作用，对政策传导和响应机制的分析，有助于理解农机购置补贴政策的作用发挥。

7.2.1 农机购置补贴政策理论基础

7.2.1.1 农机购置补贴政策内涵

农机购置补贴指的是政府对购置和更新农业生产所需的农机具的农户个人、家庭农场、农机合作社等给予的补贴，本质上是政府通过实施财政杠杆来对农业生产者在进行农业生产活动中进行的转移支付，是一种政府干预市场的行为（韩剑锋，2012；Gulati et al.，2015）。

农机购置补贴政策的内容主要包括：①农机购置的直接补贴。通过补贴降低农户经营主体的现金压力，有利于提高农户购置农机的意愿。②农机报废更新补贴。③其他农机购置综合补贴。包括作业补贴、贷款贴息、融资租赁承租补贴等，这些政策工具叠加使用形成了农机购置补贴政策体系。

7.2.1.2 农机购置补贴政策目标

（1）提高农户的农机装备购买力。农机购置补贴可以直接降低农户农机购置成本，激励购机者主动购置农业机械的行为。促进不完全具备购置能力的农户有机会购置农机，提高农户的购买力。

（2）激励农户使用农业机械装备。补贴政策有助于产生激励效应，刺激农户购置农业机械，提高农户购买农业机械的意愿，调动农户使用农业机械的积极性。通过家庭农场、农机合作社的引领带动作用，改善农户的现有认知，增强农户使用机械的意识。

（3）推动农机装备产业转型升级。通过实施农机购置补贴政策，拉动农业机械市场，促进农业机械的生产、作业、销售、维修等行业蓬勃发展，实现农机装备技术创新和推广应用，推动农机装备产业转型升级和结构优化。

（4）促进现代农业发展。农机购置补贴政策目标就是鼓励农户购置农业机械从事农业机械化生产活动，促进农业机械化进程，推动农业现代化。

7.2.1.3 政策相关主体及其特征

农机购置补贴政策相关主体是指参与农机购置补贴政策制定、实施与享受的团体和个人，主要包括以下主体：

一是政府主体。从中央政府发布农机购置补贴政策到政策细化实施再到政策执行，涉及主体包含中央政府、省市级政府以及县级政府相关职能部门，将涉及的各级政府统称为政府主体。政府主体是政策的发布、细化、实施、监督者，通过补贴政策，激励农户购置农业机械，引导和促进农业机械化发展。政府主体是以社会公共效益最大化为决策目标。

二是农机生产企业主体，主要是指农机具的生产企业。当农机生产企业生产符合农业生产需要的机械产品时，经过政府遴选，产品会被选为农机补贴产品目录。农机生产企业需要同时考虑市场偏好和政策要求，需要根据市场、生产成本等因素自主决定农机具价格。同时，要以经济利益最大化为目标进行投资决策。

三是农业生产经营主体，是补贴政策扶持对象，包含从事农业生产的个人和农业生产经营组织等。其中，个人指的是从事农业生产的农民，农业生产经营组织包括农村集体经济组织、农民专业合作经济组织、农业企业和其他从事农业生产经营的组织等。农业生产经营主体以个人利益最大化为目标来进行决策，既是市场的消费者也是农业生产者，其经营策略决定着补贴政策的实际效果。

7.2.1.4 农机购置补贴政策内容

政策内容包括补贴范围、标准、方式等，政策内容可以引导农户购置使用农业机械，推动农机装备转型升级。

（1）补贴范围。补贴范围指的是可以获得农机购置补贴的农机具。补贴范围由农业农村部根据国家政策目标和农业机械化发展现状统一发布。但由于各省地域差异和农业机械化水平不同，各地方政府可根据当地的农业生产自然条件和农业发展现状在一定的范围内自行调整补贴范围，如按政策规定，部分地方特色农业发展所需和区域适用性强的机具，可列入地方各级财政安排资金的补贴范围中，由地方自定具体补贴机具品目和补贴标准。

（2）补贴标准。农业农村部、财政部制定并发布全国补贴范围内各机具品目的补贴额度及其占机具价格的比例。与补贴范围相同，考虑到农业发展实际和地区差异性，各地方政府可根据当地的农业发展现状优化补贴标准。补贴标准的确定主要受到当地农业机械保有量、农机具技术水平、当地农业生产特色、市场等因素的影响。此外，政府还通过不提出具体产品的补贴额、增强购机者议价自主权、鼓励市场充分竞争等举措，防止部分企业根据补贴额来定价，损害市场公平。如果补贴比例过低，会导致农机购置与使用激励不足；如果补贴金额比例过高，则可能会增加财政压力，以及财政资金资源浪费。因此，补贴标准的合理化制定也是补贴政策有效的重要因素。

（3）补贴方式。当前的补贴政策是按照"直补到卡、先购后补"的方式，完成购机后补贴直接发放至购机者本人。直接补贴给农户、生产企业或者经销商，所使用财政资金额度是一样的，但从财政资金使用效应角度看是存在显著差别的，有学者研究认为，补贴给经销商的方式容易滋生"寻租"行为，间接侵害农户的收益，导致补贴政策的失效。补贴给生产主体具有直接效应，一方面，可以最大化市场的作用，引入市场竞争机制，让农业生产者和农机具生产企业进行直接交易；另一方面，可以有效减少寻租风险。但"先购后补"的补贴方式对农业生产者的支付能力有更高要求。

（4）补贴程序。根据当下最新的政策指导意见《2021~2023年农机购置补贴实施指导意见》，农机购置补贴政策按照"品目管理、自主购机、定额补贴、先购后补、乡镇受理、县级结算、直补到卡（户）"的方式实施，农机购置补贴政策的申请流程按照以下步骤，包括购机者自主购机、购机者补贴申请、县级农机部门审核并公示、县级结算补贴金额如图7-3所示。

7.2.2 农机购置补贴政策传导机制

7.2.2.1 文献的简单回顾

在政策传导机制的相关研究中，不少专家学者直接将传导机制定义为财政政策传导机制，还有部分研究将其应用于货币政策、负利率政策（温彬等，2021）等财政政策。近年来，一些作者将其推广运用于其他学科领域的研究中，如企业创新政策传导机制研究（傅利平等，2021）、扶贫政策传导机理研究（崔晶，

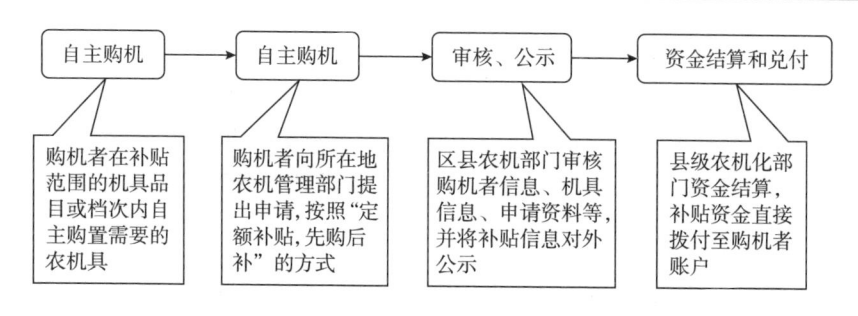

```
自主购机 → 自主购机 → 审核、公示 → 资金结算和兑付
```

| 购机者在补贴范围的机具品目或档次内自主购置需要的农机具 | 购机者向所在地农机管理部门提出申请，按照"定额补贴，先购后补"的方式 | 区县农机部门审核购机者信息、机具信息、申请资料等，并将补贴信息对外公示 | 县级农机化部门资金结算，补贴资金直接拨付至购机者账户 |

图 7-3　农机购置补贴申请流程

2021）、新兴产业培育政策传导机制研究（洪勇等，2015）等。拓展到农机购置补贴政策的传导机制研究很少，只有高玉强（2010）对具有强烈购买农机意愿且自身基本具备购买能力的农户，以及有强烈购买农机意愿但自身不具备购买能力的农户两种情形的农机购置补贴传导机制进行了研究，认为补贴政策通过替代与收入效应使农业机械总量持续快速增加，促进了农业生产技术水平提高、农业生产要素组合优化，最终实现了提高土地生产率的目标（李红和周浩，2013）。

一些专家学者对农机购置补贴政策的影响因素进行了研究，颜玄洲（2015）认为政策认知对农机购置有显著的影响。刘国平（2018）认为农机购置补贴政策受到政策宣传、补贴政策范围、补贴资金投入力度的影响。朱礼好（2019）认为农机购置补贴政策受到资金配套的影响。滕涵和林德荣（2017）认为农机购置补贴政策的实施程序和实施模式对农机购置补贴政策实施产生影响。刘博（2012）认为农机购置补贴政策实施的关键影响因素主要有政策信息的公开透明化、操作程序极其复杂、信贷支持、农机使用培训和机具质量等。总体而言，农机购置补贴政策受补贴范围、补贴资金投入力度、补贴政策的实施程序、信贷支持系统以及政策的宣传、培训与推广等因素的影响。

从已有文献可知，农机购置补贴政策受多种因素影响，但农机购置补贴政策传导机制的研究成果比较缺乏，对农机购置补贴政策传导机制的研究，有助于政策的理解与完善，实现政策的有效传导。

7.2.2.2　农机购置补贴政策传导机制概念

"传导机制"一词常用于各学术文献、政策报告等，但其学术定义和概念界定却并不多见。肖教燎（2010）提出政策传导机制概念模型，对"政策传导机制"进行了定义，认为所谓政策传导机制是指为实现特定政策目标、政策要素在一定政策环境中通过媒介体从启动、运行到实施的相互作用关系。故狭义的政策传导机制是指在社会经济系统内部的政策要素、媒介和目标之间的传导且具备在时间流程上的关联关系，并常引发时滞现象，称为政策的时间传导机制。侧重的是政策自主的"运行"。从广义上讲，政策传导机制是指由政策制定者向系列政策执行者的传导，这是政策在上下级政府或部门之间的认知和传导，各政策主体间具有空间排列和配置上的有序性，称为政策主体间的空间传导机制，侧重的是政策被动的"操作"。

依据政策传导机制的一般概念，农机购置补贴政策传导机制主要由政策目标、政策相关主体、媒介体、政策措施几个部分组成。政府主体发布农机购置补贴政策，由政府具体执行部门加以细化和执行，通过宣传、示范等手段，传导到农业生产经营主体，对农业生产经营主体的农机购置行为施加影响，形成农机购置行为，推动农业机械化发展。农机购置补贴政策的传导机制也可以从狭义的时间传导机制和广义的空间传导机制两方面进行理解，即农机购置补贴政策传导在时间上的及时性和空间上的有序程度。

7.2.2.3 农机购置补贴政策传导过程

依据肖教燎（2010）提出的政策传导机制概念，包括狭义的时间传导和广义的空间传导。其中，时间传导是基于媒介体反馈修正直至实现政策目标的自然传导过程。从政策启动开始，通过对媒介体农机相对价格的影响，实现增加农户购买力、扩大农户购置需求的中介目标，根据中介目标的实现效果反馈并不断修正，趋向于最终目标，也就是实现农机装备转型升级和现代农业发展的最终目标，这一过程的时间越短越好。农机购置补贴政策的时间传导过程如图7-4所示。

从空间传导机制来看，政策的空间传导是指各层级政策主体间的传导，即从政策制定者向系列政策执行者的传导，从上级的政策制定者发布政策文件开始，下级部门学习文件精神，并组织相关部门进一步细化政策实施文件，拟定符合地方实际情况且具有操作性和针对性的政策条例与办法。如果还存在更低级的层级，则继续重复细化。最后由底层地方相关政府部门人员落实细则。这种主体间的传导是基于各级上下政策主体间的一种传导结构。政策的空间传导可能引发信息失真现象，各级可能存在隐匿、加工、误导、遗漏政策信息，影响政策的传递效果，最终使政策实施者无法收获期望的政策效应。

第7章 农机扶持政策变迁与创新

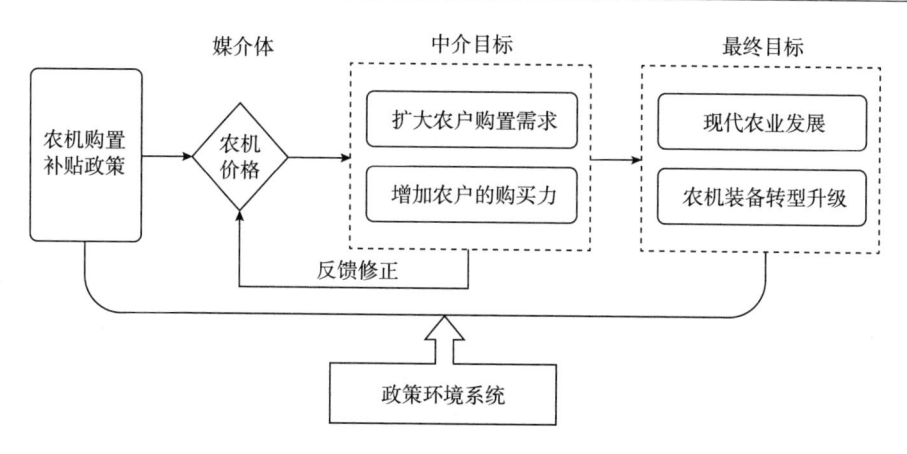

图 7-4 农机购置补贴政策的时间传导过程

农机购置补贴政策的空间传导则是主体间的传导过程，政策自启动时经中央政府部署，财政部、农业农村部提出《农机购置补贴政策实施指导意见》等政策方案，各省级政府细化并贯彻落实中央政府的指导意见，制定具体的农机购置补贴实施方案，明确补贴范围、补贴标准、操作程序等，同时加强政策的宣传和推广，及时开展农机培训工作，并制定补贴机具目录，完善农机购置补贴申请办理服务系统，深入落实县级及以下的农业农村部门组织实施、审核和监管责任，财政部门资金兑付、资金监管责任，这一过程中政策的内涵被传达的精准程度越高越好。空间传导过程如图7-5所示。

7.2.2.4 农机购置补贴政策传导阶段

综合上述时间传导和空间传导分析，可以发现农机购置补贴政策传导总共包含四个阶段：政策启动阶段、政策细化阶段、政策实施运行阶段以及政策调控后评价阶段。

（1）政策启动阶段。制定并完成政府宏观的政策方向和政策实施指导意见，明确农机购置补贴政策的实施对象、实施范围以及规模。

（2）政策细化阶段。各地方政府细化中央政府各项农机购置补贴政策，落实农机购置补贴的产品目录，确定农机分类目录及具体各产品的补贴额，同时依照当地的特色因地制宜调整补贴范围和标准，建立并健全农机购置补贴政策体系。

（3）政策实施运行阶段。县级政府相关农机部门对上级政府政策进行落地和完善。农户受到补贴政策及政策环境的影响，购置农业机械并提出补贴申请。县（区、市）农机管理部门严格经销商资格审核、控制经销商数量，切实掌握

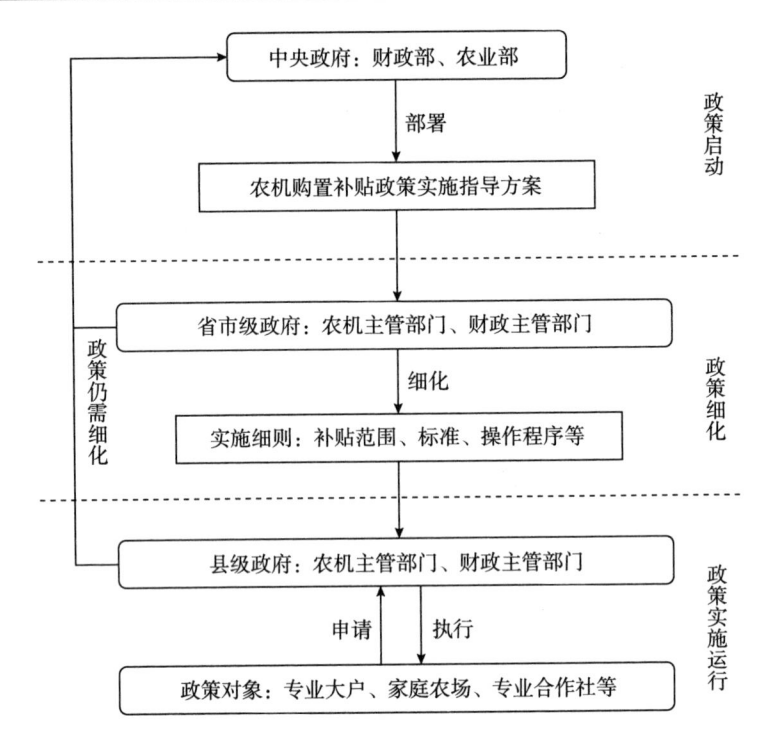

```
          ┌─────────────────────────────┐
    ┌────→│ 中央政府：财政部、农业部      │  ┐
    │     └─────────────┬───────────────┘  │
    │                   │ 部署                │ 政策
    │                   ↓                    │ 启动
    │     ┌─────────────────────────────┐  ┘
    │     │ 农机购置补贴政策实施指导方案 │
    │     └─────────────────────────────┘
    │
    │     ┌─────────────────────────────────────┐  ┐
    │     │ 省市级政府：农机主管部门、财政主管部门 │  │
  政策    └─────────────┬───────────────────────┘  │
  仍需                  │ 细化                        │ 政策
  细化                  ↓                            │ 细化
    │     ┌─────────────────────────────────────┐  │
    │     │ 实施细则：补贴范围、标准、操作程序等  │  │
    │     └─────────────────────────────────────┘  ┘
    │
    │     ┌─────────────────────────────────────┐  ┐
    └─────│ 县级政府：农机主管部门、财政主管部门  │  │
          └──────┬──────────────┬───────────────┘  │
                 │ 申请      执行 │                   │ 政策
                 ↑              ↓                    │ 实施
          ┌─────────────────────────────────────┐  │ 运行
          │ 政策对象：专业大户、家庭农场、专业合作社等 │  │
          └─────────────────────────────────────┘  ┘
```

图 7-5　农机购置补贴政策的空间传导过程

定点经销商的经营运作情况。农机管理部门配合质检工商等部门对其进行制约和监督。县级部门完成审核补贴申请和发放，并保证政策实施过程透明化、结果公开化、程序简易化。

（4）政策调控后评价阶段。对各项农机购置补贴政策手段的实施效果及时评价、反馈并予以调整。政策的实施包括复杂的程序和综合性的政策手段，最终形成完整的政策体系，该体系可能会受到多方面因素的影响，当政策实施效果不能满足期望值时应当及时进行调整。

综合政策传导机制的时间传导和空间传导，构建农机购置补贴政策综合传导机制（郑琼婷，2022），如图 7-6 所示。

农机购置补贴政策传导机制既反映了农机购置补贴政策在时间传导上的连续性，又体现了空间结构上的传递性，各阶段的活动前后呼应、相互联系、相互影响、相互依赖。综合两类传导的分析对补贴政策传导过程和机制解释更有力、更容易理解。

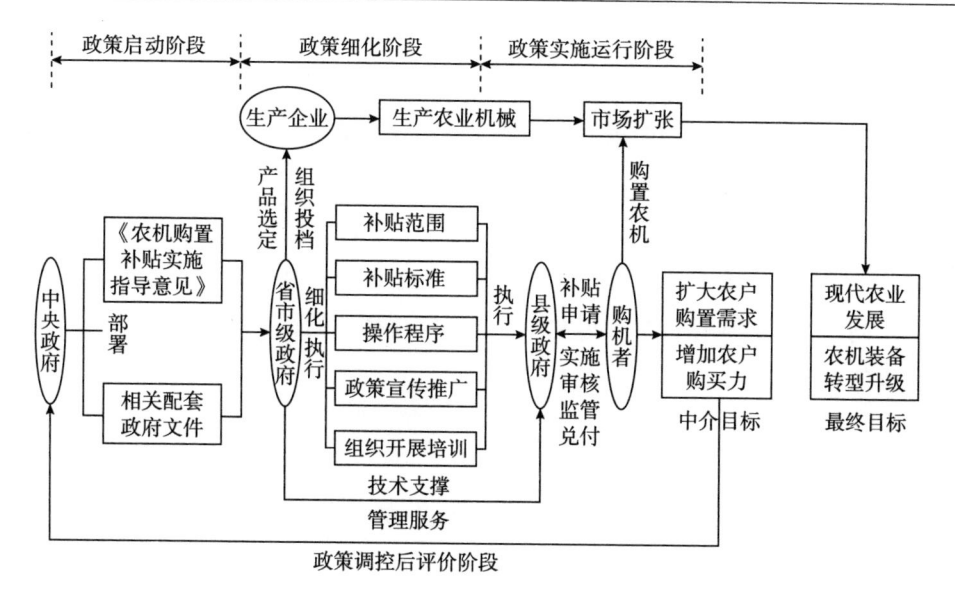

图 7-6　农机购置补贴政策传导机制

7.2.2.5　有效传导目标的实现

基于农机购置补贴政策传导机制的分析，可以发现农机购置补贴政策传导的影响因素及其影响因素之间的关系。因此，要实现农机购置补贴政策的传导效果，需要完善传导机制及其调控影响因素的影响，保证政策的作用发挥。

首先，要完善农机购置补贴政策。因为农机购置补贴政策本身会影响传导效果，补贴政策选择的农业机械产品目录，通过传导机制会最终影响到机械产品所应用的农业产业及其生产环节的机械化程度，所以，最终农业机械化程度将直接受补贴政策的产品目录影响。新技术、新机具的政策补贴需要补贴标准的导向，提升农户的农机购买能力，推动农业机械的转型升级，实现农业机械化高质量发展。因此，基于农机补贴政策的传导机制，需要从农业机械化发展需要出发，完善农机购置补贴政策，通过政策传导机制，实现农机购置补贴政策目标。

其次，规范政府主体的政策细化与执行行为。政策传导有效性受政府主体的行为影响，政策传导到农机购置主体，涉及多个环节，再加上农户的文化程度不高，对政策的理解未必到位，政府的引导、监督等的行为有利于政策执行不会发生偏差。由于农机购置补贴政策已经执行多年，政府做了大量工作，但随着农业现代化和农业高质量发展需要，以及农业机械转型升级和农业机械化高质量发展的需要，农机购置补贴政策也在不断完善，传导机制中的政府行为面临着新的形势和环境，也需要与时俱进、不断创新，才能充分发挥传导机制效应，实现新的政策目标。

最后，依据农户类别实施政策的宣传推广。政策传导的面向对象是农业机械购置主体的农业生产者，农户是核心，如何进行宣传推广是传导机制效应实现的重要途径。农业机械涉及面广，既有不同生产环节的全程机械化，又有农、林、牧、渔等不同类全面农业机械化，不同农业和不同生产环节的农户对农业机械的需求不同，因此，应该分类宣传推广，提高宣传推广的针对性，确保农机购置补贴政策的有效性。

7.3 农机购置补贴政策响应机制及其有效性分析

农机购置补贴政策作用发挥既涉及政策传导，还涉及农机购置主体对政策的响应，农机购置主体能在多大程度上响应政策，是值得研究的问题。

7.3.1 文献的简单回顾

国内文献中，关于农户政策响应机制研究的重点仍是农户对政策响应行为的影响因素研究，且多数文献将农户作为单独的主体，分析影响因素对农户采取某一行为的影响程度，采用的研究方法也是集中于 Probit 回归、Logit 回归等方法。杨志华等（2020）采用主成分分析法和最优尺度回归模型分析农户耕地保护行为对农业补贴政策的响应程度，研究表明农户对补贴政策产生认知响应或行为响应，继而采取耕地保护行为。周颖（2016）构建了技术应用补偿意愿评估模型，剖析技术补贴对支付意愿的影响机理，分别运用 Logit、Probit 和多元线性方法处理模型，探析影响农田固体废弃物综合利用技术应用意愿的关键因素。

关于政策响应机制及政策模拟的研究成果较为丰富。传统政策建模方法主要包括基于统计学的建模、基于经济学局部均衡和一般均衡 CGE 的建模、基于系统动力学的建模。Rahmandad 和 Sterman 的研究表明，基于主体的建模比传统的建模方法更能准确刻画复杂环境对主体决策的影响，挖掘微观主体内在决策机理（Rahmandad and Sterman，2008）。由于政策响应机制问题的复杂性，传统建模方法的不足逐渐体现出来，因此，不少学者采用基于 Agent 建模技术与仿真方法进行复杂系统建模和政策模拟,通过构建政策与政策作用主体之间的交互模型,利用仿真平台进行模拟,从微观层面探析政策动态变化对政策主体的影响程度,探究政策作用主体的内在政策响应机制。

李晨光(2016)基于复杂适应系统理论和基于 Agent 的建模方法,分析企业在科技专项政策作用下的资源获取和利用过程机制,在 Swarm 仿真平台对企业的科技专项政策的响应过程、响应过程中的资源利用情况进行仿真,发现阶段性规律。宋晨晨等(2018)利用 Swarm 平台对构建的区域科技创新政策响应机理概念模型进行仿真,观察区域科技创新政策响应行为演变过程。李晨光和张永安(2013)在研究中基于复杂适应系统理论和回声模型,构建了企业响应创新科技政策的行为机制,分析企业的认知力、规模、决策者偏好、利益、创新能力、研发需要和与其他企业的交互等政策响应影响因素在响应行为过程中的作用,描述了企业对科技创新政策的响应流程。石艳丽(2011)建立了基于复杂适应系统的石油开发系统模型并进行仿真,观察宏观石油开发政策如何引起系统中微观主体的行为变化。李长银(2015)基于 Agent 建模的方法构建了商品房市场模拟系统,分析不同的房产税政策对商品房价格的影响,实验证明基于 Agent 的建模方法在政策模拟仿真研究中具有明显优势。童洪志和刘伟(2018)基于 Agent 建模方法构建农户保护性耕作技术采纳决策模型,利用 Netlogo 仿真平台探析政策对农户保护性耕作技术采纳行为的动态影响。陈珈瀚(2020)在研究中构建了租购并举政策下的房地产市场多主体决策模型,探析政策工具对于个体租购行为的调控作用。

已有文献对政策的响应机制进行了研究,成果比较丰富,但对农业机械购置补贴政策的响应机制研究很少。本章将在陈瑶(2022)研究的基础上对农机购置补贴政策的传导机制进行研究,并进一步对农机购置补贴政策响应机制进行分析,以便于对农机购置补贴政策及其效应进行全面理解。

7.3.2 农户政策响应行为的概念

农户的农机购置补贴政策响应(以下简称农户政策响应行为),是指有农机购买需求的农户在农机购置补贴政策引导和推动下,在一定时间内购买政策补贴范围内机械的行为。农户响应行为有三层含义:一是农户在机械购置补贴政策实施时间内有购置机械的需求;二是农户在机械购置补贴推动作用下做出响应行为,购置补贴范围内的机械;三是这些农户可能在一段时间内购置一类或多类、一次或多次的机械,都属于响应行为。

7.3.3 农户购置农业机械动机分析

农户对机械的购置行为是由多方面因素综合作用的最终结果，但是农户的生产经营需求是产生机械购置行为的基础。农户既是生产者，又是消费者，其购置机械这一消费行为是为了从事农业生产获得更多的收益，因此，农户的生产经营需求是农户产生购置机械需求的前提。农户的机械购置需求产生机械购置的动机，动机对购置机械行为具有一定的引导和推动作用，继而指引农户产生农机购置行为。农户在购置某个机械后会对使用机械产生的实际收益以及对自身需求满足程度产生评价，进而根据评价结果以及自身生产经营需求、特征、所处环境判断是否产生新的购机需求（李艳芬，2010）。机械购置动机的整个过程如图7-7所示。农户的机械购置需求和机械购置动机是推动农户机械购置行为的直接动力，期望的行为目标是农户购置和使用机械达到预期的效果。农户购置机械的动机包括内在动机和外在动机，内在动机是农户通过使用农机得到的自身心理的满足或获得的收益，如降低生产成本、提高经济收益、弥补劳动力不足、获得闲暇时间、获得社会地位等，外在动机表现为外部的诱因，如其他农户的说服、政策的诱导等因素（吴敬学等，2008）。

图7-7　农业机械购置动机流程

早期农户购买农机装备的目的是更高效地实施农业生产以获得更好的经济收益，作为生产者的农户符合有限理性经济人的假设，农户对农机装备的选择和采用主要受利益驱使，在成本与收益之间权衡以追求收益的最大化。农户在进行购机决策时一般会考虑该产品的使用是否能够减少生产要素投入、节约劳动时间、减轻劳动强度以及实现增产增收。农户选择购置农机装备的经济学前提是其对采购装备的预期收益大于现有生产方式的成本。农户在进行农业生产活动和购机决策过程中，追求经济效益的同时，也会兼顾其他因素的影响，以最大限度地满足自身的需求，从而实现既定资金约束下整体效益最大化。

7.3.4 农户购置机械的行为过程

可以将农户购置机械的决策过程划分为需求认知、信息搜集、效益评估、意愿评估和购机决策五个阶段，如图7-8所示。

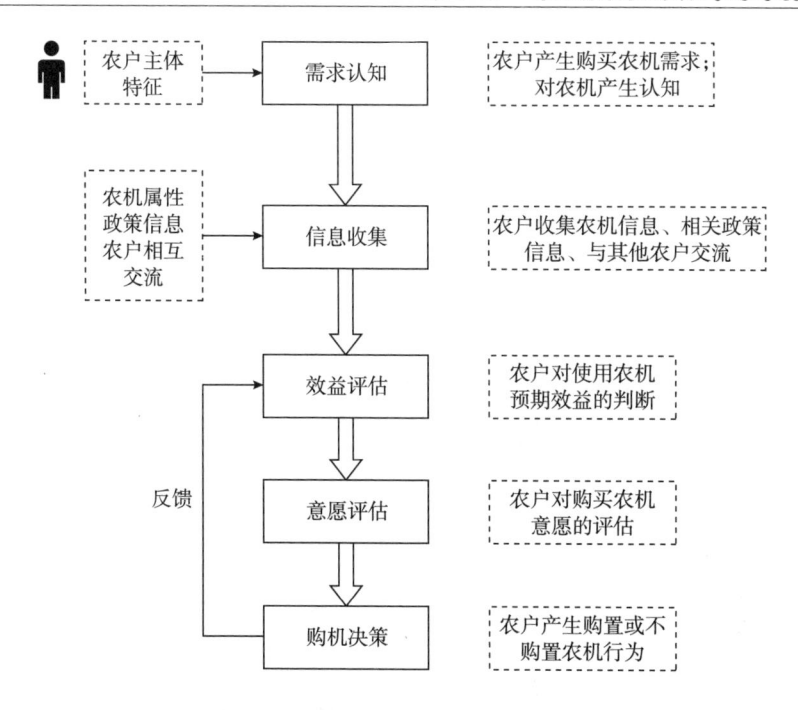

图 7-8 农户购置农业机械行为决策过程图

（1）需求认知阶段。需求认知阶段是农户购买农机决策过程中的起点，由于受到农户内在因素（如农户的生产经营需求、经验、动机等）的影响，农户会基于认识和了解对农机产品和服务形成需求。产生购机需求和未产生购机需求的农户由于受到外部信息的影响，都可能对机械产生初步认知。

（2）信息收集阶段。在信息收集阶段，产生购机需求的农户将通过不同的信息渠道获得机械相关特征属性信息、政策信息，得出产品优势和劣势所在，以提高决策理性；农户所收集的信息包括价格、质量、品牌、功能、售后服务、其他农户对机械的评价等。

（3）效益评估阶段。在农户从各种渠道收集到机械相关信息后，会根据自身的认知对使用某种类型机械的预期效益进行全方位的评估，以衡量在何种程度上这些产品能够满足自身需求。如果农户判断购买和使用机械的效益满足自身的需求，则会进入下一阶段，对购买意愿进行判断。

（4）意愿评估阶段。农户将综合评价自身对机械的购置意愿，农户的评价标准由内部因素和外部因素共同影响，这些因素与农户考虑选择农机产品的需求、能力和利益有直接关系。农户会综合衡量各种因素，判断农机产品是否符合自己的需求、自身是否有能力购买，继而形成购置某种类型机械的意愿。

（5）购买决策阶段。根据意愿评估结论，进行购置还是不购置机械装备的决策，决策结论对下一期的效益评估产生反馈信息，影响下一期的决策。

7.3.5 农户响应行为决策影响因素分析

在农户政策响应机制概念框架构建中，借鉴常笑等（2013）的分析角度，基于农户行为理论，从内部因素（响应需求、响应能力、响应预期效益）和外部因素（政策、农业机械等）两个方面分析农户政策响应决策的影响因素。

关于农户购置农机影响因素的研究已经相对丰富，结合已有的理论研究成果，从影响农户响应决策的内部因素和外部因素进行总结归纳，相关文献如表7-1所示。农户在进行响应决策时，对其产生影响的内部因素主要包括响应需求、响应能力、响应预期效益和其他个体特征因素。

表7-1 农户响应政策行为决策影响因素

因素分类	影响因素	具体变量	参考文献
内部因素	个体特征因素	性别	庞辉和许会，2020；杜浦等，2022
		年龄	刘玉梅和崔明秀，2009；张晓泉等，2012；张成宝等，2012
		受教育程度	刘玉梅和崔明秀，2009；张成宝等，2012；李伟南和孙思维，2016
		风险偏好	毛慧等，2018；胡晨等，2020
		认知因素	盖豪等，2018；闫雪，2018
	响应需求	耕地规模	张晓泉等，2012；张成宝等，2012；柳禄等，2015
		农机作业服务面积	冷博峰等，2020
		家庭劳动力数量	刘玉梅等，2009；张成宝等，2012；王文信等，2020
	响应能力	家庭收入	柳禄，2015；张标等，2017
		是否参加过农机操作培训	刘玉梅等，2009；张晓泉等，2012
		融资能力	张标等，2017；闫雪，2018；庞辉和许会，2020
	响应行为预期效益	对机械经济效益的感知	张标等，2017；张兆同等，2021
		对机械生态效益的感知	张兆同等，2021
		对机械社会效益的感知	张兆同等，2021

续表

因素分类	影响因素	具体变量	参考文献
外部因素	机械属性	农机价格	纪月清等，2013；颜玄洲等，2015
		机械的质量与性能	张兆同等，2021
	社会网络因素	农户间的交流	朱菊隐和李嘉，2019；张兆同等，2021
	政策因素	政策补贴力度	纪月清等，2013；颜玄洲等，2015；胡凌啸和周应恒，2016；冷博峰等，2020
		政策宣传强度	张标等，2017；张兆同等，2021；杜浦等，2022
	其他因素	媒体宣传推广	柳禄等，2015

购机需求代表农户的生产经营需求程度，是农户对购置农业机械需要程度的评估，由农户家庭劳动力数量、耕地规模和农机服务作业规模等决定。当农户需要扩大种植规模或提供农机作业服务时，就形成了购入农机装备作为生产工具的需求。当家庭劳动力数量较少时，农户需要购置农业机械来代替人工作业，节约劳动力，降低自身的劳动强度，提高劳动效率，也会形成购机需求。

响应能力是农户对自身购置农机能力的评估，由农户家庭收入、融资能力、农机操作能力等决定，其中农户家庭收入、融资能力属于农户响应经济能力，农机操作能力属于农户响应技术能力。机械具有较高的购置成本，农户在做出响应决策时需要一次性支付农机购置费用，农户能否产生响应行为，受家庭收入和融资能力影响；同样地，农业机械的使用需要一定的操作经验，农业机械操作熟练程度和了解程度影响农户对农机购置的响应。

响应行为预期效益是农户对使用机械成本效益的评估。机械的使用能够产生三个方面的效益：一是经济效益，二是生态效益，三是社会效益。在经济效益方面，农业机械的使用有利于规模化经营，获得规模经济效益，增加收入；其预期效益与农户对使用机械的经济效益感知、机械本身的经济效益水平（外部因素）、机械购置成本（外部因素）等因素有关。在生态效益方面，机械的使用具有保护耕地、减少环境污染等生态效益，与农户的生产生活息息相关，是不可用货币量化的收益，与农户对使用机械的生态效益感知、机械本身的生态效益水平（外部因素）相关；在社会效益方面，机械的使用能够减轻农户劳动量，提升农户的劳动效率，节约劳动时间，与农户对使用机械的社会效益感知、机械本身的社会效益水平（外部因素）相关。农户对响应行为预期效益评估还受其他因素影响，如区域所处的不同经济发展阶段、家庭收入水平、农户的价值观和决策偏好等。随着社会经济的进步，农户逐渐开始关注生产与生活环境的生态问题。目前，农户响应政策购置农机的根本目的仍是降低成本、提高收入，因此，仍会更加关注农机带来的经济效益。

对农户响应行为决策产生影响的其他内部因素还包括农户性别、年龄、受教育程度、风险偏好、认知因素等。认知因素包括农户对机械的认知、对农机购置补贴政策的认知，受到外部政策宣传、农户间的交流以及媒体广告宣传等因素的影响。影响农户决策的外部因素主要有政策、农户间机械使用经验交流、各类媒体宣传因素等，如农机购置补贴政策通过政策宣传加强农户对机械的认知；通过补贴比例调节，影响农户对购置成本的评估；农户之间相互交流，会影响农户对机械的认知，农户受到周围农户的影响可能采取模仿和学习行为等。

农户的响应决策受到内部和外部因素的综合影响，而内部因素是影响农户决策的主要因素，部分外部因素通过作用于内部因素间接影响农户的响应行为意愿。基于以上文献的总结与影响因素分析，构建如图7-9所示的农户响应行为决策影响因素。

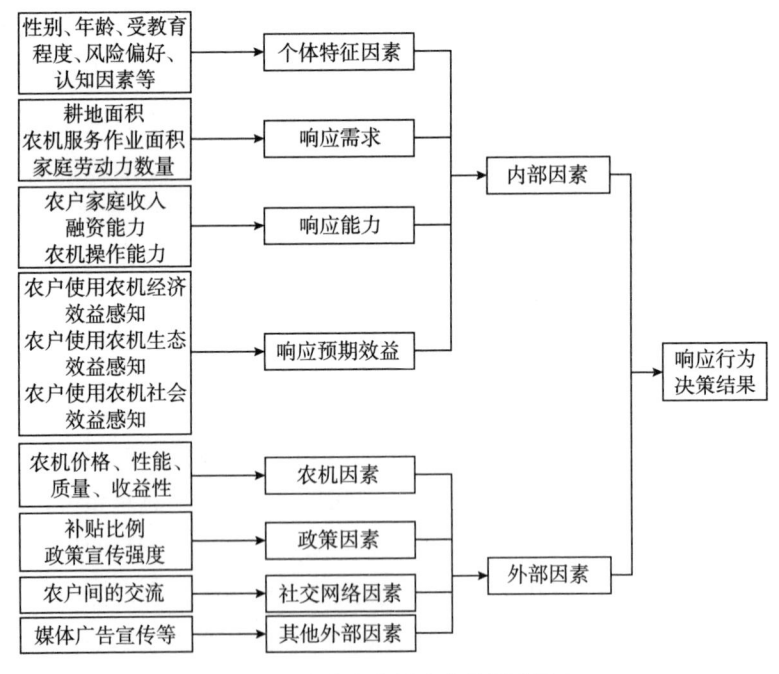

图7-9 农户响应行为决策影响因素

7.3.6 农机购置补贴政策响应机制框架构建

农户政策响应行为机制是一个复杂的有机整体，涵盖农户响应决策的整个过程以及影响农户响应行为的一系列因素。基于本章农户购置机械动机、过程、影响因素的理论分析，可以发现农户对机械的认知是农户响应决策的起点，农户会受到所处的社交网络中亲朋邻友的影响、媒体广告宣传以及政策宣传的影响对机械产生或改变认知；农户根据自身特征及生产经营的需要产生响应需求。农户会根据了解到的机械、与政策相关的信息，判断响应行为能否带来满足自身需求的效益。在判断响应预期效益后，满足响应预期效益条件的农户会形成响应行为意愿，而响应行为能力、响应行为需求、响应行为预期效益等内部因素以及外部的社交网络、政策等因素都会对农户的响应行为意愿产生影响。只有当其对购买农业机械意愿值大于其响应意愿阈值时，农户才会做出响应的决策，继而产生购置农业机械的行为。

如果不考虑农机厂商在机械市场中相互之间的竞争关系，即农户购机决策中不对农机厂商进行对比选择，将机械市场中的厂商主体统一为机械主体。机械主体属于被动型主体，其具有性能、质量、服务等属性，不同类型的机械具有不同的属性值。农机市场中机械产品的竞争主要表现在品牌、质量、功能或服务等方面，不管这些方面如何优劣，最终还是通过价格来体现。机械的属性通过影响农户响应预期效益评估进而影响农户的购买意愿。

政府是补贴政策的制定者和实施者，由于研究中政府的调控措施仅限于机械购置补贴政策，因此用政策主体代替政府主体，机械购置补贴政策主要从两个方面对农户造成影响，如图 7-10 所示。一是政策信息宣传影响，政府通过购置补贴政策宣传手段向农户传达机械信息，增加农户对这一新兴技术产品的认知和接受程度，从而提升其对机械的购买意愿。二是补贴影响，机械购置补贴政策可以直接为农户消费者减少购买成本，降低其购机支出，能够直接改变农户对机械成本的评估，刺激农户对机械的需求，提升其购买意愿，最终影响农户的购买行为。

农户主体具有性别、年龄、受教育程度、收入、风险偏好等个体属性，农户根据购机需求的意愿值做出响应或不响应决策。根据农户响应决策动机、过程、影响因素的理论分析，将农户购机决策的整个过程划分为五种状态：未认知状态、认知状态、意愿评估状态、意愿购买状态和响应状态。处于未认知状态的农户会受到外界媒体、政策宣传强度及社交网络中其他农户影响，对机械由未认知

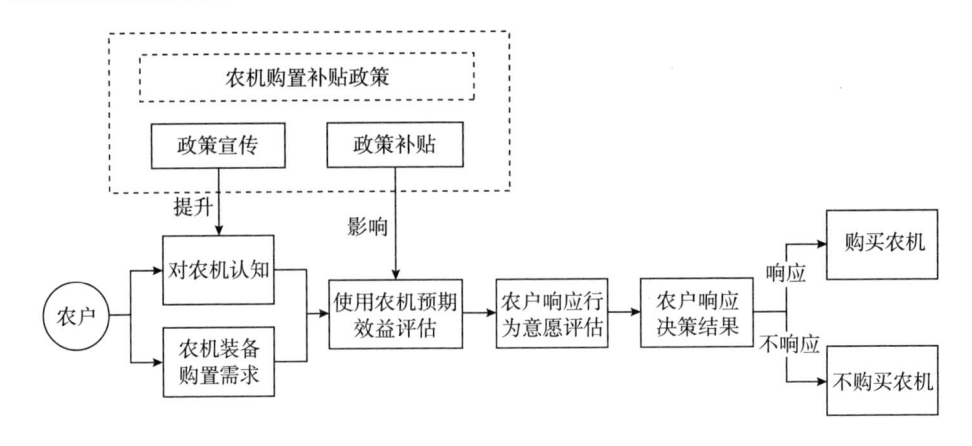

图 7-10 农机购置补贴政策对农户购买行为的作用机制

状态转变为认知状态;农户会受到内部因素影响产生响应需求,并根据主体偏好对使用农业机械的预期效益进行评估,构建预期效益函数,计算购机响应行为预期效益后,满足效益评估条件的农户会转变为意愿评估状态;农户在分析响应预期效益后,还会根据个体特征、响应需求、响应能力、响应预期效益、社交网络影响综合判断响应意愿,构建响应意愿函数,满足条件的农户会转变成意愿购买状态;具有购买意愿的农户可能不会立即产生购买行为,会存在购机意愿与购机行为的偏差或延迟现象,选择立即响应的农户将会从意愿购买状态转变为响应状态并产生购机行为。而产生响应行为的农户会与周围其他农户产生交互行为,对其社交范围内的农户响应决策产生影响。基于以上分析,构建的农机购置补贴政策响应机制决策模型框架如图 7-11 所示。

因此,农机购置补贴政策、机械和农户主体通过各政策变量、内部因素和外部因素相互联系、相互交互,构成了农机购置补贴政策响应机制。

7.3.7 对农户政策响应行为仿真及其结果的总结

我的研究团队运用仿真软件对影响因素进行了仿真,形成了相应的仿真结果,其结论包括以下几个方面:

(1) 通过对不同政策情境下农户对机械总体响应仿真分析发现,农机购置补贴政策的补贴标准、政策宣传强度以及政策的延续时间对农户的响应行为具有不同程度的影响。其中,补贴标准对农户响应率变化影响最大,这是由于补贴标准通过降低农业机械的购置成本改变农户对农业机械的效益评估从而作用于农户

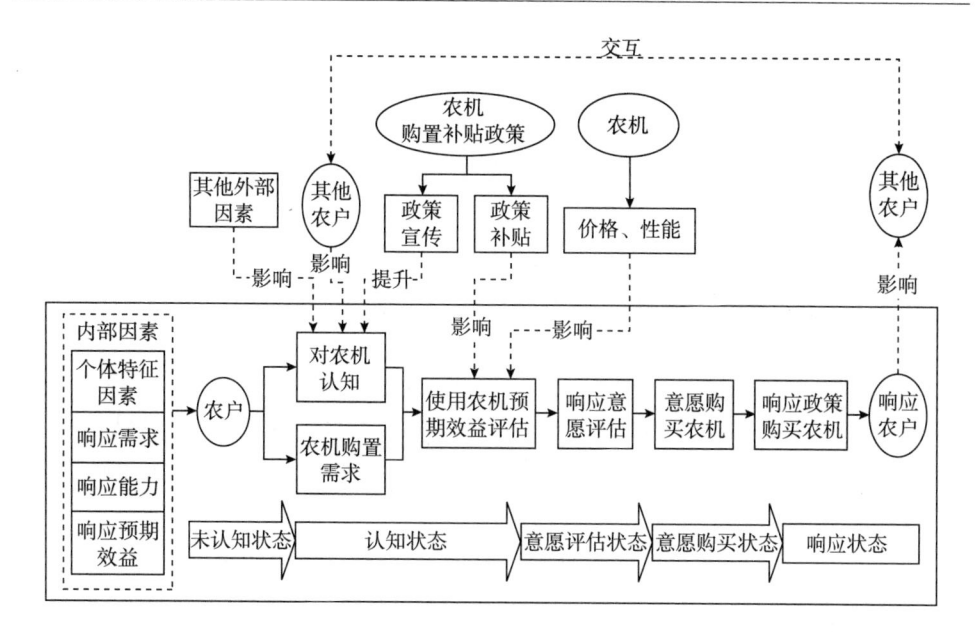

图 7-11 农户政策响应机制概念模型

的响应意愿,且补贴标准越高,农户的整体响应率越高。补贴政策的延续时间变化会对农户的整体响应率水平产生影响,且补贴政策延续时间越短,对农户的整体响应率影响也越大。在仿真初期,当农户响应未达到稳定状态时,较早地撤销补贴政策会降低农户整体的响应速度;在仿真后期,当农户响应达到趋于稳定状态时,此时撤销政策补贴对农户响应速度影响较小。政策宣传强度通过影响农户的认知进而影响农户的响应速度,表明政策宣传对机械的推广扩散具有重要作用。

(2) 通过对同一政策情境下不同属性农户对机械购置补贴政策的响应仿真分析发现,具有不同属性的农户对补贴政策的响应程度不同。农户的收入水平对农户的响应行为影响最为显著,耕地规模水平和农机服务作业规模水平对农户响应行为影响较为明显,农户的融资水平对农户的响应行为略有影响,农户的受教育程度对农户的响应行为影响相对较小。针对不同收入水平的农户,高收入农户对农业机械购置补贴政策的响应率明显高于低收入农户;在农户耕地规模方面,耕地规模较大的农户对农业机械的需求较高,响应率最高,耕地规模较小的农户对机械的需求及响应率较低;在农机服务作业规模方面,不同农机服务作业规模的农户对政策的整体响应率较高且响应率相差较大,表明提供农机服务作业的农户对机械的需求较大，其需要机械进行服务作业，农机服务作业规模水平变化对农户响应行为影响明显；融资能力水平对农户的响应意愿及行为略有影响，但影响并不显著；仿真结果显示，不同受教育程度、不同劳动力需求水平的农户对政策的响应率大致相同，表明受教育程度差异、劳动力需求水平差异对农户整体的响应行为变化影响较小。

7.3.8 农机购置补贴政策响应机制的有效实现

农机购置补贴政策的响应受多种因素的影响，包括农机购置主体的个性特征、响应需求、响应能力、响应预期、农机的价格和性能以及政策的宣传等，要实现农机购置补贴政策的有效响应，需要基于响应机制，调控相应的影响因素，推动农业机械化高质量发展。

（1）政策宣传科学精准，提升农户对农业机械的使用认知。农业生产者购买农机产生于他们的意愿，只有对农业机械和补贴政策有所认知，才会产生购买自己生产需要的农业机械的意愿。因此，需要农业生产者响应政策，既要科学精准宣传政策，也需要科学精准推广农业机械。目前而言，在农机购置补贴政策运行多年的情况下，需要对推动农机化转型升级的农业机械和补贴政策内容进行推广和宣传，与时俱进，利用政策响应推动农业机械化高质量发展。

（2）面向农机需求主体，实现政策响应。农机购置补贴政策的响应还受农业生产者的购置需求意愿影响，意愿是行为的前提。当农业生产者有购置需求时，才会关注补贴政策，进行评估，并响应政策。因此，要实现农业生产者对农机购置补贴政策的有效响应，需要面向从事与补贴政策导向一致产业的主体，如补贴政策提出的粮食机械面向的粮食生产主体，使用棉花机械的棉花生产主体等，才有助于推动政策的有效响应。

（3）科学确定补贴标准，确保购置的经济能力。在具有响应补贴政策意愿的情况下，还需要响应能力，才能完成响应行为，其中的经济能力最为重要。经济能力的提升包括农业机械价格的降低和补贴标准的提高。因此，在农机价格由市场决定的情况下，政府的农机购置补贴标准的确定就成为了关键影响因素。如何确定标准是值得研究的问题，既要有效激励农机购置和使用，又要保证不会产生逆向效应，补贴过度产生浪费。

（4）创造机械使用条件，保障农机使用效益。农业生产者最终是否响应补贴政策，实施农机购置行为，还受使用效果评估和预期收益的影响。如果机械具有较好的性能，满足生产需要，条件也允许使用，且使用后能产生明显的经济效益，则生产者会响应补贴政策。因此，需要创新机械技术，生产可用性好的机械；不断推进农业生产的宜机化改造，为农机使用创造条件；推动经营规模化，为农机使用获得规模效益创造条件。进而实现农业机械购置响应，推动农业机械化高质量发展。

第 8 章　农业绿色生产机械购置行为特征与政策完善

党的十九大报告提出了乡村振兴战略，2018 年中央一号文件提出要深入推进农业绿色化，助推乡村振兴战略，农业绿色发展成为了国家战略要求。而农业绿色生产是农业绿色发展的重要内容，绿色生产机械又是农业绿色生产的关键（罗锡文等，2016）。因此，绿色生产机械的购置与使用就成为了农业绿色发展战略目标实现的保障。《国务院关于加快推进农业机械化和农机装备产业转型升级的指导意见》（国发〔2018〕42 号）提出，要大力支持保护性耕作、精量播种、精准施药、高效施肥等绿色高效机械装备的示范推广，推动绿色生产机械的购置和使用。要实现这一目标，需要了解绿色生产机械购置行为，并实施相应的政策举措。

8.1　农业绿色生产机械的概念与品目

8.1.1　农业绿色生产机械的概念

根据中办、国办印发的《关于创新体制机制推进农业绿色发展的意见》，农业绿色生产机械化包括提高节水灌溉效率、农药化肥"减量增效"、农业废弃物的资源化等低消耗、低危害、低风险的农业生产机械。依据农业农村部发布的《农业绿色发展技术导则（2018~2030 年）》，可以将农业绿色生产技术实施需要的农业机械称为绿色生产机械，包括深耕深松机械、有机肥撒施机械、高效植保机械、秸秆离田还田机械、农业废弃物处理机械等。绿色农业生产机械的功能不仅是增产增收和劳动力替代，更重要的功能是实现农业绿色发展，因此农业绿色生产机械具有多功能性。

8.1.2 农业绿色生产机械品目

依据农业绿色生产机械定义，其种类主要包括六个大类，具体机械品目如表8-1所示。

表8-1 农业绿色生产机械品目

绿色生产功能	机械名称
秸秆还田、离田	秸秆粉碎还田机、灭茬机、秸秆打捆机、秸秆捡拾机、秸秆储运车、秸秆打包机、拆包机、搂草机、圆草捆包膜机、秸秆炭化设备
有机肥生产和撒施	固液分离机、有机肥生产设备、有机肥运输设备、固体肥撒施设备、有机肥深施机、液体肥深施机、沼液施肥机、翻抛机、粪污固液分离机
养殖废弃物无害化处理	病死畜禽无公害处理设备、沼气发电机组、畜禽粪便发酵处理机
残膜回收、加工	多功能铺膜机、残膜回收机、土壤清理机、土壤修复机、厚地膜回收机等
精准高效施肥、喷药、节水	大型高效喷药机、静电弥雾机、精量变量喷药机、植保无人机、水肥一体机、水药一体机、水药肥一体机、节水灌溉
精量播种	免耕播种机、精量播种机、穴播机
深松整地	深松整地机、深耕灭茬机

8.2 农业绿色生产机械分类

8.2.1 基于效益维度的分类

绿色生产机械不仅具有农业机械的一般特性，即通过机械对人工的替代，释放农业劳动力和提高劳动生产率。同时还有绿色生产特性，即可以改善土壤、减轻对空气和水的污染，具有生态效益。生态效益具有明显的外部性，机械的购置与使用可能不能使农户获得明显经济效益，农户可能不太愿意主动投入，存在市场失灵现象。

无论是一般农业机械还是农业绿色生产机械，机械的使用都具有明显的社会效益。因此，可以从经济效益和生态效益两个维度对农业绿色生产机械进行分类，将绿色生产机械分为强生态强经济型、弱生态强经济型、强经济弱生态型、弱生态弱经济型绿色生产机械，如表8-2所示。

表8-2　农业绿色生产机械分类

农机分类	生态效益	经济效益	农户购置意愿	补贴力度
强生态弱经济型	高	低	偏低	高
弱生态强经济型	低	高	高	低
强经济弱生态型	低	高	高	低
弱经济强生态型	高	低	低	高
强生态强经济型	高	高	偏高	适度
弱生态弱经济型	低	低	较低	适度

8.2.2　基于机械产品维度的分类

基于绿色生产机械类型和效益组合类型，进行绿色生产机械分类。具体如表8-3所示。

表8-3　农业绿色生产机械分类

机械类别	机械名称	类型
深耕深松机械	深松整地机	强生态弱经济型
秸秆还田离田机械	秸秆粉碎、灭茬、打捆、捡拾、储运、打包、搂草等机械	强生态弱经济型
精量喷药施肥节水机械	高效喷药、精量变量喷药、植保无人机、水肥一体、节水灌溉等	强经济强生态型
残膜回收加工机械	铺膜机、残膜回收机、土壤清理机、厚地膜回收机等	强生态弱经济型
有机肥生产和撒肥机械	固体肥撒施、有机肥深施等机械	弱经济强生态型
其他机械	病死畜禽无公害处理设备	强生态弱经济型

8.3 农户的绿色生产机械购置行为分析

在农机购置补贴政策推动下，国内农机装备水平不断提高。自2004年党的十八大以来，中央财政累计安排农机购置补贴资金1116亿元（刘慧，2019），全国农机装备总动力达到了10.27亿千瓦。但农业绿色生产机械购置与使用明显不足，如秸秆的离田还田往往需要政府的大量行政力量介入，才能基本解决秸秆焚烧问题。部分地区实施了绿色生产机械的应补尽补的补贴政策，但农业经营主体的购置响应并不理想。因此，有必要对农业经营主体的绿色生产机械购置行为进行研究，分析农业绿色生产机械购置行为特征，为推动绿色生产机械使用提供理论参考。

目前，已有文献主要是对传统农业机械购置行为的研究，如 Ji 等（2011）、Muller（2020）、张标等（2017）、曹光乔（2010）的研究，但只有部分文献涉及绿色生产机械，认为农户购置农机首先考虑功能性、耐久性、安全性，如王许沁等（2018）的研究，其次才考虑绿色功能。而且，随着时间的推移，农户农机购买行为趋于理性化，因此，应增加农机购置补贴种类，合理确定补贴额度（冷博峰等，2020），动态调整农机产品的补贴范围，重点补贴新型高效和应用于关键作业环节的农业机械（路玉彬，2018），才能推动更多生产环节使用绿色生产机械，助力农业绿色发展（张露和罗必良，2018）。已有研究表明，农业经营主体的绿色生产机械购置行为特征的研究比较缺乏。因此，农业经营主体的绿色生产机械购置行为特征的研究具有理论价值和现实意义。

本章将引入计划行为理论，结合农业生产实际，通过社会调查，构建结构方程模型，分析农业经营主体购买绿色生产机械的意愿和行为特征及其影响因素，研究结果将丰富农机化发展理论，有助于推动绿色生产机械购置和使用以及农机化高质量发展，助力农业绿色发展。

8.3.1 模型构建与研究假设

8.3.1.1 理论基础

计划行为理论（Theory of Planned Behavior）由 Ajzen 等提出，研究个体行为

决策的重要理论，能很好地预测和解释个体行为（Sok et al.，2021）。该理论认为，行为态度、主观规范、感知行为控制三者共同对行为意愿和实际行为产生影响。其中，行为意愿是决定个体行为的最直接因素，而行为意愿受到行为态度、主观规范、知觉行为控制的影响。个体行为的态度越正面，主观规范越有利，知觉行为控制越强，个体行为意愿会越强烈，执行行为的可能性就越大（Ajzen，1991）。

农业经营主体绿色生产机械购置行为研究涉及社会学、经济学、心理学等领域，一般理论很难准确分析这一行为，运用计划行为理论，可以较好地解释农业经营主体的绿色生产购置行为特征。计划行为理论应用于农业经营主体行为研究，其有效性得到了一些研究的验证，该理论在农业经营主体耕地面源污染治理参与、绿色生产技术采纳、有机肥施用、农药使用控制以及可再生能源使用等方面已有运用（张高亮等，2015；俞振宁等，2018；杨志海，2018；Wang et al.，2019；Genovaite et al.，2021；Damalas，2021；Warner et al.，2021）。也有学者运用计划行为理论对拖拉机的购买行为进行研究，认为态度因素对行为意愿的影响最显著，控制因素对拖拉机的购买行为起着至关重要的作用（刘伟等，2017）。

农业绿色生产机械的购置与使用涉及政府、农业机械生产厂商和农业经营主体。其中，政府的绿色宣传、补贴政策、培训推广、条件改善会影响农业绿色生产机械的使用效益、使用环境和农业经营主体对资源环境的控制能力和水平，厂商生产的产品种类和产品质量会影响农业绿色生产机械购置的吸引力。农业经营主体的绿色生产机械购置行为具有群体特征，不同个体特征的农业经营主体会产生不同的政策反应（黄祖辉，2016）。年龄、受教育程度、农户类型、种植规模、政策认知、农业收入、融资能力等对农机购置决策存在显著影响（Paudel，2019），农机购置补贴也会影响农机购置行为（王文信等，2020）。这些因素通过影响绿色生产机械购置意愿，进而影响购置行为。基于上述理论分析和计划行为理论，构建农业经营主体绿色生产机械购置行为的理论分析框架，如图8-1所示。

8.3.1.2 研究假设

（1）行为态度。行为态度有正向和反向两种表现，分别反映了农业经营主体对购置绿色生产机械的喜爱和厌恶程度。农业经营主体若对绿色生产机械购置行为具有正面评价，则对购置行为产生积极态度；若具有负面评价，则体现为消

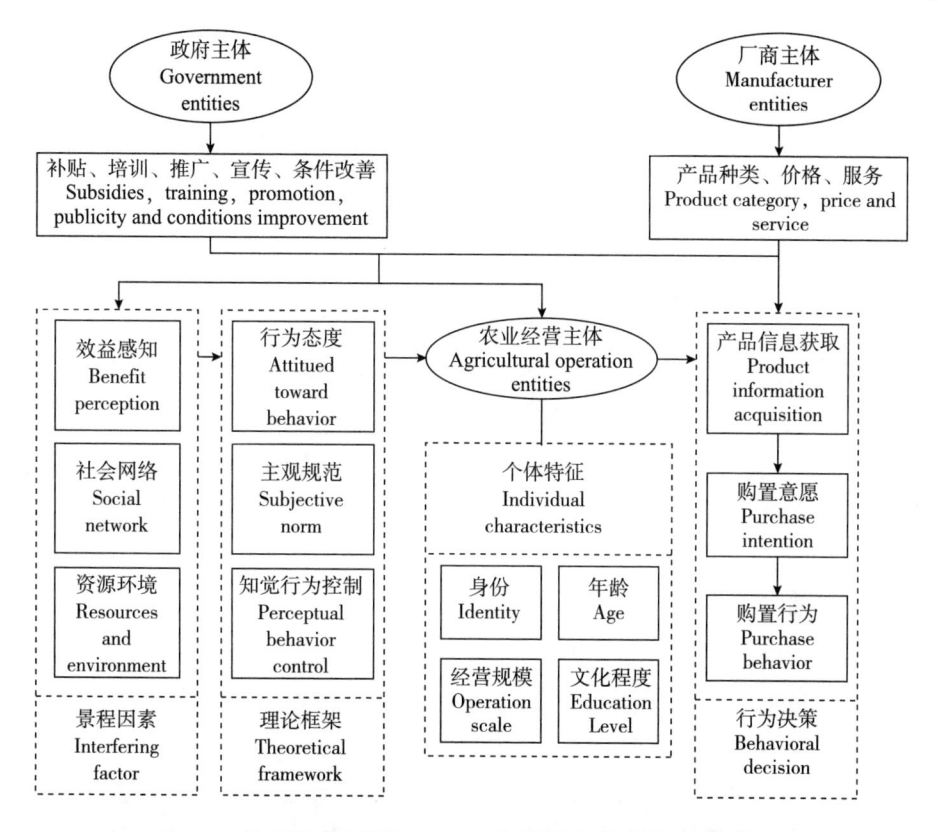

图 8-1 农业经营主体绿色生产机械购置行为的理论分析框架

极态度。行为态度受到购置行为可能带来的预期效益的影响，预期效益和绿色生产成本是农业经营主体行为决策的关键影响因素（Liang et al.，2019）。农业经营主体预期绿色生产机械购置行为可以带来效益，感知到购置行为可以减轻劳动强度、提高作业效率和弥补劳动力不足，会增强购置意愿（Davis，2010；Diao et al.，2014）；农业经营主体的生态价值观也会影响其绿色生产机械购置行为（曹海英，2018）。基于上述分析，提出假设：

H1：农业经营主体行为态度正向影响购置意愿。

（2）主观规范。主观规范是农业经营主体绿色生产机械购置行为决策受到的外界影响或外部压力。Cialdini 将主观规范分为指令性规范和示范性规范（Cialdini，1991）。指令性规范是指政府部门对绿色生产机械购置的要求和引导性宣传。农业经营主体对政府的信任程度比较高，地方政府工作人员的要求和村干部的宣传，会显著影响农业经营主体对绿色生产机械的评价，进而对购置意愿产生重要影响。示范性规范是指亲友近邻对绿色生产机械购置行为的监督和约束作用，亲朋好友示范和家人意见必然会成为农业经营主体决策的参考依据（Mohr，2021）。另外，农业经营主体通过各类媒体感受到绿色发展的社会氛围，了解到农业绿色发展的必然趋势，会强化其购置绿色生产机械的意愿。基于上述分析，提出下述假设：

H2：农业经营主体主观规范正向影响购置意愿。

（3）知觉行为控制。知觉行为控制是指过去的经验和未来的预期对农业经营主体购置绿色生产机械行为的影响，包括感知强度和控制信念两个方面。感知强度表现为农业经营主体感知到购置绿色生产机械的必要程度，控制信念表现为农业经营主体对绿色生产机械购置行为难易程度的认知和控制能力。控制能力可分为内外两个层面，内部控制能力是指农业经营主体所具备的响应能力，包括技能、经验和文化程度等，而外部控制能力是指外在的机会、资源等，包括绿色生产机械的性能、农业生产管理与技术等。总之，绿色生产机械购置会受到资源、环境、收入等多方面因素影响（李宁等，2019；Safa，2020）。农业经营主体感知到的购买价值高，则认为自身掌握的可控因素多，购置意愿会更强烈，也会倾向于购置绿色生产机械。基于上述分析，提出如下假设：

H3：农业经营主体知觉行为控制正向影响购置意愿。

（4）购置意愿对购置行为的影响。农业经营主体购置意愿是购置行为的前提条件，购置行为是基于购置意愿的决策。购置意愿越强烈，越有可能转化为购买行为。农业经营主体的购置意愿可以通过购买、进一步购买、动员他人购买三个方面体现出来。而购置行为可以直接通过是否购买进行测量。基于上述分析，提出如下假设：

H4：农业经营主体购置意愿会正向影响购置行为。

（5）农业经营主体行为态度、主观规范、知觉行为控制之间的关系。首先，农业经营主体面临的主观规范越强，行为态度越积极；购置行为态度越积极，对主观规范越敏感，农业经营主体绿色生产机械购置行为态度和主观规范之间存在相关性。其次，行为态度越积极，农业经营主体更加愿意完善购置行为所需要的条件，包括筹资、技术学习等；资源条件越可控，行为态度也越积极，农业经营主体行为态度和知觉行为控制明显相关。最后，主观规范越强，农业经营主体感受到外界的影响力越大，完善购置行为所需资源条件更加积极；农业经营主体可以控制的资源条件越丰富，主观规范的影响和作用力就越强。因此，主观规范和知觉行为控制也具有相关性。基于上述分析，提出如下假设：

H5：行为态度、主观规范、知觉行为控制两两相关。

（6）不同类型农业经营主体的购置意愿和行为响应存在差异。购置绿色生产机械的农业经营主体具有明显的多元异质特征，包括传统小农、种田大户、家庭农场主、农业合作社等多元主体，同时，在年龄、文化程度及其经营规模等方面具有异质性。多元异质农业经营主体购置意愿的影响因素及其影响程度会有所差异，购置意愿向购置行为转化的可能性也会不同。文化程度、经营规模、农机组织等是影响农机购买的重要因素（许秀川，2017；陈新建和黄嘉升，2020）。基于上述分析，提出如下假设：

H6：不同年龄、文化程度、身份、经营规模的农业经营主体，购置意愿和行为响应不同。

8.3.1.3 模型构建

根据理论框架和研究假设，构建基于结构方程的农业经营主体绿色生产机械购置行为分析模型，如图8-2所示。包括行为态度（Attitude Toward Behavior，AB）、主观规范（Subjective Norms，SN）、知觉行为控制（Perceived Behavior Control，PBC）、购置意愿（Purchase Intention，PI）、购置行为（Purchase Response，PR）5个潜变量，购置意愿在购买行为与计划行为理论3个要素之间发挥中介作用。基于绿色生产机械购置与使用实际，个性特征选择年龄（Age）、文化程度（Education Level，EL）、身份（Identity，ID）和经营规模（Operation Scale，OS）4个变量，4个变量首先影响购置意愿形成，进而影响购置行为。

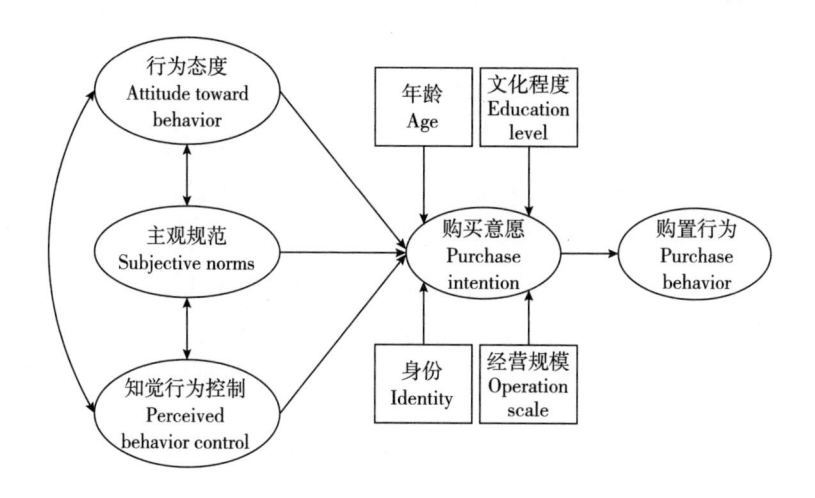

图8-2　农业经营主体绿色生产机械购置行为结构方程分析图

8.3.2 数据来源与研究方法

8.3.2.1 数据来源与样本选择

研究选择江苏省作为样本区域。一是因为江苏省农机化发展较快，是全国农机化发展典型省份。截至2020年底，农机总动力达到了5214万千瓦，位列全国第7，可供研究的现实基础好。二是江苏省近年来大力推广秸秆机械化还田、精准施肥和深耕深松等绿色生产机械，进一步的推广应用需要理论指导，研究具有现实需要。

研究选择生产稻麦的农业经营主体为研究对象，因为江苏省稻麦生产规模比较大，正在推进全程机械化。同时，稻麦也是主要粮食作物，绿色生产机械使用对农业绿色生产和农业绿色发展意义重大。

研究以农业经营主体为调查对象，通过三个途径进行调查和数据收集：一是利用新型职业农民和农机职业技能等培训机会，对参加培训的农业经营主体进行问卷调查；二是选择部分地区，通过农业经营主体座谈会，现场填写调查问卷；三是选择部分地区，进行入户问卷调查。

区域样本选择包括以下两个基本原则：一是不同经济发达地区的全覆盖；二是兼顾农民、家庭农场和农业合作社等农业经营主体的全面性。由于江苏省苏南地区的大部分村镇经济比较发达，农机配置主要是村镇政府行为，为保障研究的应用价值，主要选择苏中和苏北以及苏南非村镇政府配置农机的地区为样本区域。研究样本区域选择常州的金坛区、南通的通州区、扬州的高邮市、泰州的姜堰区、徐州的睢宁县、淮安的淮阴区、盐城的射阳县、宿迁的沭阳县、连云港的灌南县。

调查累计发放问卷650份，剔除信息填写不完整或不规范问卷，回收有效问卷560份，有效率为86.15%。样本选择和数据满足研究需要。

8.3.2.2 量表设计与描述性统计

（1）量表设计。依据理论分析框架和结构方程分析模型，遵循Ajzen提出的计划行为理论问卷设计方法（Fishbein and Ajzen，2010），依据5个潜变量的内涵及影响因素，设计20个观测变量，各潜变量所包括的观测变量如表8-4所示，行为态度、主观规范、知觉行为控制、购置意愿和购置行为分别包含6个、4个、6个、3个和1个观测变量。除购置行为外，观测变量测定都采用李克特量表，5个选项及其赋值分别为"1—完全不赞同、2—不赞同、3——一般、4—赞同、5—完全赞同"。"购置行为"的测量变量为二元的 0-1 变量，0 表示购买行为为否，1 则为是。由于"购置行为"潜变量只有 1 个观测变量，依据结构方程分析规则，可以直接按照观测变量参与计算和分析。

表 8-4 变量界定与描述性统计

潜变量	维度	观测变量	均值	标准差
行为态度 （AB）	经济效益	AB1：增加农业生产收入	4.123	1.038
		AB2：降低农业生产成本	4.213	0.917
		AB3：提升农业生产效率	4.420	0.755
	社会效益	AB4：降低劳动强度	4.445	0.716
		AB5：提高农产品质量	4.171	0.979
	生态理性	AB6：保护环境	4.370	0.810
主观规范 （SN）	指令性规范	SN1：村干部要求	4.070	0.968
	示范性规范	SN2：亲朋好友示范	3.950	1.001
		SN3：家庭成员支持	3.939	1.098
		SN4：社会氛围推崇	4.138	0.923
知觉行为控制 （PBC）	个人能力	PBC1：经济上有能力	4.057	0.992
		PBC2：生产收入	4.088	0.987
	机械性能	PBC3：机械的质量与性能可靠	3.996	0.990
	管理与服务	PBC4：管理部门示范与推广	3.991	1.047
	个人技能	PBC5：同行相互交流与帮助	4.104	0.953
		PBC6：个人的使用经验	3.964	1.079
购置意愿 （PI）		PI1：准备购买的意愿	3.682	1.106
		PI2：进一步购买的意愿	3.596	1.064
		PI3：动员他人购买的意愿	3.513	1.136
购置行为 （PR）		PR1：是否购买	0.584	0.493

（2）描述性统计。根据研究需要和现实情况分析，年龄、文化程度、经营规模分为五个层次，农业经营主体身份分为四种类型。其中，农机服务主体包括农机大户和农机合作社。对调查数据统计分析，获得样本特征如表 8-5 所示，46~55 岁的占比最大，为 40.54%；传统小农在主体类型中占比最多，为 33.39%，其次是农业合作社，为 26.07%；文化程度变量特征是初中文化程度的主

体占比最大，为 40.54%；经营规模变量特征是"≤3.33hm²""13.34~33.33hm²"规模的农业经营主体占比居多，分别为 29.82% 和 28.04%。各个层次比例比较符合现实情况，满足研究需要。

表 8-5 样本基本特征

变量	指标	频数	比例(%)	变量	指标	频数	比例(%)
年龄（岁）	≤35	52	9.27	文化程度	小学	95	16.96
	36~45	149	26.61		初中	227	40.54
	46~55	227	40.54		高中	128	22.86
	56~65	109	19.46		本专科	83	14.82
	≥66	23	4.11		研究生	27	4.82
身份	传统小农	187	33.39	经营规模（公顷）	≤3.33	167	29.82
	家庭农场	130	23.21		3.34~13.33	129	23.04
	农业合作社	146	26.07		13.34~33.33	157	28.04
	农机服务主体	93	16.61		33.34~66.67	77	13.75
					≥66.68	30	5.36

8.3.2.3 研究方法

结构方程模型分析方法（Structural Equation Model）整合了因素分析与路径分析两种统计方法，在社会科学领域主要用于分析观察变量间的复杂关系。首先，基于相关理论进行理论假设，并构建结构方程分析模型；其次，运用相关软件，进行验证计算和分析。结构方程模型由测量模型和结构模型构成。

测量模型通常表示为：

$$x = \Lambda_x \xi + \delta \tag{8-1}$$

$$y = \Lambda_y \eta + \varepsilon \tag{8-2}$$

结构模型通常表示为：

$$\eta = B\eta + \Gamma\xi + \zeta \tag{8-3}$$

式中分别为外源指标向量和内源指标向量，ξ 和 η 分别为外源潜变量和内生潜变量，Λ_x 和 Λ_y 分别为外源和内生潜变量的系数，δ 和 ε 分别为 x 和 y 的误差项，B 为内生潜变量之间的关系，ζ 为结构方程的残差项。本书将运用计划行为理论构建理论假设，结合多元异质农业经营主体购买绿色生产机械的实际情况，运用结构方程分析方法，借助 AMOS 分析软件，验证理论模型，分析影响因素和影响程度，如表 8-6 所示。

表 8-6　变量信度与效度分析结果

潜变量	观测变量	标准因子载荷	Cronbach's 系数	KMO 值	Bartlett 球形检验
行为态度	AB1	0.756	0.855	0.845	1437.569（$p \leqslant 0.001$）
	AB2	0.681			
	AB3	0.633			
	AB4	0.775			
	AB5	0.740			
	AB6	0.748			
主观规范	SN1	0.699	0.845	0.802	911.409（$p \leqslant 0.001$）
	SN2	0.778			
	SN3	0.810			
	SN4	0.758			
知觉行为控制	PBC1	0.692	0.889	0.902	1663.697（$p \leqslant 0.001$）
	PBC2	0.793			
	PBC4	0.796			
	PBC5	0.760			
	PBC6	0.765			
	PBC7	0.700			
	PBC9	0.834			
购置意愿	PI1	0.961	0.890	0.716	1026.659（$p \leqslant 0.001$）
	PI2	0.967			
	PI3	0.793			
总量表		0.756	0.855	0.845	1437.569（$p \leqslant 0.001$）

注：$p \leqslant 0.001$ 表示在 1% 的统计水平上显著。

8.3.3 实证分析

8.3.3.1 信度与效度检验

首先，为了确保研究结果可靠，用 Cronbach's 系数，对数据进行信度检验，计算结果如表 8-6 所示，各潜变量 Cronbach's 系数值都超过 0.8，说明各潜变量的内部一致性较好，信度较高。其次，为验证观测变量对潜变量的解释程度，对数据进行效度检验。计算结果如表 8-6 所示，各潜变量的 KMO 值均大于 0.7，量表整体 KMO 值为 0.951，Bartlett 球形检验值为 6744.88，结果显著。进一步进行因子分析，各测量变量对其所属潜变量的载荷系数都在 0.6 以上，结构效度满足进一步分析的需要。由于"购置行为"潜变量以观测变量参加计算和分析，不再计算该变量的 Cronbach's 系数和 KMO 值。

8.3.3.2 模型拟合与适配度检验

采用 Amos 软件对图 8-2 假设模型进行拟合，发现模型拟合效果达不到要求，其中，个性特征中的"文化程度"和"年龄"变量与"购置意愿"潜变量之间路径系数比较小，未能通过显著性检验。因此，修正结构方程分析模型，删除"文化程度""年龄"观测变量，再次运用 AMOS 软件对修正后模型进行检验，并对其中的 e1 和 e6、e20 和 e23、e22 和 e24 之间的共变关系进行修正，卡方值达到了相应的标准，如图 8-3 所示，其中，e1~e22 和 e24 是观测变量的残差，e23 是潜变量"购置意愿"（PI）的误差。农业经营主体购置绿色生产机械的行为能够用计划行为理论进行研究和分析。

对修正模型进行适配度检验，结果如表 8-7 所示，绝对适配度指标包括规范化的卡方值（χ^2/df）、拟合优度指数（Goodness of Index，GFI）、近似均方根误差（Root Mean Square Error of Approximation，RMSEA）；增值适配度指标包括标准拟合指数（Normed Fit Index，NFI）、增值拟合指数（Incremental Fit Index，IFI）、比较拟合指数（Comparative Fit Index，CFI）；简约适配度指标包括简约拟合优度指数（Parsimonious Goodness-of-fit Index，PGFI）、简约标准拟合指数（Parsimonious Normed Fit Index，PNFI）。各适配度检验指标都达到临界要求，模型与数据的拟合度好，可以进行模型分析。

第8章 农业绿色生产机械购置行为特征与政策完善

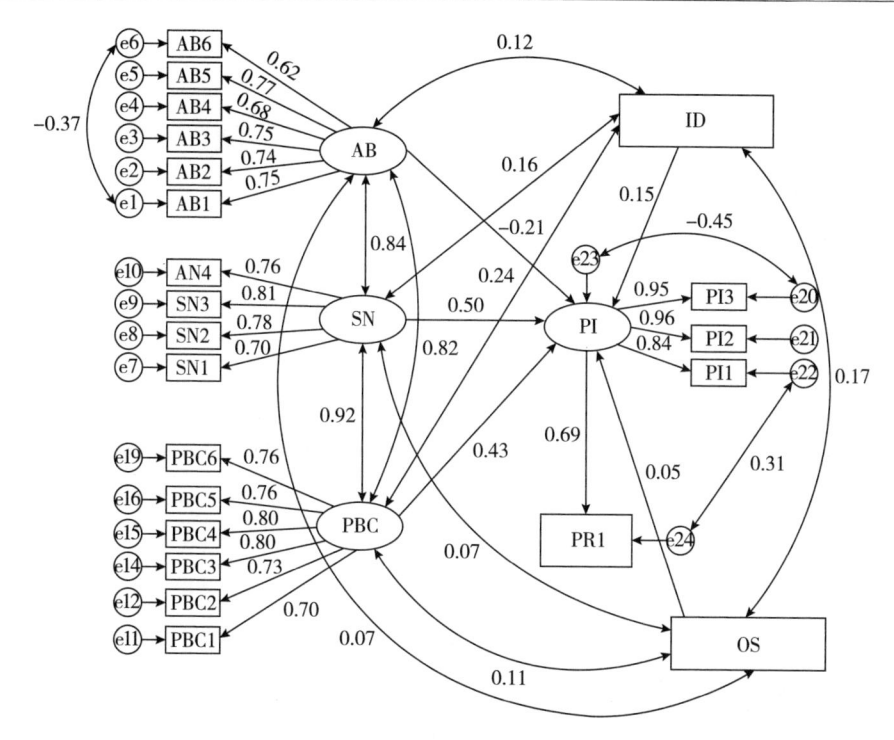

图 8-3 绿色生产机械购置行为分析结构方程模型

表 8-7 模型适配度检验结果

检验量	绝对适配度指标		增值适配度指标			简约适配度指标	
	χ^2/df	GFI	RMSEA	NFI	IFI	CFI	PGFI	PNFI
判断标准	<3	>0.90	<0.08	>0.90	>0.90	>0.90	>0.50	>0.50
实际拟合值	2.966	0.904	0.059	0.924	0.947	0.949	0.690	0.772
适配结果	是	是	是	是	是	是	是	是

8.3.3.3 假设检验

结构方程拟合结果如表 8-8 所示。计算结果表明，"主观规范""知觉行为控制""购置意愿"，以及"购置意愿""购置行为"变量之间都为正向关系，个性特征中的"身份""经营规模"也与"购置意愿"呈正向关系，而"行为态度"与"购置意愿"之间路径系数为负值。显著性方面，"经营规模"与"购置意愿"之间通过了5%水平的显著性检验，其他变量之间都通过了1%水平的显著性检验。计算结果拒绝了假设 H1，其他假设得到支持。路径系数方面，"行为态度"、"主观规范"、"知觉行为控制"3个变量之间的相关系数分别为0.842、0.816、0.918,三者与"购置意愿"的路径系数分别为-0.208、0.5、0.434,"购置意愿"与"购置行为"的路径系数为0.693,"身份"、"经营规模"与"购置意愿"的路径系数分别为0.146和0.053。

表8-8 路径系数计算结果与假设检验结论表

路径	假设	路径系数	标准误差	临界比	假设检验
行为态度→购置意愿	H1	-0.208***	0.081	-3.036	拒绝
主观规范→购置意愿	H2	0.500***	0.181	3.771	接受
知觉行为控制→购置意愿	H3	0.434***	0.160	3.630	接受
购置意愿→购置行为	H4	0.693***	0.017	21.780	接受
行为态度↔主观规范	H5	0.842***	0.040	10.981	接受
行为态度↔知觉行为控制		0.816***	0.040	10.981	接受
主观规范↔知觉行为控制		0.918***	0.039	11.017	接受
身份→购置意愿	H6	0.146***	0.024	4.881	接受
经营规模→购置意愿		0.053**	0.000	1.992	接受

注:***、**分别表示在1%、5%的统计水平上显著。

8.3.3.4 结果与分析

(1)主观规范对购置意愿的影响。农业生产经营主体绿色生产机械购置意愿受主观规范影响最大,路径系数为0.5。"主观规范"潜变量与对应的4个观测变量的载荷系数都大于0.70,表明4个观测变量都是解释"主观规范"潜变量的关键变量。而在这4个观测变量中,"家庭成员支持"的解释力最大,其载荷系数值为0.81;"亲朋好友示范"影响其次,载荷系数值为0.78。这一结论验证了农业生产主体经营决策是由家庭主导并受示范影响较大的现实。"社会氛围推崇""村干部要求"的载荷系数略低,表明社会绿色生产氛围营造和基层职能部门的宣传还有提升空间。主观规范通过购置意愿对购置行为产生间接效应,其间接效应为0.347,没有直接效应,因此,两变量之间的总效应为0.347。

(2)知觉行为控制对购置意愿的影响。知觉行为控制对农业经营主体绿色生产机械购置意愿的影响略低于主观规范的影响,路径系数为0.434。其与对应的6个观测变量的载荷系数都在0.7以上,表明6个观测变量都是潜变量的关键解释因素。在所有观测变量体现的影响因素中,绿色生产机械的性能和质量以及管理部门的示范和推广两变量的载荷系数比较大，都为 0.8，表明这两个因素的解释力比较突出。而补贴政策形成的经济能力在知觉行为控制方面解释力稍弱，表明了现有补贴政策在推动绿色生产机械购置行为方面需要进一步完善。事实上，传统的农机购置补贴政策并没有突出绿色生产机械的含义。知觉行为控制也是通过购置意愿对购置行为产生间接效应，间接效应为 0.301，直接效应未通过显著性检验，因此，两变量之间的总效应为 0.301。

（3）行为态度对购置意愿的影响。行为态度对农业经营主体绿色生产机械购置意愿的影响与假设不一致，其路径系数为负，表明行为态度对购置意愿不具有正向作用。由表 8-4 可知，行为态度各观测变量的统计均值都在 4.0 以上，表明农业经营主体能感知到绿色生产机械的使用可以保护环境，提升农产品的质量，降低成本和劳动强度，但并没有形成购置绿色生产机械的意愿，呈现行为态度与购置意愿失调状态，其客观原因可能是绿色生产机械购置需要增加额外成本，但不能确定是否能带来与之相对应的绿色生产收益，如深耕深松、有机肥撒施机械的使用，有利于土壤改良，但并不一定能得到与投入相对应的回报，导致行为态度与购置意愿关系失调。路径系数为-0.208，系数值较小，表明存在的失调现象并不严重。客观而言，其他经济行为也存在态度和意愿失调现象（王春晓等，2020；陈劼绮等，2021；畅倩等，2021），如何改善失调状态，值得进一步研究。

（4）购置意愿和购置行为之间的关系。农业生产经营主体的购置意愿能显著产生购置行为，两者之间的路径系数为 0.693，表明农业经营主体的购置意愿具有明显的中介作用。但农业经营主体购置绿色生产机械是有选择性的，如表 8-9 所示，绿色生产机械的购买主要集中在精量喷药施肥机械和秸秆还田与离田机械上，而有机肥撒施机械、深松深耕机械、残膜回收机械等购买较少，其原因是机械使用增加了成本，但收益增加具有不确定性。绿色生产机械的使用能带来绿色生产收益是绿色生产机械购置的重要条件，表明了农业经营主体绿色生产机械购置行为的经济理性。

表 8-9　不同农业经营主体购置绿色生产机械及其机械类型占比　　单位：%

身份	购买主体占比	购买绿色生产机械不同类型的主体占比					
		深耕深松	有机肥撒施	精量喷药	秸秆离田与还田	残膜回收	其他
普通农户	29.95	2.67	4.28	18.18	16.04	0	1.60
家庭农场主	67.69	20.00	15.39	56.92	51.54	0.77	5.39

续表

身份	购买主体占比	购买绿色生产机械不同类型的主体占比					
		深耕深松	有机肥撒施	精量喷药	秸秆离田与还田	残膜回收	其他
农业合作社	79.45	10.96	19.18	65.75	46.58	0.69	6.85
农机服务主体	69.07	27.84	19.59	56.70	51.55	1.03	6.19

(5) 潜变量之间及其个性特征对购置意愿的影响。"行为态度"、"主观规范"和"知觉行为控制"3个潜变量之间的相关性比较强，系数值分别为0.842、0.918、0.816，支持假设。个性特征与购置意愿之间的关系呈现一定的差异。计算结果显示，"身份"与"购置意愿"的关系通过了1%水平上的显著性检验，系数为0.146，其与"购置行为"的总效应体现为间接效应，为0.104。由表8-10可知，农业合作社对绿色生产机械的购置占比最高，农业合作社样本中有79.45%购置了相关的绿色生产机械；传统小农的比例最低，为29.95%，主要集中在精量喷药、秸秆离田和还田机械上。经营规模对购置意愿的影响通过了1%水平上的显著性检验，系数值为0.05，其与购置行为的总效应也仅仅体现为间接效应，为0.035，表明了经营规模对意愿形成影响不大，但比较一致。总体上是规模大的农业经营主体购置意愿强烈一些，购置行为占比多一些，如表8-10所示，33.34~66.67hm²的规模经营主体购买占比最大，为80.26%；66.68hm²以上和小于3.33hm²的规模经营者购买占比有所降低。年龄和文化程度对购置意愿的影响不显著，没有通过显著性检验，且系数值也不大，表明年龄和文化程度并不是绿色生产机械购置的关键影响因素。

表8-10 不同经营规模情况下购置绿色生产机械主体占比

经营规模（公顷）	≤3.33	3.34~13.33	13.34~33.33	33.34~66.67	≥66.68
购置行为主体占比（%）	21.56	66.67	76.58	80.26	76.67

8.3.4 结论与建议

本章基于计划行为理论，构建了农业经营主体绿色生产机械购置行为的理论分析框架和结构方程模型，通过社会调查获得数据，运用AMOS软件，对模型进行了验证。研究表明，文章构建的理论框架、结构方程分析模型可以用于农业经营主体的绿色生产机械购置行为分析,能很好地解释农业经营主体绿色生产机械购置行为特征和影响因素及其影响程度。研究认为,农业生产经营主体购置绿色生产机械的意愿受主观规范影响最大,也比较显著;知觉行为控制的影响次之,行为态度和购置意愿关系失调,购置意愿正向决定购置行为。农业生产经营主体的个性特征影响各不相同,其中,身份和经营规模显著影响购置意愿,但影响程度不高;文化程度和年龄影响不显著,不是关键影响因素。

8.4 区域农业绿色生产机械应用案例分析

绿色生产机械的推广与使用对农业绿色发展和高质量发展具有不可忽视的意义和作用,本章以江苏省为例,进行区域农业绿色生产机械应用的案例分析。

8.4.1 江苏省绿色生产机械应用现状

在补贴扶持政策激励和环境保护压力约束下,江苏的主要绿色生产机械化水平不断提升。2022年,全省秸秆还田与离田机械作业水平达56.31%,处于较高水平;江苏省农业废弃物处理机械化率为50.48%,较2021年上升12%。大幅提高农药利用率,降低施药量,减轻农业面源污染的高效植保机械获得应用,特别是无人植保飞机,保有量快速增长,高效植保机械使用率达37.68%,较上年上升5.35%。但江苏全省深耕(松)机械作业水平在8%左右,目前还处于较低的水平。具体应用现状体现在以下几个方面:

(1)机具规模不断增加,机械总量仍然不足。近年来,在农机购置补贴政策的推动下,江苏省农业绿色生产机械获得了较快发展。农机购置补贴数据显示,2018年、2019年、2020年、2021年、2022年江苏省分别新增农业绿色生产机械38186台(套)、29541台(套)、45051台(套)、14534台(套)、45685台(套),累计172997台(套),年均增加34599.4台(套)。2018~2022年江苏省农机购置补贴数据显示,保护性耕作机械累计补贴95774台(套),精准施药机械累计补贴37965台(套),高效施肥机械累计补贴21373台(套),秸秆离田与还田机械累计补贴13213台(套),按照2022年农作物播种面积计算,平均每千公顷拥有量分别为12.75台(套)、5.05台(套)、2.84台(套)、1.76

台（套）。高效施肥机械和秸秆离田与还田机械平均每千公顷拥有量较少，还不能完全满足农业绿色生产需求。

（2）机具种类更加丰富，机具类别不够全面。2018年农机购置补贴涉及的农业绿色生产机械包括5大类（共15种），分别为保护性耕作机械、高效施肥机械、秸秆离田与还田机械、畜禽粪污资源化利用机械、精准施药机械。2022年共涉及7大类（共20种），相比2018年增加了精量播种、饲草料高效回收加工类。完善了秸秆离田与还田、保护性耕作类机械。保护性耕作机械中，联合整地机、深松机的数量应用较少；秸秆离田与还田类机械中，秸秆压块（粒、棒）机械应用较少。精准施药类机械中，风送喷雾机数量较少。此外，水肥一体化、节水灌溉、残膜回收利用、病死畜禽无害化处理类机械应用不足。

（3）应用环节有所增加，但没有实现全覆盖。2018年绿色生产机械应用生产环节包括耕作、农业废弃物资源化利用、施肥、施药环节；2019年，精量播种机、青饲料收获机、饲料制备（搅拌）机开始使用，绿色生产机械应用范围扩大到播种、饲草料高效回收加工环节；2020年开始使用秸秆压块（粒、棒）机、青贮切碎机，拓展了饲草料高效回收加工环节机具种类；2022年新增了有机废弃物干式厌氧发酵装置，丰富了畜禽粪污资源化利用环节的绿色生产机械。总体上，耕作和植保环节的绿色生产机械相对完善，保护性耕作、精准施药类机械数量较多，但是农业废弃物回收利用环节的绿色生产机械应用相对薄弱，畜禽粪污资源化利用机械数量较少，缺少残膜回收利用和病死畜禽无害化处理类绿色生产机械。

（4）区域应用各具特点，地区之间发展不够平衡。在不同地区，农业绿色生产机械的应用各具特点。徐州和盐城地区秸秆粉碎还田机械的应用较为广泛；南通市的遥控飞行喷雾机、施肥机（含水稻侧深施肥装置）应用较为普遍；南通和苏州地区埋茬起浆机得到较好的推广应用。各地区农业绿色生产机械应用侧重点不同，主要与当地农业生产特点以及推广区域有关。2018~2022年，江苏省绿色生产机械购置补贴数据表明，南京市、苏州市、无锡市每年新增的农业绿色生产机械数量比较稳定，徐州市、盐城市、淮安市每年新增绿色生产机械数量变化较大。绿色生产机械每千公顷累计拥有量方面（以2022年农作物播种面积计算）：镇江市和徐州市每千公顷累计拥有绿色生产机械数量较多。

8.4.2 农业绿色生产机械扶持政策举措

基于上述结论，为推动农业经营主体购置绿色生产机械，推动绿色生产机械化提升，助力农业绿色发展，应从以下几个方面开展工作：

(1) 加强政策宣传引导，增强农户对绿色生产机械及政策的认知。农业绿色生产机械使用生态效益明显。因此，要加大农业绿色生产机械的宣传力度，宣传绿色生产机械使用的必要性和重要性，如深耕深松机械使用对耕地保护的长期效益，精准施药与高效施肥机械的使用对空气质量、水资源的保护作用，以及秸秆资源化利用机械的使用对环境保护的好处。让农业生产者意识到绿色农业生产机械的使用具有长期效益，肥沃的耕地、优质的水源、清新的空气更有利于农作物的生长，有利于提高农产品质量，使农业生产者长期获取效益。发挥村级组织和村干部的作用，通过政策宣讲、绿色生产机械知识宣讲、技能培训等重要形式，为农户普及绿色生产机械及补贴政策的相关知识，做到"人人知晓绿色生产机械，人人知道补贴政策"，从而减小绿色生产机械推广过程中"非认知"因素的阻力，加快绿色生产机械的推广速度。推动农村社会绿色生产氛围营造，发挥农村社会规范对绿色生产机械购置行为的影响；树立农业绿色生产典型示范，发挥示范引领和带动作用，推动农业绿色生产机械购置与使用。

(2) 完善补贴政策，提升补贴政策的有效性和针对性。与一般农业生产机械相比，绿色生产机械的投入效益具有不确定性，需要政府政策的扶持推动；已有补贴政策并未对绿色生产机械实施倾斜政策，生态效益明显的机械使用动力不足，部分绿色生产机械的使用还需增加成本，而收益增加并不明显。因此，应完善农机购置补贴政策，强化绿色生态导向；依据生态效益的程度，对绿色生产机械进行扶持与等级分类。科学设计绿色生产机械装备补贴目录、补贴形式和补贴额度。对经济效益、社会效益、生态效益影响不同的农业机械装备，进行差别化补贴政策安排，提高农业经营主体购置绿色生产机械的经济能力和投入产出效益。对综合效益高和需求量大的绿色生产机械给予重点补贴，对于生态效益较好的应用于关键作业环节的农业机械可以适度加大补贴的力度，如对生态效益明显的深耕深松、秸秆离田与还田、烘干机械等进行倾斜性补贴政策，从农机购置补贴的角度激励农业绿色生产机械的使用和农业绿色生产。

(3) 鼓励土地规模经营和农机服务经营主体发展，增强农户购置绿色生产机械的现实需求。农业机械购置补贴政策的目标为优先发展大规模农户、农机服务主体、农民专业合作组织等，推动土地规模化经营和农户土地流转，鼓励农户适度扩大生产规模，提升大规模农户对绿色生产机械的需求，为绿色生产机械使用创造条件。完善新型农业经营主体培训体系，融入绿色生产机械使用内容，提升农业经营主体使用绿色生产机械能力,培育绿色生产机械购置与使用主体。鼓励农机服务作业主体的发展,促进优势农机户向规模化、产业化方向发展,推动农户角色分化,提供专业化或综合性的农业机械作业服务。完善农业绿色产品认证制度,强化绿色产品标准化生产过程管理,规范绿色机械产品市场和价格,消除行为态度与购置意愿失调现象,形成农业生产经营主体购置绿色生产机械的有效需求。

(4) 推广适用机械,提升绿色生产机械对农户的吸引力。农业绿色生产机械目前还在一定程度上存在着无好机用的情况,如有机肥撒施机械、清洁能源烘干机械等。因此,鼓励厂商加大绿色生产机械技术研发力度,加快提升绿色生产机械的经济效益、生态效益,以为农户服务为主旨,提高绿色生产机械的质量和性能以及农机操作的便捷性,从而增强绿色生产机械对农户的吸引力。加快升级或淘汰低效能、低效益的农机,让更多的节本高效、绿色环保的绿色生产机械流入市场。面向农业绿色生产实际,推动农业机械产学研合作,提升厂商的研发能力,提高绿色生产机械的质量、可靠性与可操作性,方便农业生产经营主体使用和控制,形成农业绿色生产机械的有效供给,提升绿色生产机械的吸引力。

(5) 加强培训,为绿色生产机械使用创造条件。引导农机合作社购置和使用绿色生产机械,为生产者提供复杂绿色生产机械的操作指南、培训和技术指导,开办经验交流会、人员培训会等,为农业生产者使用绿色生产机械提供充足的支持与保障,促进绿色生产机械的购买与使用。加强农业绿色生产机械相关的基础设施建设,建设绿色生产机械配套的农机库、农机保养维修站点等,并设立专业的服务管理人员。

第 9 章 农业机械应用与创新

农业机械化是转变农业发展方式、提高农村生产力的重要基础,是农业农村现代化的重要支撑。我国"三农"工作重心转向全面推进乡村振兴、加快农业农村现代化新阶段,农机正由部分品种生产的局部需求,转变为种、养、加全链条的需求,从非刚性需求转变为离不开、还要好的刚性需求,这对农业机械化提出了新的更高要求。一直以来,国家在粮食生产机械化方面有所倾斜,近年来,提出了全程与全面机械化的目标,在经济作物等方面,机械化程度有待进一步提升。但相关农业机械装备需要创新,存在着无机可用和无好机用等多种情况。因此,区域农业机械化高质量发展需要从区域、产业、品种、环节角度,全面梳理农业机械状况,提出机械需求清单,供农业机械制造企业创新参考。

9.1 农业机械概念与类别

《中华人民共和国农业机械化促进法》所称农业机械,是指用于农业生产及其产品初加工等相关农事活动的机械、设备。狭义的农业机械是指在作物种植业和畜牧业生产过程中,以及农、畜产品初加工和处理过程中所使用的各种机械,包括农用动力机械、农田建设机械、土壤耕作机械、种植和施肥机械、植物保护机械、农田排灌机械、作物收获机械、农产品加工机械、畜牧业机械和农业运输机械等。广义的农业机械是指用于农业、畜牧业、林业和渔业所有机械的总称,还包括林业机械、渔业机械和蚕桑、养蜂、食用菌类培植等农村副业机械。

9.2 农业生产环节与机械应用

9.2.1 农业生产环节与机械应用

农业机械应用于农业生产并服务于不同的生产环节，不同农业的不同生产环节需要不同的机械装备。种植业主要生产环节包括耕整地（秸秆还田耕整地）、种植、植保、收获、烘干和秸秆处理环节。林果业的机械化作业环节可分为中耕、施肥、植保、修剪、采收、田间转运六大环节，品种不同，机械化作业环节亦有差异。畜牧养殖业主要生产环节包括饲草（料）生产与加工、喂饲、废弃物处理（含畜粪处便和禽尸体无害化处理）、环境控制（含消杀防疫和生物病媒防控）、畜产品采集5个机械化生产环节；进一步细分则包括饲料（草）收获、饲料（草）加工、挤奶、剪毛（绒）、捡蛋。

水产养殖在不同的模式下，其机械化作业环节各异；以大类划分而言，主要分为投饲、水质调控、起捕和清淤四大环节；按照养殖管理过程和模式划分：池塘养殖环节包括清淤、下苗、投喂、增氧、水草管护（虾、蟹）、消杀、水体循环、水质监测及智能管控、尾水处理、起捕、运输、初加工12大环节；工厂化养殖环节还包括孵化、育苗、水质净化与调温、增氧、水质监控、微滤机、蛋白质分离器、生物净化设备、集污排污分离器、杀菌装备、尾水处理一体化设备以及CO_2去除试验装置等；网箱养殖还需要网衣清洗；海水养殖主要是浅海和滩涂养殖，藻类、贝类等产品涉及投苗和采收环节。

蔬菜生产机械化环节主要包括净园、撒肥、耕整、起垄（开沟作畦/铺膜）、种植（直播、育苗、移栽）、灌溉施肥、植保、收获、搬运、环境调控、初加工11个环节。农产品初加工涉及品种繁杂，按照农业机械化水平测算方法，可分为脱出、清选和保质3个环节。不同的生产环节需要应用不同的机械，需要不断创新以满足现实需要。

9.2.2 农业机械应用特征

不同的农业机械被应用于不同的生产环节，农户是否购置和使用农业机械受多种因素影响,但农户在某个生产环节是否能选择到合适的机械是农业机械化程度的重要影响因素。农业机械应用状态存在着多种情况,某个生产环节可能没有相应的机械装备可用,或者没有合适的机械产品。基于农户需求角度存在无机可用、无好机用、有机可用、有机不好用等状况。有机可用是指市场上有成熟的装备,性价比较高,深受农户的欢迎,获得了一定的市场份额;有机不好用是指市场上有较为成熟可以使用的装备,但因现有农户生产模式、资金实力、专业技能等因素,不方便农户使用的机械产品,需要创造条件或优化产品满足农户需求。无机可用是指市场上还没有相关装备可以使用,相关环节可能还是人工或使用其他机械装备代替,需要研发生产新的机械装备。无好机用是指市场上有相应的装备,由于机械的可操作性、性能、产品质量等因素,机械装备显得生产适应性不好,农户生产使用不便,这类产品需要改良以满足市场需要。

9.3 农业机械化发展影响因素

农机化高质量发展过程中出现的"无机可用""无好机用""有机不好用"等方面问题,既有客观原因,也有主观原因。熊燕华等在分析江苏省农机化发展报告过程中,构建了农机化发展影响因素及其之间的关系,如图9-1所示。图9-1中显示,影响因素包括农机装备技术因素、农机农艺融合因素、农田"宜机化"等条件因素、政策支持条件因素和作物种类相关标准规范因素等。

第一,农业机械化进程与农业及其生产环节密切相关,不同的农业产业的不同生产环节需要配置不同的机械产品,因此,需要分产业和分环节进行农业机械化分析。同时,农业机械化与农艺相关,不同的农艺状态需要农机在设计上与之配套,否则农业机械会与农艺不配套,影响农业机械的使用。

第二,农业机械化受农业机械购置与使用的决策主体影响,决策主体包括了农机化管理部门、农机应用的农业生产主体,包括新型农业经营主体。随着农业生产经营主体的变化,也会产生不同的决策过程和依据,对农业机械化产生影响。同时,机械的使用还与决策客体有关,主要体现在不同农作物及其生产过程控制方面,包括绿色生产、免耕播种、水肥一体等生产方式的变化。不同的机械应用客体也需要不同的农业机械,进而影响机械化进程。

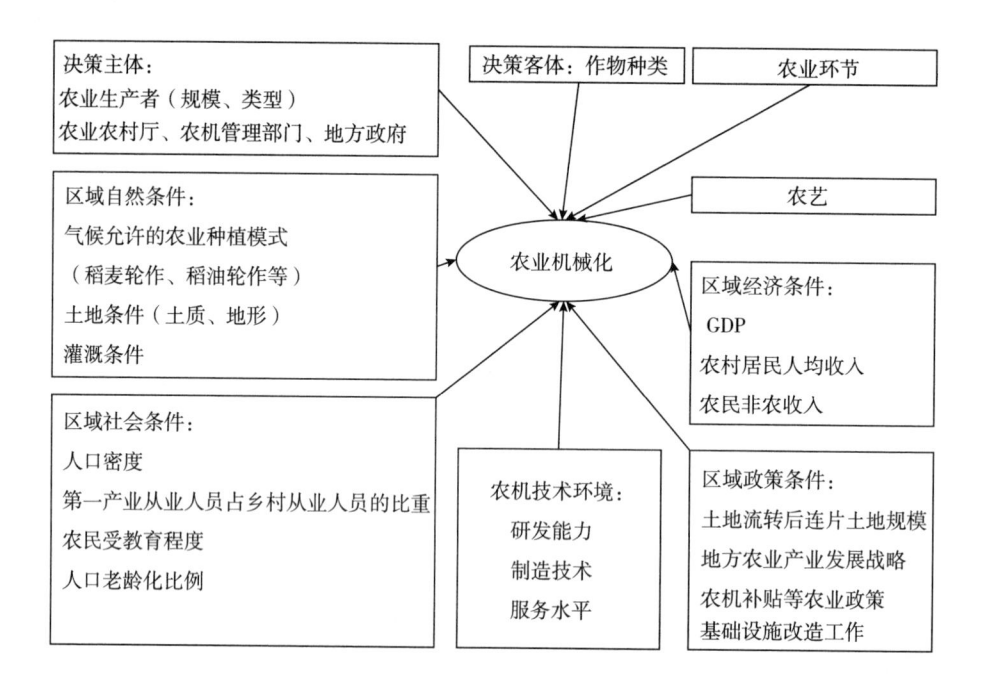

图 9-1 农业机械化影响因素

第三，农业机械的技术情况影响机械化进程，包括研发、制造、服务等方面的水平影响农业机械化进程。特别是研发能力和制造能力不足会产生无机可用的情况，服务不到位会影响机械产品的推广应用，产生有机不好用的情况。农业生产所需机械产品种类繁多，技术要求复杂，需要农业机械技术的强力支持。

第四，区域的社会、文化、经济、政策等情况作为外部因素影响农业机械化的发展，这在探讨区域概念的时候有所阐述。这些因素虽然是外在因素，但对农业机械化高质量发展影响巨大，特别是在农业机械化的全程全面高质高效发展方面影响长远。

总体而言，只有分析农业机械应用短板弱项问题背后的真正原因，才能有针对性地提出补齐区域农机化发展短板弱项的相关对策和措施。

9.4 区域农业机械应用案例分析

为实证分析区域农业机械的需求与创新，本章选择江苏省为研究区域。我有幸主持并参与了《江苏省农机化发展报告》的编制，以及《江苏省"四分"研究总报告》的撰写，获得了江苏农业农村厅各部门统计的农业机械使用情况的数据，在此基础上提出了农业生产需要的机械需求研发与创新清单。新的机械装备的研发与应用，是江苏省农机化高质量发展的重要内容。

9.4.1 江苏省综合机械化水平

在农机购置补贴和相关政策的推动下，江苏省农机化综合水平稳步提升。按照原农业部农业机械化管理司提出的农业机械化水平评价的计算方法，2022年江苏省农作物耕种收综合机械化率为85.12%，较上年增长2.12%。其中，主要农作物机耕率最高，达到了95.7%，机播、机收率则分别为76.95%和79.18%。

9.4.2 各产业（品种）分环节机械化水平

9.4.2.1 主要农作物生产环节机械化水平

2022年江苏省主要农作物耕、播、收机械化水平计算结果显示，机耕是主要农作物机械化水平最高的环节，除马铃薯外其他六大作物的机耕率均达到了85%以上，且小麦、水稻和玉米三大主粮作物的机耕率在96%以上，但是马铃薯的机耕率仅为48.98%。机播和机收是制约农作物机械化发展的两个环节，除了小麦、水稻和玉米在机播、机收环节实现了较高的机械化水平，其他四类作物在这两个环节的机械化水平基本低于60%，且马铃薯的机播和机收率仅为10%左右。

9.4.2.2 林果业各生产环节机械化水平

2022年江苏省水果各生产环节机械化水平计算结果显示，植保环节的机械化率最高，为92.8%；中耕环节次之，为85.4%；采收的机械化率最低，仅为6.9%。与2021年相比，修剪和施肥两个环节的机械化水平增幅最大，分别达到11.8个百分点和8.6个百分点。

9.4.2.3 畜牧养殖业生产环节机械化水平

江苏省畜牧养殖业各生产环节机械化水平计算结果显示，2022年饲草生产加工的机械化率最高，为93.99%；环境控制的机械化作业率超过70%；饲喂和粪便清理的机械化率高于50%；畜产品采集环节的机械化作业率最低，仅有42.1%。

9.4.2.4 水产养殖生产环节机械化水平

2022年，江苏省水产养殖综合机械化水平为64.2%，较上年提高了2.8个百分点。水产养殖包括池塘养殖、网箱养殖、工厂化养殖和筏式吊笼及底播养殖四种模式，其中工厂化养殖的机械化水平最高，达到84.2%，筏式吊笼及底播养殖的机械化水平最低，仅为58.9%。四种水产养殖模式各环节机械化水平显示，投饲环节的机械化率较高，起捕环节的机械化率较低，其中池塘养殖的起捕机械化率仅为24.2%，远低于其他环节的机械化水平。

9.4.2.5 农产品初加工各生产环节机械化水平

2022年，江苏省农产品初加工综合机械化水平为61.3%，较上年提高了近4个百分点。农产品初加工各生产环节机械化水平显示，脱出环节机械化水平最高，达到80.5%，而且增速也最快，较上年提高了8.2个百分点；清选和保质环节机械化水平远低于脱出环节，分别比脱出环节低32.6个百分点和26.9个百分点，且较上年增幅不明显。

9.4.2.6 设施农业生产环节机械化水平

2022年，江苏省设施农业综合机械化水平为59.3%，较上年提高2.2个百分点。设施农业各环节机械化水平显示，耕整地的机械化率最高，为96%；灌溉施肥次之，为87.9%；其他环节的机械化水平比前述两个环节至少低40个百分点，其中，采运环节的机械化水平仅为35.7%，比耕整地环节低60.3个百分点。

9.4.3 江苏省农业机械应用现状

9.4.3.1 无机可用的农业生产环节

根据对江苏省分产业、分环节的机械使用分析可以发现，目前还有不少环节无机可用。在主要农作物方面，目前所用的大豆专用收获机具的价格超过农户承受范围，主要依靠稻麦联合收割机进行大豆的收获，但由于需要更换割台和脱粒滚筒部件，存在适应性差、破碎率高、损失率大等问题；大豆烘干机械制造技术不成熟，还没有专用烘干机械上市；玉米收获烘干机械目前缺乏适用机型。

在林果业方面，由于种植模式、设施条件、生产农艺等的影响，采收成为其主要薄弱环节，苹果、桃、梨的采收环节辅助使用具有自动升降功能的采收平台，但采摘还是需要人工完成；茄果类、葱类蔬菜收获环节目前仍没有配套机械。

在畜牧业方面，清粪和捡蛋是畜牧养殖业中的薄弱环节。其中，生猪养殖粪污处理的粪便固液分离设备应用过程中，存在设备选型与生产工艺不配套的问题，导致设备运行效率较低；养鸡场粪便处理的粪便清理采用传统的刮粪板清粪方式，清理不彻底，导致鸡粪含水率高而增加处理难度；在蛋鸡养殖采集环节，部分中等规模养殖场（户）在鸡舍内配备了集蛋机，但其自动化程度较低，需要人工配合捡蛋；现有鸡蛋收集包装机容易造成蛋品损伤，需要进一步改进。

在水产养殖业方面，传统池塘养殖缺少有效捕捞设施和装备，成鱼主要依赖人工拉网进行捕捞收获。在农产品初加工方面，水产养殖业初加工装备还很不成熟，尤其缺乏清洗分级捆扎打包类机械。

9.4.3.2 无好机用的农业生产环节

无好机用的情况占比较高，主要包括以下几个方面：

(1) 粮油作物生产机械化。目前所用的大豆播种机为通用播种机，缺乏专业大豆免耕精量播种机可用；现有油菜直播机多数存在田间通过性不好、播种不均匀、播种量调节不准确、作业可靠性不高等问题；油菜收获机机型少，尚在试验示范阶段，并且机器需两次进地，增加了作业成本。花生烘干机数量少、烘干成本较高，大部分农户主要以场地晾晒为主，机械烘干比例较低。

(2) 设施农业（蔬菜）生产机械化。种植、环控和采运环节为薄弱环节。在种植的直播（育苗）环节，目前使用的直播机主要以机械窝眼轮式排种居多，虽然具备结构简单和制造成本低的优势，但排种精度较低，对异形种子的适应性较差，导致不少园区即使有直播机也不使用，仍由人工直播。移栽环节现在推广的半自动移栽机结构相对简单，但存在人工喂苗频率较高、劳动强度大的问题。在收获环节，国内甘蓝类蔬菜收获机具不成熟，国外机具价格高昂，且与国内收获模式不配套，收获环节基本未应用机械。

(3) 畜牧养殖业生产机械化。饲喂、环控、清粪和捡蛋是畜牧养殖业中的薄弱环节。在饲喂环节方面，对于自动料线饲喂系统，存在饲料的适口性不佳和对养殖场的空间布局有较高要求的问题。在笼养鸡饲喂方面，喂料系统设计不够精密，下料准确性较低，影响蛋鸡采食一致性；饮水系统的乳头饮水器质量也不够高，容易产生漏水，造成蛋鸡鸡粪含水率提高和肉鸡垫料潮湿。

在环境控制环节方面，生猪养殖基本上都配备了湿帘—风机等温度控制系统，但系统在夏季容易造成舍内湿度增大，降温幅度不均匀，湿帘容易滋生青苔等藻类而引起阻塞。虽然有些生猪养殖场采用高压喷雾降温设备系统，但是喷嘴容易堵塞或出现滴水现象。水禽环境控制环节，开放式水禽舍，设备简陋，受外界环境影响大，无法精准控制舍内小气候。密闭式水禽舍目前环境控制的策略仍然依赖于人工调整和阈值控制，缺乏成熟的自适应控制算法与智能决策模型。

粪污处理环节，存在设备选型与生产工艺不配套的问题，导致设备运行效率较低。沉淀净化处理方法设备简单，但占地面积大，化粪周期长，且影响环境卫生。养鸡场粪便处理改造配备了传送带清粪系统，但也存在着质量较差、技术故障频发等问题。水禽粪污处理环节，现有传送带式清粪机没有针对水禽粪污特征进行设计，存在易跑偏、粪污易侧漏等问题。

畜产品采集环节，大型蛋鸡养殖的中央输蛋线和鸡蛋包装机，大多采购自国外公司，价格昂贵，迫切需要开发我国自主知识产权的产品；现有鸡蛋收集装备需要对笼具设施进行适配，旧有设施改造难度大，不容易推广；鸡蛋收集包装机容易造成蛋品损伤，需要进一步改进；成套鸡蛋包装机的成本较高，而补贴额度和名额均有限，难以满足广大中小规模养殖户的需求。

（4）水产养殖业生产机械化。增氧环节机械适用性和环保性不够，池塘养殖叶轮式增氧机是目前最常用的增氧设备，但其噪声较大，不适合虾、蟹养殖。

（5）林果业生产机械化。采收环节机械装置仅起到辅助采收作用。茶叶采收，虽然有采收机具，但高档的明前茶需要人工采摘，机具采摘会降低其品质，仅在采收后期使用机具；坚果类果树多以摇臂机振动树干+人工收集方式进行采收。施肥环节适用机具少，果园的排水沟又深又大，机械难以进入园区作业。

（6）农产品初加工机械化。保质和清洗环节是薄弱环节，其中，国内水果分级机械处理批量小、损伤大、故障多，进口分级分选设备价格昂贵，前者的性能和后者的价格限制了水果分级机械的推广与应用。烘干机性价比不高，目前玉米籽粒烘干机械与稻麦作物烘干机通用，为低温循环式烘干设备，烘干成本高，效率低；油菜籽烘干机容量大、价格高。仍有很大一部分烘干机以传统燃煤、燃油为热源，存在烘干成本较高、安全隐患、环境污染、能源浪费以及烘干品质不达标等问题。

9.4.3.3 有机不好用的农业生产环节

有机不好用的情况占比较低，总体上，机械的研发是根据现实需求进行的，大多数的农业机械应用较好,但也有一些少量生产环节存在有机不好用的情况。其中,畜牧养殖业生产的饲喂、环控、清粪和捡蛋是畜牧养殖业中的薄弱环节,畜产品采集环节,大型蛋鸡养殖场基本配备了中央输蛋线和鸡蛋包装机,由于该设备的自动化程度高,大多采购自国外公司,且价格昂贵,因此迫切需要开发我国自主知识产权的产品。农产品加工的保质环节,需要预冷机、产地低温保鲜库等设备设施;烘干环节需要经济适用的烘干设备,现有烘干设备要实行清洁热源替代。

9.4.4 江苏省农业机械应用存在问题的原因分析

江苏省农机化发展造成"无机可用""无好机用""有机不好用"等问题的原因是多方面的,基于图 9-1 所示的因素,在赵红彬、唐雪玉和熊燕华等研究的基础上,总结归纳为以下几个方面:

9.4.4.1 农机技术限制了农机装备的可获得性

农机工业发展迅速,农机装备生产能力不断提高,但随着农机化向全程全面、智能化绿色化推进,农机装备有效供给略显不足。

(1)专用设备的研发不足导致"无机可用"。农机研发主要是高等院校和科研院所,农机生产企业的研发实力不足。其中,高等院校和科研院所的研发面对市场需求不充分,科研成果转化机制也不完善,存在研发供给与产品需求之间的脱节。受补贴导向的方向性影响,部分产业的生产环节机械研发动力不足;受农业机械生产企业利润、融资渠道与资金实力影响,新型农机产品的研发动力有限。受传统农耕文化的影响,部分生产环节的新技术、新装备的应用积极性不高,间接影响新装备的研发和技术更新。农业机械装备的研发需求与农机研发人员的数量也不匹配,制约了农机产品研发进展。

(2)机械性能不佳导致"无好机可用"。由于我国农业生产主体土地经营规模小,资金实力有限,一直以来,农户对农业机械的要求不高,导致市场上部分产品的总体性能不强,可靠性不佳,特别是国产农机装备性能明显不如国外进口设备性能好,但国外机械产品价格高于国产机械产品的价格。由于新的技术和产品的开发应用需要的成本较高,国内产品的创新受到一定程度的制约,导致部分生产环节无好机可用。如水果清选分级等环节虽然市场有相应的装备,但因为装备性价比不高,以及装备在生产中的性能表现不佳,应用就不太广泛。

(3)数字化智能化农机装备并不智能。部分农机自动化、智能化装备并不智能，不能有效减少劳动力。目前较多数字化、智能化装备还更多地停留在数据采集的层面，在数字化系统集成、数据耦合关联与应用等方面还有较多欠缺。设施农业中对于生产主体急需的病虫害防治等机械目前无法满足自动识别与预警的功能；作物移栽与施肥机械由于承载量有限，需要多人辅助高频率地摆盘、添料，释放劳动力不足。渔业养殖使用的智能投饲船无法通过监测鱼类行为探知鱼类的饥饿程度，投饲频率和单次投喂量控制困难；水质监测传感器功能单一，以池塘温度和溶解氧监测为主，其他指标的监测缺失。

9.4.4.2 农机之间及其与农艺不匹配影响机具使用

（1）农机与农艺不匹配。玉米的植保和施肥环节存在自走式喷杆喷雾机轮距与玉米的行间距以及不同时期作业方式和喷雾量等参数的适应性问题；追肥时，施肥机具的作业宽度与种植农艺宽度也不够协调与配套。由于现有的油菜苗不够挺拔，不能满足油菜机械移栽对育苗的要求，影响机械的使用。设施农业中日光温室较短，影响温室内起垄机使用；市面上的蔬菜移栽机无法满足芹菜的畦作模式。撒播种植的空心菜植株齐整度很难满足行叶菜收获机对植株统一高度的要求，进而影响机械收获质量。水产养殖工艺与机械装备之间也存在不匹配情况，市面上的饲料投喂机械只适用于颗粒饲料，不适用于冻鱼、螺丝等螃蟹饲料的投喂。

（2）农机与配套设施不匹配。农机与设施不匹配是影响机械化水平的又一重要原因。苏北地区设施种植，6米及以下跨度塑料大棚仍占据一定比例，受设施跨度、肩高、横梁高度、棚门大小及设施农业园区的道路、过桥、沟渠等限制，出现了"机棚不配"问题。中型动力机械和作业机具无法顺利进出棚室；农机装备在棚室内作业时容易造成"边难耕、头难调、效难高"等情况；日光温室内水泥支柱、设施内喷滴灌带和吊蔓设施也影响机具作业。

（3）农机与农机不匹配。不同环节机具的不配套也会影响农机具的使用和作业效果。在稻麦轮作模式下，前茬麦秸秆全量还田，用旋耕方式整地，耕层浅、犁底层厚，秸秆不能深埋，洒在地表，导致田间漂浮秸秆过多，插秧机作业时秧苗无法栽插入土，从而出现漂秧、倒秧的情况，影响后续秧苗的成活率和粮食单产。种植设施蔬菜，配置的起垄机和移栽机轮间距不一致，移栽蔬菜时，会破坏先前的垄形，影响机具作业效果、降低作业质量。

9.4.4.3 宜机化条件不足导致农机无法使用或效率低下

（1）生产规模不宜机影响农机使用。江苏农户户均土地0.54公顷，规模经营主体的经营面积多在 200~500 亩，单个田块的面积为 5~10 亩，田块规模小，土地连片规模不够，影响大型农机具的使用。江苏省 5~10 亩小果园占据了 70%，即使是苏北一些连片规模较大的果园，由于是农户分散承包经营，每户只有不到 30 亩地，果园经营户对全程机械化积极性也不高。设施农业中，蔬菜品种多、体量小，现有规模对机械化种植的需求并不迫切；农产品初加工的部分环节，也同样是规模原因限制其机械化水平的提升和机械的使用。

（2）土壤自然条件不宜机降低农机作业效率。国内机械生产企业的果园、茶园管理机械大都是一些通用类机械，适合平地作业。而较多果园、茶园处于陡坡地带，因此适用的机具少，专用型机具缺乏，中耕、施肥环节以人工为主。除坡度之外，土壤的湿度和硬度也会影响机具使用和作业效果、效率。稻茬麦播种季节雨水较多，田块湿烂，现在采用的施肥播种复式机械常因种管堵塞、镇压辊黏土打滑而引起漏播等问题。在设施农业方面，市面上销售的施肥机械在北方旱地使用效果较好，但对于南方较为湿润的土壤而言适用性较差；青梗菜的垄面较软，收获机械作业时易下陷，而使割刀入土，会导致叶菜和泥土堆积起来形成堵塞。

（3）农田设施配备不宜机影响农机有效使用。江苏省高标准农田建设工作成效显著，高标准农田占比已超 60%，位居全国前列。但是经济作物田地、果园、茶园、养殖场、设施大棚等的建设或改造还未得到全面推进。林果业、水产养殖业、设施农业等的宜机化改造面临着不小的挑战。以果茶园为例，老式果园多，在设计之初没有考虑机械化问题，树冠厚实、分枝低、间距小、起垄高、排水沟深，导致大型机具无法进园或者没有机器转弯作业空间。

9.4.4.4 缺乏全程机械化作业设施改造规范和标准

能够供各地参考执行的机械化作业规范和标准缺乏。不同种植品种对株距、起垄高度等有不同的要求，同一品种由于种植模式不统一，也会导致株距等不统一。而不同种类机具的轮距、作业幅宽也存在差异，比如设施蔬菜中配置的起垄机和移栽机轮间距就不一致，导致移栽时破坏垄形。能生产出全产业链所需所有机械的厂家很少，要配备齐完整环节的机械设备，只能从不同厂家购买，由于我国尚缺乏相对统一的农业机械技术标准，从而导致不同品牌、不同厂家的机械之间的匹配性不高，阻碍了全程机械化生产的实现。水产养殖业由于池塘宜机化改造标准、水产养殖机械配套规范等技术材料缺乏，尚不能为养殖装备应用推广提供全方位的技术支撑。

9.4.4.5 社会经济条件阻碍农户农机购置积极性

农业机械的普及与推广受农户购买意愿和购买力的影响，当前农村劳动力年龄大、文化素质偏低时，影响其对新机具、新技术的接纳。

（1）农户观念传统，接受农机新装备还需要更多的推动。大部分小规模农户生产经营理念比较传统、保守，对新技术、新装备持观望态度，尤其是部分装备的使用还需要对设施改造，甚至可能还需要对种植模式进行改动，导致短期内会增加许多成本，因此接受新机具比较难。据调查，渔业从业人员对水产养殖机械化在养殖效益上的作用认识不够，不关注渔业装备新技术，甚至不知道有装备可用。

（2）较高的购置成本降低了农户购置意愿。林果等作物的生产周期长、收益回报慢，农户面临的市场不确定性风险更大，阻碍农户投资高价值装备的积极性。动力牵引式植保机械、自走式或牵引式开沟施肥机械的价格昂贵，果树种植户不愿一次性投资太多，故推广速度较慢。购置成本与经营风险也是养殖场机械化升级改造的最大障碍。据调研测算，年出栏5000头生猪养殖场，机械设备购置资金需一次性投入150万~200万元；年出栏1万头生猪养殖场，需500万元左右；年存栏10万只蛋鸡养殖场，机械设备购置资金需一次性投入250万元左右。畜禽产品市场行情波动较大，农户无法确保稳定收益，中小规模和非规模养殖户机械化改造积极性不高。农产品初加工涉及众多产业和品种，初加工模式差异巨大，使用的机械专业化、定制化程度高，价格也不菲，抑制了主体的购机热情。

9.4.4.6 政策和示范推广尚未全面覆盖所有产业

过去较长时期，购置补贴和示范推广都将重点放在种植业、大中型机械上，其他机械支持力度不够，这是部分机械使用存在问题的客观原因之一。

（1）农机购置补贴惠及产业的规模不均衡。当前的农机购置补贴并没有涵盖所有产业的所有机械，种植业惠及程度比较高，其他机械装备获得的支持范围和力度偏小，如畜牧业机械购置补贴未覆盖所有环节，且总补贴金额较少。2022年，全省使用农机购置补贴资金21.6亿元，补贴机具12.5万台（套），但畜牧业机械仅使用补贴资金1248.8万元，补贴机具1071台（套），仅占0.6%。另外，农机购置补贴对"无机可用""无好机用"的环节，缺乏导向作用，因为农机购置补贴只是针对目录内成熟产品进行补贴。

（2）农机示范推广的深度不够。水产养殖机械化技术应用推广也停留在一个机具或多个单项功能机具应用上，没有深入研究集成装备技术体系的推广。基层推广工作人员专业能力有限，了解新技术发展不够，导致推广与指导不足。基层推广部门对产品技术路线掌握不全，不太容易从全生产过程考虑各环节机具的配套使用问题；对具体环节的农机装备可能只知道功能，不清楚装备的具体作业参数、作业质量；新技术、新机具的相关信息，生产厂家不能及时掌握。

9.4.4.7 适用人才短缺导致有机无人用

农机人才短缺一直是阻碍农机化发展的重要原因之一。据本书调查，目前，江苏省农机化作业服务人员平均年龄约48岁，其中50岁以上的中老年人约占53.6%，初中以下文化程度的约为74%。年龄大和文化程度低导致农机应用能力与水平偏低，操作特色机械和绿色智能新机具方面的能力明显不足，造成"有机无人用"。据调查，部分农业经营主体虽然购置了农机具，但存在因缺乏熟练操作人员而闲置的情况；或因维护保养能力不足，使用效率极低；或因使用不当，故障或事故率较高，被弃之不用。

9.4.5 江苏省农业机械应用及其产品创新的对策和建议

9.4.5.1 产学研用协同，构建先进农机创新机制

针对"无机可用"的问题，需要推动农机供给侧改革，强化市场调研，定期开展农业机械需求梳理，确定研发主攻方向，优化农业机械产品供给结构，研发满足市场需求、填补市场空白的适用农机具。针对"无好机用"的问题，需要农机制造企业构建市场反馈机制，深入了解农机具的具体缺陷，推动产品创新，提升农机产品质量，满足生产需要。

9.4.5.2 农机农艺协作，推进农机农艺深度融合

（1）树立农机农艺融合理念。通过介绍、展示国内外农机农艺相融合的成功案例，宣传农机农艺融合政策，总结本地农机农艺融合的新做法，用事实和数据，让农业经营主体感受到农机农艺融合的必要性、重要性和有用性，帮助农业经营主体树立农机农艺融合理念。

（2）建立农机农艺融合示范基地。依据农业机械特性，选择部分农产品，通过项目扶持，建设农机农艺融合示范基地；通过示范基地向农业经营主体展示农机农艺融合的技术成效和经济效益，形成一批可复制、可模仿、可推广的新模式，带动更多的农业经营主体主动应用农机农艺融合新成果。

（3）推广普及农机农艺融合新技术。通过参观、培训、示范等方式进行传

播、推广农机农艺融合新技术。充分利用新型职业农民培训工程、乡村产业振兴带头人培育"头雁"项目等机会，进行农机农艺知识和先进适用技术专项培训，向农机手传授综合农艺知识，向农艺人员传授农机化新技术，通过交叉学习，使农机与农艺相促进的新技术得到应用。

9.4.5.3 农田配套建设，提升"宜机化"程度

农业机械的应用依赖于农田的宜机化程度。宜机化改造就是"改田地，适农机"，改善农田基础设施条件，便于农机田间操作。

（1）因地制宜，完善农田"宜机化"建设标准。制定农田宜机化标准是现实需要，既要根据土地自然禀赋差异，分别制定平原地区和丘陵山地地区的农田宜机化标准；又要按照产业差异，分别制定主要农作物、果园茶园和水产养殖池塘宜机化建设标准。有了明确的宜机化建设标准，田块形状大小安排、机耕道宽幅和数量设计、灌溉排水设施与渠系配备等宜机化改造工作就有章可循，有助于快速推进农田"宜机化"建设。

（2）扩大经营规模，创造农田"宜机化"环境。田块规模小，影响大型农机具的使用。扩大经营规模是提高农田"宜机化"程度的一个重要途径。按照农户自主、市场引导、共同获利的原则，进行土地流转。通过不断探索土地互换承包权证变更登记，"确权确股不确地"的承包权证登记方式，快速推动土地集中连片和整村整乡推进农田宜机化建设。

（3）多主体协同，推动农田"宜机化"建设。农田"宜机化"建设是一项系统工程，涉及田、土、水、路、林、电、技、管等诸多要素。农田"宜机化"建设既需要农业经营主体的积极参与，又需要技术专家的支持，还需要政府的政策与资金配套跟进。要介绍"宜机化"改造示范项目的建设成果，把握农业发展趋势，控制农田"宜机化"建设质量，把宜机化作为高标准农田建设项目的首要验收标准。

9.4.5.4 多措并举，强化农机化人才队伍建设

当前农业现代化发展步伐逐步加快，对农机人才的需求也越来越迫切。在农机化高质量发展的新阶段，必须实施人才强机工程，提升农业现代化建设的农机人才支持度。

（1）农机化科研人才队伍建设。构建高校、科研院所、企业研发人员队伍建设体系，适度扶持高校农业机械学科的发展，高校可通过继续教育、学历提升等方式，培养多层次的农机化研发人才。政府农机管理部门可以通过构建专家团

队的方式，强化学术交流和专业问题的研究，强化产学研用合作。在农机化科研人才的培养方面，要突出企业的主体地位，发挥科技主体的作用；通过向学校定制、聘用"明星科学家"或者内部培育等方法，培养和引进创新型人才，制定有利于创新型人才发挥作用的激励机制。

（2）农机化实用人才队伍建设。农机化实用人才是直接服务在农机作业一线的人员，是农机应用的基层人员。农机应用人才的教育培训以技能培训为主；既要利用好地方涉农职业院校这一农机实用人才培训主渠道，不断向农机实用人才队伍输送新血液；又要利用技能短训等多种手段提升现有农机操作人员的综合工作技能，还可以实施"土专家"培育、选拔工程，选育一批农机使用领域领军人才。

9.4.5.5 优机（技）优补，持续加大政策支持力度

为了充分发挥政策杠杆的撬动效应，必须做好政策"加法""减法"。

（1）扩大补贴范围，做好农业机械"加法"。农机购置补贴是通过价格补贴，减轻农户购机压力，帮助农户购买先进适用农机具的转移支付手段。优化农机购置补贴政策就是要改变过去支持农机化"高水平增长"向"高质量发展"转型，为农业机械产品品质保障提供必要资金支持。在农机化高质量发展阶段，要以"高质量"为导向，及时将新机具添加到补贴目录。同时兼顾"全程全面"齐头并进，农机具购置补贴应向特色产业扩展，增加对设施农业、林果业、畜牧业和渔业生产机械的支持。

（2）淘汰不适用的机具，做好农业机械"减法"。农机购置补贴应将低端、低值、需求量小和监管难度大的机具剔除出补贴范围，要建立常态化的退出机制，通过第三方评估机构，对用户的机具使用满意度进行测评，及时将质量功能不稳定、用户口碑差、服务跟不上的机具从补贴目录剔除，充分发挥价格补贴这只无形之手的质量导向功能，坚决消除"劣币驱逐"现象；建立数据共享系统，优化报废流程，简化报废手续，提高报废效率。

第 10 章　农机化高质量发展与人才培育

农机化人才是农机系统中最活跃的因素，是促进农业机械化可持续发展的第一资源。农业机械化的高质量发展离不开农机化人才队伍的强力支持。农业机械化应用服务水平和管理服务能力的稳定提升，依赖于数量充足、结构合理、素质优良的农机化人才队伍。

10.1　农机化人才概念与类别

农机化人才是指专门从事农业机械装备的制造及其应用，在农业领域开展农产品生产、农业机械教学和科研及推广服务的人才，包括农机化系统管理人才、农机化技术人才和农机作业服务人才三大类。农机化管理人才主要是指分布在各级政府农机管理部门和管理机构中从事政策制定、农业机械试验鉴定、推广应用等管理工作的各类人才；农机化技术人才主要是指分布于高等院校、科研院所和政府各级事业单位从事农业机械的理论与技术及其产品研发的各类人才；农机化服务人才主要是指分布在各类农机服务组织中直接参与农业生产的农业机械使用、维修等服务人才。

在农机化三类人才中，农机作业服务人才占据了绝大多数，其主要服务范围和领域包括：农机操作和驾驶、农机使用和维修、农机中介服务等。农机化技术人才和管理人才主要服务于农业机械化生产装备制造、流通，以及农机化组织协调和指导服务等高技术含量的工作，主要是中高层次的人才，占比较低。

10.2 农机化高质量发展对农机化人才的需求

"国以才立,政以才治,业以才兴。"农业机械化全程全面和高质量发展,关键在人才(张桃林,2020)。基于农业机械化高质量发展的概念,农机化高质量发展涉及的政策创新、管理创新、人才引进和培育等需要管理人员的能力和素质推动;科技创新和新技术、新装备的研发需要科研人员的知识与能力推动;服务组织创新、服务内容创新需要服务人员的能力和素质支撑;而农业机械化绿色可持续发展需要所有农机化人才的参与与合作。

依据张桃林对农业机械化的发展分析,农业机械化高质量发展对农机化人才提出了更高的要求。首先,农业机械化发展的领域有所拓展,正在由粮食作物向棉油糖、果菜茶等经济作物扩展,从种植业向养殖业、初加工业、设施农业等全面发展,需要农机化人才更新知识结构、提升专业技能,向跨领域、多元化、复合型转变。其次,农机化发展有了新的内涵,国务院42号文件提出了"以科技创新、机制创新、政策创新为动力,以农机农艺融合、机械化信息化融合,农机服务模式与农业适度规模经营相适应、机械化生产与农田建设相适应"的发展路径,需要农机化各类人才培育创新意识和能力,推动农业机械化创新发展。最后,农机化管理方式有了新的需求,管理对象由传统农户为主向新型经营主体扩展,管理手段正在向数字化转型,市场机制的作用更大,需要农机化人才及时面对新形势,创新管理手段和方法,提升管理能力和水平,推动农业机械化高质量发展。

农业机械化高质量发展对人才的需求还体现在人才的规模与结构方面,但总体上形势不容乐观。农机化技术人才不足,全国28所高校院所招收农机装备硕士生总数在700人左右,农机专业研究生与本科生招生人数比略为0.1%,预计到2025年中国农机化专业人才缺口将达44万人。同时,农机化管理系统人员总量呈减少趋势,技术服务领域具有中级以上职称比例为53%。乡村农机化从业人员初中以下文化程度占72%,农机操作人员中获得农机职业技能鉴定证书的不到1.5%,农机合作社等农机社会化服务组织带头人、农机服务经纪人等人才严重不足(张桃林,2020)。部分农机手驾驶技能不熟练、作业不规范,尤其是熟练操作高性能、大马力、多功能复式等新型机具的人才更加短缺。农业机械化高质量发展在规模、结构以及知识、能力和素质等方面对农机化人才提出了新要求。

10.3 农机化人才形成的影响因素

10.3.1 教育与培训体系

教育与培训体系会影响农机化人才的形成以及其知识、能力与素质的提升，包括学历教育和继续教育。学历教育是农机化人才形成的最重要渠道。根据我国现行的人才培养体系，农机化人才培养可分为四个层次：高等农机教育培养的研究生、本科农机化专门人才、农机职业教育培养专科、中专农机职业技术人才（王瑞，2019）。继续教育体系是社会在职农机化人才的重要培养方式，有助于提升农机化人才的知识、能力与素质。

10.3.2 农业经济发展

从事农机化工作的动力部分来源于农业生产的经济效益拉动。近年来，农业生产规模增加，农业领域吸引了不少各类人员，其中，包括部分农机化人才。这些农机化人才主动参与农业经济发展，通过土地流转，扩大农业生产规模，获得农业生产规模经济效益。从发展趋势角度看，规模化经营是必然趋势，机械对人力的替代也是必然趋势，规模获得的经济效益是农机化人才产生与成长的重要影响因素。农业高质量发展必然带动农机化高质量发展，推动农机化人才的作用发挥。

10.3.3 社会文化环境

社会文化环境是农机化人才规模和成长的内在驱动因素。一是社会对农机化工作认知影响高校毕业生的职业选择和农机化人才的规模。近年来，虽然整个社会对农业从业人员的地位有所改观，但对年轻人而言，特别是可以离开农村的原农村高校毕业生，并不愿意返回农业领域，而城市高校毕业生不会选择到农村就业，从事农业相关工作，导致农机化人才缺失。二是社会上认可的工作环境要求影响农机化人才的能力和水平。目前而言，年轻人都非常注意自身的形象，都愿意有一个好的工作环境，风吹日晒、影响自身容貌的工作都不受欢迎。而农机化人才工作环境主要是田间地头，风吹日晒是正常的工作环境，这也是农机化人才年龄偏大的社会文化方面的原因所在。

10.3.4 政策环境

农机化人才的形成完全靠市场机制很难实现，需要政府介入，弥补市场失灵领域，通过农机人才政策激励和引导更多的人才进入农业机械化发展领域，成为农机化人才，推动农业机械化发展。包括农机化人才培育激励政策、农业机械化补贴政策等，在人才形成、留住人才、人才成长等方面，发挥政策激励作用。

10.4 农机化人才的精准化培育

随着中国高质量发展和供给侧结构性改革的深入，现代农业发展对农业机械化发展提出了更高要求，由原来的重数量向重质量转变。国家和地方出台了一系列培训扶持政策，各地也组织了农机技能培训等，并取得了一定的效果。随着地方培训工作的进一步推进，其效果有待进一步提升，农机化人才培训需要精准化。

10.4.1 精准选择培训对象，解决好"培训谁"的问题

在推动对农机化人才培训工作过程中，各级政府给予了不少的资金支持，部分地区给出了指标性数字任务，但不少地区外出务工人员较多，常年留守人员数量有限，培训对象数量不足，为完成培训专项经费使用任务和上级部门考核要求，出现了培训专业户和代训现象，同一个人多次参加各种培训或不相关的人代替参训。此外，农机服务人员的异质性以及自我期望和生产农作物的差异化，对培训的需求和培训的适应性不同，导致有些无差异化培训的出勤率和参加培训的专注度不高，使培训的实际效果大打折扣，浪费了教育培训资源和相关经费的使用效率。

因此，各地区应该加强对农机化人才的素质、应用农机类别和生产农作物种

类的调查，进行培训对象分类，精准选择和确定培训参加人员，推动分层次培训，解决好"培训谁"的问题，提升培训效果。同时介绍新技术、新理念和新模式，从生产实际出发，强化操作性，内容具体化，以实用和解决实际生产问题为主，对生产不同农作物的农机服务人员要进行分类培训，保证培训的有效性和针对性。

10.4.2 精准建设和选择师资队伍，解决好"谁培训"的问题

近年来，随着国家涉农战略的不断推进，培训任务增加不少，但培训师资队伍在数量、结构、质量和体系等方面的支撑性积累不够。其中，结构上的不平衡比较明显，农林牧渔方面的牧渔机械培训师资偏少，耕种收烘等生产环节方面的植保和烘干设备使用培训师资偏少，经济作物机械应用的培训师资偏少，县区培训师资偏少，培训内容方面的新技术、新设备培训师资偏少。培训师资质量方面也存在一些问题，部分师资有经验但理论知识不足，部分有理论知识但实践经验缺乏，面对培训对象复杂多元的培训需求就显得隔靴搔痒。省市县区培训也还未形成体系，影响了培训的质量和培训的实际效果。因此，首先，各地区要建立师资库，并对师资进行分级和专业培育，精准选择培训师资，解决好"谁培训"的问题。按照不同农作物或不同生产环节进行师资分类，如稻麦、棉花、油菜机械培训师资，耕、种、收等不同生产环节机械装备使用培训师资，并在省内按类建设省、市、县三级培训师资，由省级引领，定期举行学习、研讨和交流，提升培训师资的水平和三级培训内容的互补性，形成完整的师资和培训内容体系。各地区可以根据本地的农作物特色建设师资队伍，并在不同地区之间进行交流，优化师资的资源配置。也要根据新的农业发展特征，加强新技术师资团队建设，满足培训需要。

10.4.3 精准构建课程体系和选择培训内容，解决好"培训什么"的问题

目前不少培训在内容安排上，操作方面的内容有余，而维修与原理性的培训内容略显不足；此外，农业类别和农产品种类非常丰富，且不同类别农业和农产品种类的机械运用也不相同。但目前不少培训内容过于单一，难以满足多样化的培训需求，培训内容缺乏针对性和有效性，一些内容超出了农民能理解的范围。另外，培训课程也没有形成体系，理论性课程和实践性课程、通用性课程和行业性课程等缺乏体系性安排与设计，影响了培训的实际效果。

因此，要依据农机化人才培训目标，结合农机化人才培训需要特征，精准设计培训课程和内容，解决好"培训什么"的问题。要根据不同农作物机械服务人员的需要，引入订单培训和弹性培训机制，精准安排课程和内容；根据培训对象的文化程度，设计适应性的课程体系，科学合理地安排理论课程、技术课程、装备课程、技能课程、实践课程等内容，统筹安排课堂教学、实践教学、基地教学等不同方式的课时和内容，推动培训对象形成合理的知识结构，满足农机使用需要。

10.4.4 精准选择方式方法和编写培训教材，解决好"怎么培训"的问题

目前，农机化人才占比较高的是没有转移进城的农民，年龄偏大，文化程度偏低；其次是外出务工的返乡人员，素质和能力较好，但数量有限；最后是近几年成长起来的年轻农民，从事农业的素质和能力不低，但数量也不多。不同层次的主体，其培训的接受能力不同，适应的培训手段和方法以及教材也不同。目前的培训方式主要还是以课堂授课为主，文化程度不高的主体有点不太适应长时间的课堂听课；培训手段也是以多媒体 PPT 为主，视频和动画等与文字相结合的方式还没有广泛运用，有些内容不容易被农民理解；教材的数量、种类和内容不能完全满足现实需要；不少教材内容比较陈旧，与现有新技术、新设备不相适应；培训教材建设主体缺失，部分教材是临时自编的，编写方式比较粗糙，使文化程度不高的农机服务人员较难理解，影响了培训效果。

因此，要根据不同培训内容和层次，以及培训对象的学习特征，关注培训对象的接受程度，注重培训内容的展现，合理运用情景教学、案例教学、现场教学、视频教学等方式方法，精准设计培训方式方法和编写教材，提升培训的实际效果。相关政府职能部门要加强调查研究和经费扶持，面向社会和基层培训单位，通过奖励加项目的形式推进培训教材、培训方式和培训手段的创新；结合区域内农作物及其农业机械装备的特征，在师资团队的参与下，顶层设计教材编写体系，注重教材的质量，创新教材内容和编写形式，引入视频、音频、图表、动画等，提升知识介绍的易理解性，保证学员能够理解；加强教材内容的动态性调整，针对各类农业生产与农机装备使用高频问题，按时进行教材体系更新，保证教材的针对性和有效性。在农业生产和农机装备运用等方面形成不同层次和级别的培训教材，满足不同类别培训的需要。

10.4.5 精准改善基础设施和条件，解决好"在哪儿培训"的问题

目前，农机化人才培训一般不存在教室的约束，通过自有、借用或在宾馆培训，都可以解决教室问题。但农机化人才培训，如果没有实践基地现场讲解、农机装备操作现场演示以及机械装备实验室解剖性教学，培训效果就会受到影响。虽有考察参观现场的安排，但有时候参观内容与教育培训的内容并不完全一致，参观主要是为了开阔眼界，而专门用于教育培训的实践基地还比较缺乏。国家部委和各地相关部门拨出的培训专项经费主要用于培训学员的住宿、伙食、交通和讲课费等，没有培训所需的设备更新、实践基地或实验室建设等费用内容，而市区县能提供的相关经费安排很少，培训基础设施和条件建设资金缺乏，影响了培训主体和培训机构的任务承担意愿和提升专业水平的积极性。

因此，要加强扶持政策制度创新和经费投入，借助高校、科研院所和地方培训机构的资源基础，精准改善培训的基础设施和条件，满足各级各类培训的需要。省、市、县应该统筹安排好培训所需资金，分类协调，相互补充，资源共享，确保整体培训工作需要；经费使用方面，科学合理地进行经费预算安排，充分考虑培训方式方法和手段创新需要的设备更新、实验和实践基地建设等基础设施适应性改善，推动培训工作的高质量进行，提高经费的使用效能；适当引入第三方培训服务，通过政府购买服务的形式，满足部分培训任务的需要，同时加强对第三方培训服务的质量和水平的考核，保证培训质量；强化省、市、县资源整合，包括培训基地资源、培训案例资源等的整合与优化，提高资源使用效率，提升资源使用效果。

10.4.6 精准安排培训时间，解决好"什么时候培训"的问题

农机化人才从事农业生产作业，而农业生产具有地域性、季节性和周期性特征。不同地区的土壤、地形和水源等农作物生长条件不同，主体从事生产经营的农作物也不同，其播种、生长和成熟的时间也不同；受自然因素和农业设施生产条件的影响，农作物的生产周期长短也不一样，寻求共同空闲时间进行集中培训不太容易；另外，农业生产还有临时性和突发性情况，如不以人的意志为转移的病虫害和天气的突然变化，需要主体及时采取相应的应对措施，否则将影响巨大。如果培训时间安排不当，农机化人才将难以参加。在对江苏省的调查中发现，时间的合理性是影响培训参加人数和效果的关键因素，包括时期选择和时间

长短。

因此，要根据本地区生产的农作物类别和生产特征，科学合理地安排培训时间。从培训效果角度考虑，需要时间相对长一些的培训，如一周以上的技术和技能方面的系统培训，应以就近培训为主，以方便主体处置突发情况；某个生产环节技术和某种农机装备的技能培训，可在本地基地现场，利用2天左右的时间按需培训。培训时机的安排要充分结合农时和农作物的生产规律，以及农作物的季节性和周期性特征，提高培训的针对性和适应性，如在农作物生长期进行植保机械装备技能培训，在农作物收获前进行收获机械装备技能培训，在共同空闲期进行新技术、新理念、新模式培训；根据培训内容选择培训时间，提高农机化人才参加培训的积极性，提升培训效果。

10.5 区域农机化人才培育的案例分析

本章仍以江苏省为案例地区，依据江苏省农业农村厅的相关文件和数据资料，分析农机化人才的现状和问题，并提出建议。

10.5.1 农机化人才培育的总体情况

通过持续的投入和努力，江苏省三支队伍的文化结构、年龄结构、职称结构及技术等级结构均有明显改善，农机化人才队伍素质整体上得到提升，为江苏农机化水平稳步提高提供了人力资源保障。

10.5.1.1 农机化教育培训体系建设

江苏省依托南京农业大学、江苏大学、扬州大学、常州机电职业技术学院、江苏农林职业技术学院等高等院校建立了省级农机管理、科技和技能人才培训基地。在13个省辖市建立省重点农机人才培训示范基地。同时，建立农机行业职业技能鉴定（工作）站，建立健全农机行业职业技能鉴定培训基地，强化市县级农机化学校作用，认定拖拉机驾驶培训机构，等等。全省初步建立了以省级培训基地为核心、市县农机化技术学校为主体、农机企业和社会培训机构为补充的多层次、分重点的省、市、县三级农机人才教育培训体系，基本形成了农机化科研院所、农机教育机构、农机职业技能鉴定机构、农机化技术推广机构、农机安全监理机构、拖拉机驾驶培训机构、农机生产销售企业、农机社会化服务组织等多方广泛参与、充分发挥各自优势的农机人才教育培训新格局，基本满足了对农机管理、科技、技能人才进行教育培训的需要。

10.5.1.2　培训师资队伍建设情况

近年来，农机技术、知识快速更新，农机种类、数量不断增加，为了普及推广农机新知识、新技能，省农机部门加强与农机高等院校、生产企业、科研院所的交流与合作，积极开展多形式、多层次的师资进修活动，通过理论知识培训、实际操作锻炼等方式，建立教师教学效果评价制度和工作考核制度，对优秀教师给予表彰和奖励，促进教师更新理论知识，增强实际操作能力，提高培训教学水平。探索制定符合本地实情的教学制度，建立教学质量保证体系，使教师将精力放在教学上、集中到课堂上，使学员通过培训真正能学到知识、学会技能，并能够直接运用到生产实践中去（郑小钢，2011）。

10.5.1.3　开展培训活动情况

江苏省先后在全省组织开展了市县农机系统负责人培训班、农机管理人员培训、农机科技人才培训、农机实用技术培训等一系列多层次、多形式的培训活动，农机管理、科技和技能三支人才队伍能力建设得到提高。包括培训农机管理人员、农机技术人员、新训拖拉机驾驶员、新型职业农民培育工程农机培训、农机实用技术培训、农机职业技能鉴定培训，各项农机化培训以农机实用技术培训为主。

10.5.1.4　开展竞赛活动情况

人才是推动农业机械化发展的第一资源，高技能人才更是当前农机化事业发展的重要力量。开展农机技能竞赛活动是培养、选拔技能人才的重要途径。近年来，江苏省成功举办了农机职业技能竞赛活动，取得了显著成效，涌现出了一批优秀农机人才。

10.5.2　江苏省农机化人才培育方式

江苏省农机化教育培训主要方式有农机管理人员培训、农机科技推广人员复训、农机实用人才职业技能培训、农机安全监理人员培训、农机专业合作社负责人培训、学校师资培训等。

10.5.2.1　农机管理人员培训

江苏省重点选派市县农机化负责人，以集中授课、学习研讨和省外交流等方式，分期分批进行学习研讨，深入学习相关的政策法规，掌握最新的政策动向，提升自身的理论水平；聘请农机行业的知名专家、学者集中授课，以了解农机行业的最新技术、发展动向和发展趋势；聘请高校专家或者委托相关的管理咨询培训机构进行管理方法、管理技巧、管理思想等管理能力方面的培训，提升其管理能力；通过境外实地考察和授课，了解其他国家农机化的发展情况，学习借鉴其经验；与外省农机部门进行交流，充分了解其他省市农机化工作的情况，取长补短。

10.5.2.2　农机科技推广人员培训

为有效增强农机科技推广人员的公共服务意识、市场意识、法制意识，提高其政策理论水平、计划管理水平、组织协调能力、技术推广能力，培训内容主要包括对现代农业和农机化的发展趋势、发展方向、发展目标的讲解；对农机购置补贴政策、水稻种植机械化、秸秆机械化还田及综合利用、农机人才队伍建设等农机化重点工作的介绍；一般农机化知识、技术的普及讲解；农机化重点技术、高新机具、农机农艺结合等内容的专题讲座等。通过培训，促进农机科技推广人员提高履行农机新机具、新技术、新工艺的引进、试验、示范和推广，贯彻实施农机公共信息服务、农民公共教育培训等公益性农机推广职能的能力和水平，带动整个农机推广队伍整体素质和能力的提升。

10.5.2.3　农机实用人才职业技能培训

适应现代农业和农业机械化发展需要，以提高科技素质、职业技能、经营水平、增收致富能力为核心，以农机实用人才带头人、农机生产经营型人才和农机高技能服务人才为重点，培育服务农机化发展、数量充足、技能娴熟、能够传授技艺、充满生机和活力的农机实用人才队伍，促进农机从业人员队伍整体素质和技能水平进一步提升。

深化职业技能鉴定工作，组织实施农机高技能人才培训，推进农机职业技能鉴定考评人员、质量督导员队伍知识更新培训。与有关农机生产销售企业共同举办农机合作社维修和机务管理人员培训班，培训班围绕农机具常见故障排除和机务管理常识，实行现场操作教学，提高动手能力，化解农民购机的后顾之忧（张耀春等，2016）。同时进行新型职业农民培育工程、农机专业技能型和社会服务型培训、农机生产经营型培训，着力培养一支有文化、懂技术、会操作、善经营的新型农机实用人才队伍。

10.5.2.4 农机安全监理人员培训

通过加强对农机安全监理人员的教育培训，全面贯彻实施《农业机械安全监督管理条例》，预防和减少重特大农机安全事故，保障农民群众生命财产安全，为江苏省农业机械化又好又快发展营造安全稳定的环境。培训内容主要包括加强安全监理人员思想政治、职业道德和法制观念教育，明确农机安全监理机构承担的公共安全管理职责，提高履职能力。坚持理论培训和实践操作相结合，侧重实践技能的培养和业务素质的提高。

10.5.2.5 农机专业合作社负责人培训

农机专业合作社是新时期加快推进农机服务市场化、专业化、产业化的重要载体，是促进农民致富增收的有效途径。为帮助农机合作社负责人开拓视野，加深对发展特点规律和有关政策知识的了解，分层分类对全省农机专业合作社负责人进行培训。以集中授课的方式对其政策法规、新技术、新机具、营销知识及管理知识等方面进行培训。各市县农机部门定期或不定期组织对农机专业合作社负责人的培训，邀请专家为其技术、营销和管理等知识进行讲解。

10.5.2.6 农机学校师资培训

加强与农机高等院校、生产企业、科研院所的交流与合作，积极开展多形式、多层次的师资进修活动，通过理论知识培训、实际操作锻炼、专家讲座、教学观摩、参观考察等方式，促进农机培训师资理论知识更新，实习操作能力增强，培训教学水平提高。大力培养中青年师资人才，通过项目带动、挂职锻炼、进修深造、评比表彰等方式，培养一批中青年师资骨干。

10.5.3 江苏省农机化人才队伍建设存在的问题

10.5.3.1 年龄结构趋于老龄化

通过调查，当前农机人才队伍的平均年龄在 44~46 岁，30 岁以下的年轻人在 10%以下，农机操作和维修的工作比较艰苦，目前年轻人大多是独生子女，吃苦耐劳的意识较弱。江苏省作为经济发达地区，工业和服务业的发展形势良好，年轻人在这些行业中找到工作比较容易，以上因素使农机服务工作对年轻人的吸引力不够。

10.5.3.2 高水平专业人才欠缺

部分地区缺乏高级职称管理和科技人才；农机系统中科研机构人数较少。由于人事编制限制，管理科技人才进入体制难度很大，部分地区农机系统在近年来都没有新人进来。农机服务工作的工作环境比较艰苦,但对接受过专业教育的大学毕业生从事这种工作的吸引力仍然不够。从南京农业大学农机专业毕业生的工作去向调查可以看出,毕业生更愿意去农机制造企业,而不愿意到农村从事农机化工作。

10.5.3.3 农机从业人员综合素质有待提升

农机从业人员总体文化程度较低,全省统计来看,74%的农机从业人员只有初中以下文化程度,获得农机职业技能鉴定证书人员占农机从业人员的比率为15%。拥有拖拉机资格证书的拖拉机手占全部拖拉机手的比率为45%。从调研中发现,能操作、懂保养、会维修的全能型农机手比较紧缺。部分农机手对农机设备使用和维修缺乏必要的了解,影响了农机设备的使用效率,也抑制了购买新机械的积极性。部分地区没有农机培训学校,农机管理部分无法有效组织农机培训工作。

10.5.4 江苏省农机人才队伍建设的对策和建议

10.5.4.1 改进完善用人政策

针对高层次人才缺乏,基层农机管理、科技人才紧缺的状况,农业管理部门应制定政策,引进外部人才进入农机职能系统,在人手紧缺的地方放宽政策,部分事业经费列入财政预算,营造良好环境留住人才。制定扶持政策,鼓励和吸引创业人才进入农机服务体系中。

10.5.4.2 构建多方合作的农机人才培养体系

通过政校企三方合作的模式适时让农机生产厂家、科研院校及其他培训机构参与进来,多方协作,加快新型农机实用人才培养步伐,促进人才培养的多样性和前瞻性。以高等院校、科研院所为依托,相关农业科教部门及人事部门协同共进,提供各种类型的农机教育培训服务。制定政策鼓励高校和政府合作,通过定制培养适合当地的高水平人才,或在专业培养方案中增加课程模块或研究方向的方式培养高水平人才。各地根据本地区农业发展需求和农机化发展形势分期分段合理制定新型农机实用人才整体培养计划。

10.5.4.3 运用信息技术推进"互联网+"教育培训

推进信息技术在农机服务工作中的应用,利用"微课""慕课"等多种在线教育形式建立农机人才在线教育系统,提高农机培训服务水平,拓宽农机人才培训渠道;搭建农机人才教育培训信息平台,在网上平台发布培训与教育信息,使农机管理、科技人员和技术工人之间能够及时有效地共享培训内容信息,提高教育培训效率。

10.5.4.4 优化农机人才结构

农机化人才的培养要注重结构优化,坚持年轻化、职业化和专业化的导向。加大对年龄层次较低的农机人才的培养力度,真正实现农民从经验型的传统农民向技能型的现代农民转变。深化产教融合、校企合作,加强现代职业教育,全面提高农机化职业素质,把农机手变成职业农业机械从业者。推广农机装备技术可以通过政校企合作的方式采取专业培训机构、农机生产厂家或专业培训师资送培训上门等形式开展集中培训。对领悟能力强、专业技能扎实的人员可作为一定区域范围内的农机实用技能带头人重点深入培养。

参考文献

[1] Ainmbi J M N. The Persistence of the Family Farm and the Economy of Affection: The Cameroonian Case [J]. Journal of Social Development in Africa, 2000, 15 (1).

[2] Ajzen I. The theory of planned behavior [J]. Organizational Behavior and Human Decision Processes, 1991, 50 (2): 179-211.

[3] Allen D W. The Nature of the Farm [J]. The Journal of Law and Economics, 1998, 41 (2): 343-386.

[4] Wander A E, Birner R, Wittmer H. Can Transaction Cost Economics Explain the Different Contractual Arrangements for the Provision of Agricultural Machinery Services? A case Study of Brazilian State of Rio Grande do Sul [J]. Teoria Evdiência Economica, 2003, 11 (20): 10-15.

[5] Calus, Mieke, Van Huylenbroeck, Guido. The Persistence of Family Farming: A Review of Explanatory Socio-economic and Historical Factors. Journal of Comparative Family Studies, 2010, 41 (5): 639.

[6] Chancellor W J. The Tractor Contractor System in Southeast Asia and the Suitability of Imported Agricultural Machinery, Agricultural Mechanization in Southeast Asia [R]. Farm Machinery Industrial Research Crop, 1971: 58-60.

[7] Cialdini R B, Kallgren C A, Reno R R. A focus theory of normative conduct: A theoretical refinement and reevaluation of the role of norms in human behavior [J]. Advances in Experimental Social Psychology, 1991, 24 (1): 201-234.

[8] Damalas C A. Farmers' intention to reduce pesticide use: the role of perceived risk of loss in the model of the planned behavior theory [J]. Environmental Sci-

ence and Pollution Research International, 2021, 28 (26): 35278-35285.

[9] Davis G W, Bailey D, Chudoba K M. Defining and meeting the demand for agricultural machinery in China: A case study of John Deere [J]. International Food and Agribusiness Management Review, 2010, 13 (3): 97-120.

[10] Delord B, Étienne Montaigne, Coelho A. Vine planting rights, farm size and economic performance: Do economies of scale matter in the French viticulture sector [J]. Wine Economics & Policy, 2015, 4 (1): 22-34.

[11] Deolalikar A B. The inverse relationship between productivity and farm size: A test using regional data from India [J]. American Journal of Agricultural Economics, 1981, 63: 275-279.

[12] Diao X S, Cossar F, Houssou N, et al. Mechanization in Ghana: Emerging demand, and the search for alternative supply models [J]. Food Policy, 2014, 48: 168-181.

[13] Enke S. Consumer Cooperatives and Economic Efficiency [J]. American Economic Review, 1945, 35 (1): 148-155.

[14] Fishbein M, Ajzen I. Predicting and changing behavior: The reasoned action approach [Z]. New York: Psychology Press, 2010.

[15] Genicot L. Rural Communities in the Medieval West [M]. Baltimore: The Jones Hopkins University Press, 1990.

[16] Genovaite L, Renta D, Romualdas G. The determinants of renewable energy usage intentions using theory of planned behavior approach [J]. Renewable Energy, 2021, 170: 587-594.

[17] Gulati A, Cummings R. Introduction [In From parastatals to private trade: Lessons from Asian agriculture] [J]. from parastatals to private trade lessons from asian agriculture, 2015, 59 (1): 247-250.

[18] Helmberger, P. Q Hoos. S. Cooperatives Enterprise and Organization Theory [J]. Journal of Farm Economics, 1962 (44): 275-290.

[19] Herdt R W, Mandac A M. Modern technology and economic efficiency of Philippine rice farmers [J]. Economic Development and Cultural Change, 1981, 29 (2): 375-399.

[20] Hiroyuki Takeshima, Yanyan Liu. Smallholder mechanization induced by

yield-enhancing biological technologies: Evidence from Nepal and Ghana [J]. Agricultural Systems, 2020, 184.

[21] Ichniarsyah A N, N I A, Erniati. The role of mechanization in agricultural development on border areas [J]. IOP Conference Series: Earth and Environmental Science, 2020, 542 (1).

[22] Ji Y Q, Yu X H, Zhong F N. Machinery investment decision and off-farm employment in rural China [J]. China Economic Review, 2011, 23 (1): 71-80.

[23] Kaktins J, Ancans S, Paberza K. Agricultural cooperation in the European Union countries [J]. Economic Science for Rural Development, 2008 (15): 28-35.

[24] Kansanga M M, Mkandawire P, Kuuire V, et al. Agricultural mechanization, environmental degradation, and gendered livelihood implications in northern Ghana [J]. Land Degradation & Development, 2020, 31 (11): 1422-1440.

[25] Yasunobu K, Morooka Y. A Contract System for Rice Farming Work in the Muda Plain, Peninsula Malaysia [J]. Farming Japan, 1995, 29 (2): 34-37.

[26] Liang L, Ridoutt B G, Lal R, et al. Nitrogen footprint and nitrogen use efficiency of greenhouse tomato production in North China [J]. Journal of Cleaner Production, 2019 (208): 285-296.

[27] Mingran W, Min Z, Zhaodan W. The Dynamic Analysis of China's Agricultural Economic Growth [J]. International Journal of Economy, Energy and Environment, 2019, 4 (6).

[28] Mohammad Emami, Almassi Morteza, Bakhoda Hossein, et al. Agricultural Mechanization as the Driver of Reducing Food Loss and Waste in Developing Countries: Evidence from Iran [J]. Russian Agricultural Sciences, 2021, 47 (5).

[29] Mohammed Hassena, Regassa Ensermu, W Mwangi, et al. Large Agricultural Machinery for Small Farmers [J]. Agricultural management and Policy Research, 2000, 27 (3).

[30] Mohr S, Kühl R. Acceptance of artificial intelligence in German agriculture: An application of the technology acceptance model and the theory of planned behavior [J]. Precision Agriculture, 2021, 22 (6): 1-29.

[31] Muller M. Leadership in agricultural machinery circles: Experimental evidence from Tajikistan [J]. Australian Journal of Agricultural and Resource Economics,

2020, 64 (2): 533-554.

[32] Paudel G P, Bahadur K C D, Rahut D B, et al. Smallholder farmers' willingness to pay for scale-appropriate farm mechanization: evidence from the mid-hills of Nepal [J]. Technology in Society, 2019 (59): 1-10.

[33] Pingali P. Agricultural Mechanization: Adoption Patterns and Economic Impact [J]. Handbook of Agricultural Economics, 2007 (3): 2779-2805.

[34] Rahmandad H, Sterman J. Heterogeneity and Neteork Structure in the Dynamics of Diffusion: ComParing Agent - based and Differential Equation Models [J]. Management Science, 2008, 54 (5): 998-1014.

[35] Roumasset J. The nature of the agricultural firm [J]. Journal of Economic Behavior & Organization, 1995, 26 (2): 161-177.

[36] Safa L, Saghinsara V M. Understanding rural people's engagement in pro-environmental behaviors: An integrated conceptual framework [J]. Journal of Agriculture Science and Technology, 2020, 22 (5): 1205-1217.

[37] Seckler D, Young R A. Economic and policy implications of the 160-acre limitation in federal reclamation law [J]. American Journal of Agricultural Economics, 1978, 60 (4): 575-588.

[38] Seifman R, Katz R. One Health and the International Fund for Agriculture Development [J]. One Health, 2016, 2.

[39] Sok J, Borges J R, Schmidt P, et al. Farmer behaviour as reasoned action: A critical review of research with the theory of planned behaviour [J]. Journal of Agriculture Economics, 2021, 72 (2): 388-412.

[40] Soni P. Agricultural Mechanization in Thailand: Current Status and Future Outlook [J]. Ama - Agricultural Mechanization in Asia Africa and Latin America, 2016, 47 (2): 58-66.

[41] Wang Y D, Liang J P, Yang J, et al. Analysis of the environmental behavior of farmers for non-point source pollution control and management: an integration of the theory of planned behavior and the protection motivation theory [J]. Journal of Environmental Management, 2019, 237: 15-23.

[42] Warner L A, Diaz J M, Silvert C, et al. Predicting intentions to engage in a suite of yard fertilizer behaviors: Integrated insights from the diffusion of innovations,

theory of planned behavior, and contextual factors [J]. Society & Natural Resources, 2021, 34 (3): 373-392.

[43] Werner. Pevetz. The Acceptance of the Machinery Circle by Part-time Farmers in Austria [J]. Monatsberichte Ueber Die Oesterreichische Landwirtschaft, 1997, 44 (6): 395-400.

[44] 白人朴. 农机化: 从全程向全面推进 [J]. 农村牧区机械化, 2012 (2): 5-7.

[45] 白人朴. 农业机械化与农民增收 [J]. 农业机械学报, 2004 (4): 179-182.

[46] 鲍洪杰, 刘德光, 陈岩. 农业机械化与农业经济增长关系的实证检验 [J]. 统计与决策, 2012 (21): 139-141.

[47] 蔡基宏. 关于农地规模与兼业程度对土地产出率影响争议的一个解答——基于农户模型的讨论 [J]. 数量经济技术经济研究, 2005, 22 (3): 28-37.

[48] 曹光乔, 周力, 易中懿, 等. 农业机械购置补贴对农户购机行为的影响——基于江苏省水稻种植业的实证分析 [J]. 中国农村经济, 2010 (6): 38-48.

[49] 曹海英. 消费者绿色购买行为影响因素的实证分析 [J]. 统计与决策, 2018, 34 (14): 112-114.

[50] 曹阳, 胡继亮. 中国土地家庭承包制度下的农业机械化——基于中国17省 (区、市) 的调查数据 [J]. 中国农村经济, 2010 (10): 57-65+76.

[51] 常笑, 刘黎明, 刘朝旭, 等. 农户土地利用决策行为的多智能体模拟方法 [J]. 农业工程学报, 2013, 29 (14): 227-237.

[52] 畅倩, 颜俨, 李晓平, 等. 为何"说一套做一套": 农户生态生产意愿与行为的悖离研究 [J]. 农业技术经济, 2021 (4): 85-97.

[53] 陈海霞, 王新迎, 刘华周. 江苏省粮食生产型家庭农场适度规模的测算 [J]. 江苏农业学报, 2014 (6): 1506-1511.

[54] 陈会然, 刘继为. 基于VAR模型的农业机械化与农民收入关系研究 [J]. 中国农机化学报, 2019, 40 (12): 224-230.

[55] 陈珈瀚. "租购并举"政策下房地产多主体决策建模与仿真研究 [D]. 南京航空航天大学, 2020.

[56] 陈健.农业规模经济质疑［J］.农业经济问题，1988（3）：3-6.

[57] 陈劼绮，李桂莎，陆林.旅游纪念品：买还是不买？基于矛盾态度理论的消费者购买意愿研究［J］.旅游科学，2021，35（4）：108-127.

[58] 陈径天，温思美，张乐.农机购置补贴政策有助于农业劳动力转移吗？［J］.广东社会科学，2018（5）：31-40.

[59] 陈敏敏.我国农机社会化服务研究——以江苏省为例［J］.农村经济与科技，2014（5）：159-160+201.

[60] 陈新建，黄嘉升.生产风险、风险规避与农户农业生产机械投资：购买机械还是购买服务？［J］.农业现代化研究，2020，41（5）：803-812.

[61] 陈星宇.农机购置补贴对农业机械化水平的影响研究［D］.中南财经政法大学，2019.

[62] 陈旭，杨印生.日本农业机械化发展对中国的启示［J］.中国农机化学报，2019，40（4）：202-209.

[63] 陈杨，张宗毅.农机购置补贴的空间溢出效应研究［J］.农业现代化研究，2019，40（6）：1029-1037.

[64] 程智强，贾栓祥，洪仁彪.农业机械化对农业和农村经济贡献率理论分析［J］.农业工程学报，2001（2）：65-67.

[65] 崔晶.政策执行中的压力传导与主动调适——基于H县扶贫迎检的案例研究［J］.经济社会体制比较，2021（3）：129-138.

[66] 邓启明.基于循环经济的现代农业研究［M］.杭州：浙江大学出版社，2007：225.

[67] 邓雪，李家铭，曾浩健，等.层次分析法权重计算方法分析及其应用研究［J］.数学的实践与认识，2012，42（7）：93-100.

[68] 邓泽军，秦艺晗，马风力，等.田间农作物机械化研究进展［J］.农机化研究，2022，44（1）：1-7.

[69] 董传民.破解制约农机化新旧动能转换和发展"瓶颈"问题的对策及建议［J］.当代农机，2019（5）：70-72.

[70] 樊刚.公有制宏观经济理论大纲［M］.上海：三联书店，1990.

[71] 范学民.中国农机合作经济组织研究［D］.中国农业大学，2005.

[72] 方师乐，黄祖辉.新中国成立70年来我国农业机械化的阶段性演变与发展趋势［J］.农业经济问题，2019（10）：36-49.

[73] 冯启高，毛罕平．我国农业机械化发展现状及对策［J］．农机化研究，2010，32（2）：245-248．

[74] 傅利平，高歌．政策关注度与企业创新——基于政府资助的传导机制［J］．中国科技论坛，2021（6）：19-27．

[75] 高广章．生产线的平衡及优化方法研究［D］．吉林大学，2004．

[76] 高莹，李卫东，尤笑宇．基于网络DEA的我国铁路运输企业效率评价研究［J］．中国软科学，2011（5）：176-182．

[77] 高玉军．农机服务组织对农业机械化的影响探析［J］．现代农业，2020（10）：69-70．

[78] 高玉强．农机购置补贴、财政支农支出与土地生产率——基于省际面板数据的实证研究［J］．山西财经大学学报，2010，32（1）：72-78．

[79] 关忠诚，张炎．科研组织相对效率评价定量方法研究［J］．中国管理科学，2003（5）：90-95．

[80] 郭金玉，张忠彬，孙庆云．层次分析法的研究与应用［J］．中国安全科学学报，2008（5）：148-153．

[81] 郭丽丽，永春芳．新形势下种植大户借贷行为研究——以乌鲁木齐县为例［J］．金融发展研究，2014（4）：53-57．

[82] 郭熙保，冯玲玲．家庭农场规模的决定因素分析：理论与实证［J］．中国农村经济，2015（5）：82-95．

[83] 韩剑锋．农机购置补贴政策的有效性及运行机制研究［D］．西北农林科技大学，2012．

[84] 何梦婷．基于层次分析法的威海市水资源利用综合效益分析［J］．四川环境，2020，39（6）：74-79．

[85] 何秀荣．关于我国农业经营规模的思考［J］．农业经济问题，2016，37（9）：4-15．

[86] 洪勇，张红虹．新兴产业培育政策传导机制的系统分析——兼评中国战略性新兴产业培育政策［J］．中国软科学，2015（6）：8-19．

[87] 洪自同，郑金贵．农业机械购置补贴政策对农户粮食生产行为的影响——基于福建的实证分析［J］．农业技术经济，2012（11）：41-48．

[88] 侯方安．农业机械化推进机制的影响因素分析及政策启示——兼论耕地细碎化经营方式对农业机械化的影响［J］．中国农村观察，2008（5）：42-48．

[89] 侯琳，冯继红．基于超效率 DEA 和 Malmquist 指数的中国农业生产效率分析［J］．河南农业大学学报，2019，53（2）：316-324．

[90] 胡乐民，刘刚．新制度经济学［M］．北京：中国经济出版社，2009．

[91] 胡凌啸．中国农业规模经营的现实图谱："土地+服务"的二元规模化［J］．农业经济问题，2018（11）：20-28．

[92] 胡雯，张锦华，陈昭玖．小农户与大生产：农地规模与农业资本化——以农机作业服务为例［J］．农业技术经济，2019（6）：82-96．

[93] 胡新艳，罗必良．村企合作模式的产生与组织效率：来自广东省百岭村的调查［J］．农业经济问题，2010（2）：93-98+112．

[94] 黄新建，姜睿清，付传明．以家庭农场为主体的土地适度规模经营研究［J］．求实，2013（6）：94-96．

[95] 黄祖辉，钟颖琦，王晓莉．不同政策对农户农药施用行为的影响［J］．中国人口·资源与环境，2016，26（8）：148-155．

[96] 吉媛．农地适度规模经营测度研究——基于国际水稻种植数据的门槛回归分析［J］．价格理论与实践，2019（2）：80-83．

[97] 姜长云，张藕香，洪群联．农机服务组织发展的新情况、新问题及对策建议［J］．全球化，2014（12）：80-90+105+135．

[98] 金高峰．大户经营：现代农业规模经营的有效模式［J］．农村经济，2007（7）：89-91．

[99] 鞠金艳．黑龙江省农业机械化发展的系统分析与对策研究［D］．东北农业大学，2011．

[100] 鞠金艳，王金武．黑龙江省农业机械化发展关键影响因素分析［J］．农机化研究，2014，36（2）：60-63+67．

[101] 冷博峰，冯中朝，周晓时，等．农机购置补贴对农户购机投入模型与影响分析［J］．农业工程学报，2020，36（23）：324-334．

[102] 李晨光．企业响应科技专项政策的资源利用机制探析［J］．科技进步与对策，2016，33（10）：89-95．

[103] 李晨光，张永安．企业对政府创新科技政策的响应机理研究：基于回声模型［J］．科技进步与对策，2013，30（14）：81-87．

[104] 李峰，孙波，王轩，等．层次分析法结合熵权法评估农村屋顶光伏系统电能质量［J］．农业工程学报，2019，35（11）：159-166．

[105] 李红, 周浩. 农机购置投入结构与农机总动力增长的关系分析——基于面板数据模型 [J]. 中国农机化学报, 2013, 34 (3): 30-37+41.

[106] 李金昌, 史龙梅, 徐蔼婷. 高质量发展评价指标体系探讨 [J]. 统计研究, 2019, 36 (1): 4-14.

[107] 李俊斌. 动态盈亏平衡在生产性工程建设项目中的应用 [J]. 价值工程, 2017, 36 (20): 47-48.

[108] 李鹍鹏, 赵海, 侯献伟, 等. 山东省农业机械化发展形势分析与对策研究 [J]. 中国农机化学报, 2018, 39 (8): 97-100.

[109] 李宁, 汪险生, 王舒娟, 等. 自购还是外包: 农地确权如何影响农户的农业机械化选择？[J]. 中国农村经济, 2019 (6): 54-75.

[110] 李农, 万祎. 我国农机购置补贴的宏观政策效应研究 [J]. 农业经济问题, 2010, 31 (12): 79-84.

[111] 李平, 伍海君. 农机社会化服务效率的时空分异研究——来自中国省域证据 [J]. 中国农机化学报, 2022, 43 (9): 210-218.

[112] 李仁方. 我国农业产业组织的效率评价 [J]. 商场现代化, 2007 (13): 369-370.

[113] 李容容, 罗小锋, 薛龙飞. 种植大户对农业社会化服务组织的选择: 营利性组织还是非营利性组织？[J]. 中国农村观察, 2015 (5): 73-84.

[114] 李文博. 电动汽车激励政策的消费者响应及其体系优化研究 [D]. 中国矿业大学, 2018.

[115] 李晓明, 尹梦丽. 现阶段主产区种粮大户经营状况与发展对策——基于安徽省种粮大户的调查分析 [J]. 农业经济问题, 2008 (10): 21-26.

[116] 李艳芬. 葡萄种植户技术选择意向研究 [D]. 西南大学, 2010.

[117] 李长银. 基于主体建模的房产税政策模拟研究 [J]. 中国物价, 2015 (1): 69-71.

[118] 廖西元, 陈庆根, 王磊, 等. 农民对科技需求的优先序研究——水稻生产科技需求实证分析 [J]. 中国青年农业科学学术年报, 2004 (6): 470-481.

[119] 刘博. 农机购置补贴政策绩效评价与农户满意度影响因素研究 [D]. 南京农业大学, 2012.

[120] 刘成, 冯潇. 中国农业机械投入效率的三阶段DEA的分析 [J]. 中国农机化学报, 2018, 39 (3): 79-86.

［121］刘凤芹．农业土地规模经营的条件与效果研究：以东北农村为例［J］．管理世界，2006（9）：71-79.

［122］刘国平．关于农业机械购置补贴的几点思考［J］．新农业，2018（23）：61-62.

［123］刘慧．解决低端产能过剩，新技术、新产品供给不足等难题：农机补贴新规支撑农业绿色发展［N］．经济日报，2019-03-27.

［124］刘婧，曹富．基于层次分析熵权法和模糊贝叶斯网络的农民专业合作社资金互助突发事件风险评估［J］．世界农业，2020（8）：67-77，85.

［125］刘克春．农户农地使用权转出行为的实证分析［J］．统计与决策，2008（5）：107-109.

［126］刘丽霞．中国农民专业合作组织效率研究［D］．吉林大学，2008.

［127］刘鹏伟，杨敏丽，张小军，等．基于高质高效的西南丘陵山区机械化生产模式评价［J］．农业机械学报，2022，53（S1）：140-149.

［128］刘倩．基于城乡统筹规划的村庄用地分类研究［D］．西南交通大学，2014.

［129］刘守祥．浅谈农业机械的选择和配备原则［J］．现代农业装备，2008（10）：52-53.

［130］刘涛．中国农业机械化效率的省际差异研究［J］．农机化研究，2016，38（5）：1-5.

［131］刘同山．农业机械化、非农就业与农民的承包地退出意愿［J］．中国人口·资源与环境，2016，26（6）：62-68.

［132］刘维佳，邱立春．基于DEA模型的家庭农场规模经营评价与分析［J］．农机化研究，2009，31（12）：49-51.

［133］刘伟，童洪志，丁卡尼．BOP战略背景下影响农机扩散的政府补贴因素分析——基于多Agent建模的仿真研究［J］．管理评论，2017，29（7）：200-212.

［134］刘喜波，张雯，侯立白．现代农业发展的理论体系综述［J］．生态经济，2011（8）：98-102.

［135］刘宪，宋建武．我国农业机械化扶持政策体系的形成及展望［J］．农机科技推广，2011（6）：4-8.

［136］刘卓，李成华．我国农机服务组织模式现状及发展趋势分析［J］．农

机化研究，2008（11）：227-229.

[137] 柳凌韵，周宏. 正规金融约束、规模农地流入与农机长期投资——基于水稻种植规模农户的数据调查[J]. 农业经济问题，2017，38（9）：65-76.

[138] 卢秉福，韩卫平，朱明. 农业机械化发展水平评价方法比较[J]. 农业工程学报，2015，31（16）：46-49.

[139] 卢秉福，张祖立. 我国农业机械化发展的制约因素及对策[J]. 农机化研究，2006（12）：9-11.

[140] 卢秉福，张祖立. 我国农作物生产机械化发展阶段分析[J]. 中国农机化学报，2008（1）：63-66.

[141] 路玉彬，周振，张祚本，等. 改革开放40年农业机械化发展与制度变迁[J]. 西北农林科技大学学报：社会科学版，2018，18（6）：18-25.

[142] 罗丹，李文明，陈洁. 粮食生产经营的适度规模：产出与效益二维视角[J]. 管理世界，2017（1）：78-88.

[143] 罗娟，赵立欣，姚宗路，等. 规模化养殖场畜禽粪污处理综合评价指标体系构建与应用[J]. 农业工程学报，2020，36（17）：182-189.

[144] 罗锡文. 补短板促全面提升我国农业机械化发展水平[J]. 现代农业装备，2017（5）：8-12.

[145] 罗锡文. 对我国农机科技创新的思考[J]. 现代农业装备，2018（6）：12-17.

[146] 罗锡文，廖娟，胡炼，等. 提高农业机械化水平促进农业可持续发展[J]. 农业工程学报，2016，32（1）：1-11.

[147] 罗艳，王青. 基于小农户制现状探索家庭农场制及其规模[J]. 湖北农业科学，2012，51（6）：1281-1284.

[148] 罗伊·普罗斯特曼. 中国农业的规模经营[J]. 经济研究参考，1997（5）：40-42.

[149] 马克思. 马克思恩格斯全集[M]. 北京：人民出版社，1979.

[150] 闵欣. 线性规划在利润最大化和成本最小化问题中的应用[J]. 黑龙江科技信息，2013（21）：125-126.

[151] 缪建平. 中国农业机械化发展的扶持政策研究[J]. 中国农村经济，1998（5）：27-31+38.

[152] 倪国华，蔡昉. 农户究竟需要多大的农地经营规模？——农地经营规

模决策图谱研究［J］.经济研究，2015，50（3）：159-171.

［153］聂国强.金融抑制下的农户信贷行为分析——以四川省邛崃市农村地区为例［D］.四川：西南财经大学，2009.

［154］牛玉梅，何湘.云南省农机维修服务组织现状、问题与发展建议［J］.农业工程技术，2022，42（29）：48-49.

［155］潘彪，田志宏.购机补贴政策对中国农业机械使用效率的影响分析［J］.中国农村经济，2018（6）：21-37.

［156］潘经韬.农业机械化服务对粮食生产的影响研究［D］.中南财经政法大学，2019.

［157］潘经韬，陈池波.农机购置补贴对农机作业服务市场发展的影响——基于2004~2013年省级面板数据的实证分析［J］.华中农业大学学报（社会科学版），2018（3）：27-34+153.

［158］彭峰.现代农业发展与农机化精准作业探析［J］.湖北农机化，2019（20）：6-7.

［159］钱贵霞，李宁辉.粮食生产经营规模与粮农收入的研究［J］.农业经济问题，2006，27（6）：57-60.

［160］钱巍，王永胜，潘方卉.农民合作社对农业机械化水平的影响研究——基于土地流转的调节效应［J］.农林经济管理学报，2022，21（2）：178-187.

［161］秦海生.加快农机化发展，为实现"两大目标"而奋斗——从10个关键词看2020年中央一号文件中的农机化重点工作［J］.现代农机，2020（1）：21-25.

［162］瞿长福.种植大户在快速成长［J］.农村·农业·农民，2013（1）：34-36.

［163］任晓娜.种粮大户经营状况与困境摆脱：五省155户证据［J］.改革，2015（5）：94-101.

［164］任治君.中国农业规模经营的制约［J］.经济研究，1995（6）：54-58.

［165］萨缪尔森，威廉·诺德豪斯.经济学［M］.北京：首都经济贸易大学出版社，1998.

［166］石艳丽.基于复杂适应系统的我国石油开发政策模拟与仿真［D］.

中国地质大学, 2011.

[167] 史丹, 李鹏. 我国经济高质量发展测度与国际比较 [J]. 东南学术, 2019 (5): 169-180.

[168] 史丹, 赵剑波, 邓洲. 从三个层面理解高质量发展的内涵 [N]. 北京: 经济日报, 2019-09-09.

[169] 史清华. 农户经济增长与发展研究 [M]. 北京: 中国农业出版社, 1998.

[170] 舒坤良. 农机服务组织形成与发展问题研究 [D]. 长春: 吉林大学, 2009.

[171] 舒坤良, 杨印生, 郭鸿鹏. 农机服务组织形成的动因与机理分析 [J]. 中国农机化, 2011 (1): 40-43.

[172] 宋晨晨, 张永安, 王燕妮, 等. 区域科技创新政策响应机理分析与仿真研究——基于中关村国家自主示范区数据 [J]. 科技进步与对策, 2018, 35 (21): 126-133.

[173] 苏昕, 王可山, 张淑敏. 我国家庭农场发展及其规模探讨——基于资源禀赋视角 [J]. 农业经济问题, 2014, 35 (5): 8-14.

[174] 隋斌, 董姗姗, 孟海波, 等. 农业工程科技创新推进农业绿色发展 [J]. 农业工程学报, 2020, 36 (2): 1-6.

[175] 孙爱军, 黄海, 李有宝, 等. 农机服务组织发展问题研究 [J]. 中国农机化学报, 2015, 36 (3): 309-313, 330.

[176] 孙福田, 王福林. DEA方法测算农业机械化对农业生产贡献率的研究 [J]. 农业系统科学与综合研究, 2004 (3): 186-188.

[177] 孙少华. 苏南地区农机合作服务组织发展研究 [D]. 南京农业大学, 2009.

[178] 汤黎明. 外部性理论及规范财政补贴的现实意义 [J]. 华商, 2008 (14): 9-10+14.

[179] 滕涵, 林德荣. 农机购置补贴政策实施的创新模式研究——以青岛市为例 [J]. 中国农机化学报, 2017, 38 (8): 116-120.

[180] 田秋生. 高质量发展的理论内涵和实践要求 [J]. 山东大学学报: 哲学社会科学版, 2018 (6): 1-8.

[181] 田伟, 肖融, 谢丹. 国外农场适度规模机理的经验研究 [J]. 农业技

术经济，2016（5）：122-128.

[182] 田晓晖，李薇，李戎. 农业机械化的环境效应——来自农机购置补贴政策的证据[J]. 中国农村经济，2021（9）：95-109.

[183] 童洪志，刘伟. 政策选择对农户保护性耕作技术采纳行为的动态影响分析[J]. 科技管理研究，2018，38（18）：26-35.

[184] 涂志强，杨敏丽. 关于我国农业机械化发展趋势的思考[J]. 中国农机化学报，2005（5）：3-7.

[185] 汪思胜. 农机服务组织发展的新情况、新问题及对策建议[J]. 南方农机，2018，49（20）：156.

[186] 王超安. 发达国家发展农机化的共性经验[J]. 农机市场，2009（2）：30-31.

[187] 王春晓，陈姝彤，徐坤. 研究生科学数据共享态度与共享意愿关系研究[J]. 情报科学，2020，38（12）：78-84.

[188] 王桂彩. 上海市农户规模经营意愿的影响因素与适度规模值研究[D]. 上海师范大学，2015.

[189] 王辉，刘占良. 国内外农机合作组织模式对比分析[J]. 农机化研究，2013（5）：249-252.

[190] 王昆，宋海洲. 三种客观权重赋权法的比较分析[J]. 技术经济与管理研究，2003（6）：48-49.

[191] 王术，刘一明. 农业机械化与区域农业可持续发展关系实证分析[J]. 农机化研究，2015，37（4）：1-6+31.

[192] 王文信，徐云，王正大. 农机购置补贴对农户购机行为的影响[J]. 农业机械学报，2020，51（5）：151-155.

[193] 王许沁，张宗毅，葛继红. 农机购置补贴政策：效果与效率——基于激励效应与挤出效应视角[J]. 中国农村观察，2018（2）：60-74.

[194] 王亚辉，李秀彬，辛良杰. 耕地地块细碎程度及其对山区农业生产成本的影响[J]. 自然资源学报，2019，34（12）：2658-2672.

[195] 魏杰. 高质量发展的六大特质[N]. 北京：北京日报，2018-07-23.

[196] 魏素豪. 我国农机作业服务市场发展历程、趋势与优化路径研究[J]. 管理现代化，2020，40（6）：16-18.

[197] 温彬，霍天翔. 负利率政策对商业银行的影响及对策——西方发达国

家实践与中国对策［J］．金融监管研究，2021（6）：1-20．

［198］吴敬学，杨巍，张扬．中国农户的技术需求行为分析与政策建议［J］．农业现代化研究，2008（4）：421-425．

［199］吴希．三种权重赋权法的比较分析［J］．中国集体经济，2016（34）：73-74．

［200］吴振方．农业适度规模经营：缘由、路径与前景［J］．农村经济，2019（1）：29-36．

［201］吴智胜，赵永满，周雪，等．农业机械化发展水平关键影响因素辨识及权重研究——基于模糊GRA-DANP［J］．农机化研究，2023，45（2）：1-8+28．

［202］向欣，罗煜，程红胜，等．基于层次分析法和模糊综合评价的沼气工程技术筛选［J］．农业工程学报，2014，30（18）：205-212．

［203］肖调范．湖北省农机化质量工作现状与发展思考［J］．湖北农机化，2009（1）：36-40．

［204］肖教燎．土地政策传导机制与路径的分析与仿真［D］．南昌大学，2010．

［205］谢冬梅．农业机械化发展对中国粮食生产的影响研究［D］．西南财经大学，2021．

［206］谢玲红，魏国学．共同富裕视野下缩小农村内部收入差距的现实挑战与路径选择［J］．经济学家，2022（9）：119-128．

［207］谢攀．新疆农机服务组织模式研究［D］．新疆农业大学，2013．

［208］谢攀，李红．基于SCP范式的农机服务组织模式比较研究［J］．农机化研究，2013（4）：8-13+24．

［209］谢启群．提高农机利用效率的必要性和措施［J］．农民致富之友，2017（12）：212．

［210］辛良杰．中国粮食生产类家庭农场的适度经营规模研究［J］．农业工程学报，2020，36（10）：297-306．

［211］熊波，董建军．农机社会化作业经济效益的分析［J］．现代农业装备，2009（6）：63-64．

［212］徐峰，储为文，程胜男，等．农业机械化扶持政策体系构建研究——基于三维框架模型［J］．农机化研究，2022，44（4）：7-11．

［213］徐秀英．南方种植型家庭农场农机配置探讨［J］．现代农业装备，

2013（5）：37-39.

［214］许彩华．农户农地流转和服务外包行为及影响效应研究［D］．西北农林科技大学，2022.

［215］许莎．农机服务供给主体服务小农户意愿研究［D］．中南财经政法大学，2022.

［216］许秀川，李容，李国珍．小规模经营与农户农机服务需求：一个两阶段决策模型的考察［J］．农业技术经济，2017（9）：45-57.

［217］薛洲，耿献辉，曹光乔，等．定额补贴模式能够促进农机装备制造企业创新吗——以拖拉机制造行业为例［J］．农业经济问题，2021（2）：98-106.

［218］闫桂权，何玉成，张晓恒．数字普惠金融发展能否促进农业机械化——基于农机作业服务市场发展的视角［J］．农业技术经济，2022（1）：51-64.

［219］颜玄洲，孙水鹅，欧一智．农机购置补贴政策下种稻大户购机决策影响因素分析［J］．农林经济管理学报，2015，14（6）：592-599.

［220］杨冬．农业产业链组织模式与组织效率研究［D］．电子科技大学，2011.

［221］杨立国，蒋彬．基于乡村振兴战略的北京市农机化发展形势及对策建议［J］．农业机械，2019（11）：85-89.

［222］杨敏丽．新常态下中国农业机械化发展问题探讨［J］．南方农机，2015（1）：7-11.

［223］杨敏丽．中国农业机械化与提高农业国际竞争力研究［D］．中国农业大学，2003.

［224］杨敏丽，白人朴．中国农业机械化发展的不平衡性研究［J］．农业机械学报，2005（9）：60-63.

［225］杨敏丽，白人朴，刘敏，涂志强．建设现代农业与农业机械化发展研究［J］．农业机械学报，2005（7）：68-72.

［226］杨天和．基于农户生产行为的农产品质量安全问题的实证研究［D］．南京农业大学，2006.

［227］杨卫东．发达国家扶持农机合作组织发展给我们的启示［J］．北方经济，2010（8）：63-65.

［228］杨晓艳，鲁红英．基于模糊综合评判的城市环境空气质量评价［J］．

中国人口·资源与环境, 2014, 24 (165): 143-146.

[229] 杨义武, 林万龙. 农机具购置补贴、农机社会化服务与农民增收 [J]. 农业技术经济, 2021 (9): 16-35.

[230] 杨印生, 刘佩军, 李宁. 我国东北地区农业机械化发展的影响因素辨识及系统分析 [J]. 农业技术经济, 2006 (5): 28-33.

[231] 杨志海. 老龄化、社会网络与农户绿色生产技术采纳行为——来自长江流域六省农户数据的验证 [J]. 中国农村观察, 2018 (4): 44-58.

[232] 杨志华, 杨俊孝, 王丽, 等. 农业补贴政策对农户耕地地力保护行为的响应机制研究 [J]. 东北农业科学, 2020, 45 (2): 116-120.

[233] 杨志良. 中国式农业现代化的百年探索、理论内涵与未来进路 [J]. 经济学家, 2021 (12): 117-124.

[234] 杨子, 饶芳萍, 诸培新. 农业社会化服务对土地规模经营的影响——基于农户土地转入视角的实证分析 [J]. 中国农村经济, 2019 (3): 82-95.

[235] 姚春生. 供给侧结构性改革背景下农业机械化质量提升对策研究 [J]. 中国农机化学报, 2019, 40 (1): 1-4.

[236] 殷海善, 赵丹, 孟志兴. 吕梁山红枣经济林成本收益的盈亏平衡分析 [J]. 山西农业科学, 2019, 47 (7): 1268-1271+1276.

[237] 俞振宁, 谭永忠, 练款, 等. 基于计划行为理论分析农户参与重金属污染耕地休耕治理行为 [J]. 农业工程学报, 2018, 34 (24): 266-273.

[238] 张标. 农业生产技术及装备采纳机理研究 [D]. 中国农业大学, 2018.

[239] 张标, 张领先, 傅泽田, 等. 农户农机需求及购买行为分析: 基于18省的微观调查数据实证 [J]. 中国农业大学学报, 2017, 22 (11): 208-223.

[240] 张琛, 孔祥智. 经济集聚、空间溢出与农民增收 [J]. 农林经济管理学报, 2017, 16 (1): 29-39.

[241] 张成玉. 土地经营适度规模的确定研究——以河南省为例 [J]. 农业经济问题, 2015, 36 (11): 57-63+111.

[242] 张高亮, 张璐璐, 邱咸, 等. 基于计划行为理论的渔民参与专业合作组织行为的产生机理 [J]. 农业经济问题, 2015, 36 (8): 97-104.

[243] 张恒, 郭翔宇. 粮食主产区农机购置补贴政策对农机作业服务市场规模的影响——基于2004~2017年的省级面板数据 [J]. 中国农机化学报, 2020,

41（1）：191-196.

[244] 张华，陆玉．新农村信息化网络建设路径分析［J］．山东农业工程学院学报，2018，35（6）：5-6.

[245] 张宽，漆雁斌，邓鑫．农业机械化、能源消费与经济增长耦合关系研究［J］．农机化研究，2017，39（3）：1-6.

[246] 张乐佳．农机化服务组织发展探索与思考［J］．农业工程，2018，8（6）：133-135.

[247] 张丽．农机服务外包对粮食全要素生产率的影响研究［D］．西南大学，2021.

[248] 张露，罗必良．小农生产如何融入现代农业发展轨道：来自中国小麦主产区的经验证据［J］．经济研究，2018，53（12）：144-160.

[249] 张梅．我国农村专业合作经济组织的效率研究［D］．东北农业大学，2008.

[250] 张敏，洪丽君．基于DEA的区域农业机械化投资效率比较分析［J］．农机化研究，2017，39（3）：264-268.

[251] 张巧宁，任文涛，崔红光，等．中国农业机械化促进法实施效果研究［J］．农机化研究，2013，35（3）：249-252.

[252] 张文斌，夏利利．国内外农机合作服务组织运作模式初探［J］．江苏农机化，2009（5）：36-38.

[253] 张兆同，陈瑶，魏瑜，等．区域农机化高质量发展评价指标体系构建与应用［J］．农业工程学报，2021，37（3）：64-72.

[254] 张兆同，熊燕华，李颖卓，等．基于不同农业经营主体的农业绿色生产机械购置行为［J］．农业工程学报，2021，37（24）：46-55.

[255] 张忠明．农户粮地经营规模效率研究［D］．浙江大学，2008.

[256] 张宗毅，曹光乔．"十五"期间中国农机化效率及其地区差异［J］．农业工程学报，2008（7）：284-289.

[257] 章穗，张梅，迟国泰．基于熵权法的科学技术评价模型及其实证研究［J］．管理学报，2010，7（1）：34-42.

[258] 赵钦羿．当前我国农业机械化问题研究［D］．西安工业大学，2017.

[259] 郑琼婷，张兆同，李颖卓．农机配置成本变动特征与经营规模选择［J］．江苏农机化，2022（2）：9-14.

[260] 钟真，刘世琦，沈晓晖．借贷利率、购置补贴与农业机械化率的关系研究——基于 8 省 54 县调查数据的实证分析［J］．中国软科学，2018（2）：32-41．

[261] 周晶，陈玉萍，阮冬燕．地形条件对农业机械化发展区域不平衡的影响——基于湖北省县级面板数据的实证分析［J］．中国农村经济，2013（9）：63-77．

[262] 周应恒，张蓬，严斌剑．农机购置补贴政策促进了农机行业的技术创新吗？［J］．农林经济管理学报，2016，15（5）：489-499．

[263] 周颖．农田清洁生产技术补偿的农户响应机制研究［D］．中国农业科学院，2016．

[264] 周振，孔祥智．农业机械化对我国粮食产出的效果评价与政策方向［J］．中国软科学，2019（4）：20-32．

[265] 朱红根，陈昭玖，翁贞林，等．稻作经营大户对专业合作社需求的影响因素分析——基于江西省 385 个农户调查数据［J］．农业经济问题，2008（12）：71-78．

[266] 朱礼好．切实提高补贴资金使用效率与质量［J］．农业知识，2019（16）：55-56．

[267] 朱满德，邢怀浩．中国农业问题的发展、演变与转型：基于"农业发展三阶段论"视角［J］．世界农业，2018（2）：176-181．

[268] 朱启臻，胡鹏辉，许汉泽．论家庭农场：优势、条件与规模［J］．农业经济问题，2014，35（7）．

[269] 祝华军．农业机械化与农业劳动力转移的协调性研究［J］．农业现代化研究，2005（3）：190-193．

[270] 肖建辉．基于政府干预理论的中国供应链稳定性研究［J］．当代经济管理，2022，44（5）：27-36．

[271] 彭艳梅．市场缺陷理论与我国农业中的政府干预定位［J］．当代经济，2005（9）：58-59．

[272] 穆晓彤．我国主粮生产机械化的时空差异研究［D］．山东农业大学，2022．

[273] 王瑞．卓越农机化人才成长机理与培养体系研究［D］．吉林大学，2019．

［274］郑小钢.江苏省农机化教育培训对策分析［D］.南京农业大学,2011.

［275］张耀春,陆桂良.五措并举推进江苏农机合作社协调发展［J］.江苏农机化,2016（1）：25-26.

［276］崔天宇.基于交易成本理论的江苏省农机服务组织效率比较研究［D］.南京农业大学,2017.

［277］金筱杰.基于农机均衡配置的新型农业经营主体最佳经营规模确定及其经济效益实现研究［D］.南京农业大学,2017.

［278］陈瑶.绿色生态导向农机购置补贴政策响应机制与仿真研究［D］.南京农业大学,2022.

［279］郑琼婷.绿色生态导向的农机购置补贴政策传导机制研究［D］.南京农业大学,2022.

后 记

多年来，我一直从事农业机械化发展方面的研究，有幸连续3年主持完成了《江苏省农机化发展报告》，并多次受邀给农机合作社负责人讲授相关管理方面的课程，讲课过程中就萌发了写一本著作的想法。在国家提出高质量发展的大环境下，在政府部门工作的不少同学和朋友也提出这方面研究的建议。现实中，我国农业机械化经过多年的快速发展，达到了较高的水平，高质量发展的提出正当其时，也是农业进一步高质量发展的迫切需要。因此，我决定基于这一框架进行著作的写作。

客观而言，高质量发展是国家层次战略，理论在不断完善之中。农业机械化也面临着转型升级，要写好农机化高质量发展这个主题，需要有较强的理论水平和对农业机械化的深入了解。虽然在编辑不厌其烦的催促中完成了书稿，但写作过程中，常有"力有不逮、意犹未尽"的感觉，不满意之处甚多。同事提醒说，不必过于追求完美，提出一些问题供大家交流讨论，也不失为一件实事，故而决定交稿出版。本书瑕疵是肯定有的，请大家多提意见，共同推进农业机械化高质量发展。

一部著作的完成，没有别人的帮助是不可能的。在主持完成《江苏省农机化发展报告》过程中，江苏省农业农村厅沈毅副厅长多次高屋建瓴的讲话和报告，提升了我对农业机械化的认知水平，获得了很多启发。江苏省农业机械学会秘书长、江苏省农机试验鉴定站站长马立新研究员，参与了农机化高质量发展评价指标体系的讨论，提出了清晰的框架建议，对相关调查研究给予了很大的帮助。原江苏省农机局副局长范伯仁研究员、农业农村部南京农机化研究所副所长曹光乔研究员、江苏省农机具推广与应用中心主任蔡国芳研究员、南京农业大学工学院党委书记李骅教授等领导、专家都给予了很多的指导和帮助。

还有团队成员和同事，包括唐学玉、熊燕华、魏瑜、朱国宗、彭露、杨建明等都在相关课题完成中做出了很大贡献，部分内容凝聚了他们的心血和智慧，他们不仅参与了相关课题的交流讨论、资料整理和归纳总结，本著作还接受了他们的部分思想和成果。我的研究生更是重要的参与者，金筱杰、崔天宇、陈瑶、郑琼婷等积极参与我主持的相关项目研究，并将相关内容作为学位论文的主题，书中的部分数据和内容来自他们的学位论文。同时感谢赵启发和殷井燕，在书稿的修订过程中做了大量工作。感谢他们的辛勤付出！还要感谢我的家人！时间总是有限的，著作完成期间陪伴家人的时间少了很多，他们毫无抱怨，给予了巨大的支持和关心。

　　再次感谢！感谢一切给予本书关心和支持的人！